童书出版的理想与逻辑
李学谦文论集

TONGSHU CHUBAN DE LIXIANG YU LUOJI
LI XUEQIAN WENLUNJI

李学谦◎著

接力出版社
Publishing House

图书在版编目（CIP）数据

童书出版的理想与逻辑：李学谦文论集 / 李学谦著.—南宁：接力出版社，2019.9

ISBN 978-7-5448-6257-8

Ⅰ.①童… Ⅱ.①李… Ⅲ.①少年儿童-图书出版—文集 Ⅳ.①G23-53

中国版本图书馆CIP数据核字（2019）第192961号

责任编辑：廖思拍　　美术编辑：王　雪
责任校对：阮　萍　　责任监印：刘　冬
社长：黄　俭　　总编辑：白　冰
出版发行：接力出版社　　社址：广西南宁市园湖南路9号　　邮编：530022
电话：010-65546561（发行部）　　传真：010-65545210（发行部）
http：//www.jielibj.com　　E-mail：jieli@jielibook.com
经销：新华书店　　印制：北京鑫丰华彩印有限公司
开本：710毫米×1000毫米　1/16　　印张：20.25　　字数：310千字
版次：2019年9月第1版　　印次：2019年9月第1次印刷
定价：45.00元

代序："周虽旧邦，其命维新"

——李学谦其人

陈 香

人到中年，20世纪五六十年代生人已到达生命中的巅峰时期。他们大都有着并不那么完美的童年、风云动荡的青少年，这让他们深知民间真情，并誓以理想改变社会；当新的历史时代到来，他们中的精英成功地成为命运的改变者、梦想的追逐者，在继往开来的社会实践中建构着自己的价值体系；时代大潮涌动，他们大多已经在与国家、民族血脉相连的岗位上，不计荣辱，艰苦卓绝，将个人命运融进了家国抱负之中，并担负起了时代赋予他们的民族复兴进程中的历史使命。

李学谦正是他们中的一员。

尽管出生于知识分子家庭，但因为父母都在地质队工作，甚至多是出入于深山老林，年少时艰苦的生活条件磨砺了李学谦的意志。他是恢复高考后第二批考上大学的天之骄子，而且毕业于人文荟萃的中山大学中文系，四年大学生涯给李学谦打下了不可磨灭的精神底色，那就是，向往崇高，追求进步。

毕业后，李学谦先到劳动人事部的编制局，即后来的中编办，再到团中央，任团中央宣传部部长，仕途一帆风顺。然而，到了不惑之年，李学谦却做了一个旁人无法理解的选择：放弃前程大好的仕途，选择进入文化传媒行业，就任《中国青年报》总编辑，后任社长。

在做这个选择时，李学谦也明白，这意味着与行政之途的告别。当时的李学谦还有其他一些选择，然而好友的一句话影响了他。朋友说，衡量一个人的价值，不仅要看他在职位上能够做到什么程度，更要看他在多大程度上影响了社会。显然，对于理想主义者而言，影响社会，推动历史进步，是绝大的诱惑。

2006年，李学谦又带着这一抱负，就任中国少年儿童新闻出版总社（以下简称中少总社）社长、总编辑，进入了出版界。

以曾经的行政人、传媒人和研究者的眼光审视他所投身的出版界，李学谦得出了关于出版的重要结论——文化是大事业，但出版是小产业。单纯以经济指标来衡量出版业是没有意义的。当然，出版是文化产业中的核心行业或说基础性行业，为整个文化产业的发展提供内容和品牌资源。要把这个行业做好，最重要的是不管怎样都不能忘记出版的本质，即内容的生产和传播，否则，就不是出版。

对于李学谦而言，他并非只有抱负，还深知实现理想必须脚踏实地。借用马克斯·韦伯的概念，出色的工具理性是价值理性的支撑。李学谦首先总结的是工作方法。

其一，“谋定而后动”。2006年的中少总社并非行驶在康庄大道上。在20世纪90年代以来的出版市场化变革中，因摊子大，负担重，机制和观念老旧，如同大多数的老社大社一样，其时，中少总社似已失去发展的先机。履新后整整半年时间，李学谦都在摸底，和员工谈话，学习出版，不接受媒体采访，不走向前台。半年后，李学谦才在社里抛出第一个主张——“蹲下来”，即降指标。

当时出版界都在谈“跨越式发展”，李学谦此举可谓逆潮流而动。但“蹲下来”是为了跳得更远。首先，李学谦判断当时的中少总社不具备跨越式发展的能力；再者，队伍士气也不足。如果硬搞跨越式发展，只会伤了元气。降指标，反而让员工对他有了信心。李学谦说他不想搞政绩工程，到这儿来就是干事的，有12年的时间，“我能打理好这个社”。

其二，把正确的事情坚持到底。既然已经谋定这件事情是对的，不管承担怎样的压力，也必须把这件事情坚持到底。调整出版结构，停掉教辅出版，李学谦整整用了5年时间；从2007年开始，中少总社整合出版资源，加大原创图书出版力度，依托《婴儿画报》《幼儿画报》等名刊成立中少总社低幼读物出版中心，以月发行超百万册的《儿童文学》杂志为基础成立儿童文学读物出版中心，年推新作家新作品数十种，极大丰富和提升了中国少儿出版的原创实力；停掉总发代理，砍掉与社里员工有千丝万缕联系的枝枝蔓蔓的公司，坚定推行全员聘任，"岗变薪变"，能上能下。在这个过程中，李学谦承受了莫大压力。回首往事，李学谦淡淡地说："这些不过是个过程而已。"

其三，"极高明而道中庸"，深谙中国传统文化精髓的李学谦知道"满则溢"，从重点突破到全面推进，要有一个过程。如果一开始就全面推进，四面出击的结果肯定是四面楚歌。"积小胜为大胜，每年做一两件能牵动全局的事情。"

2011 年 9 月，中少总社投资兴建的总面积近 5000 平方米的青少年阅读体验大世界在北京建国门外开业，这个集图书零售、阅读推广、教育培训、休闲娱乐诸多功能为一体的青少年主题书店，寄寓了李学谦对中少总社长足发展的殷切期望，即在内容创新和内容传播的基础上，实现由少儿出版传媒集团向少儿文化产业集团的变身，有效参与国际竞争。

从 2006 年 2.3 亿的销售总码洋，到 2017 年的 13 亿销售总码洋，一年一个亿码洋的攀升，李学谦将中少总社一手带到中国少儿出版此前从未到达的高位，为中国少儿出版发展之途提供了一个标杆。从当初的以公共版权图书、引进版图书、教辅图书为中少总社的三大支柱，到今天的原创选题数量占 90% 以上，为中少总社从传统出版商，到"少儿传媒集团和少儿阅读服务供应商"的跃升，再升级为"少儿文化产业集团"的三步爬坡，提供了强大的内容基石。更勿论在他担任中国出版工作者协会少儿读物工作委员会主任的 6 年间，中国少儿出版步入史无前例的黄金期，虽然多种前提在起作用，然而，作为中国专业少儿出版的领头人，李学谦以他绝佳的判断力、长远的眼光和宽阔的胸怀，在每个关键阶段以重要思想和言论助推中国少儿出版发展与攀升。

其中，中国少儿出版，从"无人问津"的过客，到日益融入世界主流少儿出版圈的"主宾"，李学谦见证和推动了其中的重要进程。

2007 年，第一次到世界最大童书展——博洛尼亚国际童书展的时候，作为中国少儿出版人，李学谦的感受是"很受伤"。展位小，也没有装修，很寒酸，尤其是，欧美强社门庭若市，而中国展区无人问津。

历经五年“苦练内功”，在经济实力和强大原创能力的支撑之下，中国少儿出版征战博洛尼亚的时机已到。2013 年 3 月，经新闻出版总署对外交流司批准，中国少年儿童新闻出版总社首次独立组团参加博洛尼亚国际童书展，这是中国的少儿出版社首次独立出征博洛尼亚，并首次在欧美大社强社林立的 26 号馆与他们同台竞技。中国红绚烂盛放于 26 号馆，此行，中少总社版权输出达 37 项。

2014 年起，受原国家新闻出版广电总局委托，中国出版协会少儿读物工作委员会率中国展团开赴意大利博洛尼亚。中国少儿出版军团集体征战世界最大童书展，从 2014 年版权输出 153 项，到 2017 年版权输出 618 项，中国少儿出版日益展示了自己对话世界的能力。尤其是，博洛尼亚国际童书展长期以来是由西方话语主导的，然而，随着中国少儿出版不断清晰坚定地发声，随着中国少儿出版市场规模与原创实力的不断展示，中国的少儿出版不断融入世界主流出版圈并掌握规则。2015 年，北京外国语大学教授吴青当选2016年国际安徒生奖评委，这是国际安徒生奖设立以来出现的首位中国评委；2016 年，曹文轩荣获 2016 年国际安徒生奖，这是国际安徒生奖设立以来的首位中国获奖作家；2018 年，中国成为博洛尼亚国际童书展的主宾国。

然而，这并非李学谦最终的出版抱负。60 年来的各个阶段，中少总社引领和推动着少儿出版和少儿阅读，塑造了一代又一代少年儿童的价值观和精神世界，这才是李学谦备感欣慰的。“做出版最重要的，还是要看你为文化积累做了哪些贡献。”

“周虽旧邦，其命维新。”现在的中少总社，正锐意革新，在时代激流中拾级而上，焕发出“少年中国”的蓬勃朝气，昂扬进取，稳健地奔向自己的梦想。

书业唯有与重要的人与事交互，才能迸射出黄金时代之光。李学谦自始至终没有改变他的初心，任职期间，中少总社所出品的每一本书上都镌刻着他的理念和宣言，那就是，以出版融入时代洪流，助推社会进步。

（原文载于《人民日报》）

目　录

辑二 关键词

Contents

Chapter Two Keywords

Chapter Three Transformation Period

辑　一

立足点

质量是出版社的立足点

今天发言的都是年轻编辑，这让我感到特别高兴。中少期刊中办刊历史最长的是《中学生》，已经76年了。现在各刊的主编以中年编辑居多，他们很有经验。今天又有这么多年轻编辑发言，共同探讨编辑业务，这说明中少期刊事业后继有人，队伍兴旺发达。

大家都很用心，讲的也都是自己在办刊实践当中的思考，含金量很高，所以我认为这个会议开得非常好。团中央书记处对我的任命是党组书记、社长、总编辑，是分着写的，不是社长兼总编辑。如果是社长兼总编辑呢，说明有本职也有兼职，但分着写，社长、总编辑，说明是一种并列关系，负双重责任。说实在的，我感觉压力还是比较大的，因为总编辑就要对产品质量负责，对产品规划负责，但我过去只办过报纸，对我来说，书、刊都是比较陌生的领域。所以，这段时间，我不断地找人谈话，不断地看各种各样的材料，看我们自己出版的书、报、刊，但感觉收获还是不如像今天这样，听大家直接讲更好一些。在大家讲了之后，我想从一个总编辑的角度，在这个编辑业务研讨会上做一个发言。

我想从两个方面谈谈听了大家的发言之后的一些感受。

一是我想特别强调一下质量，二是讲讲怎么提高质量。后一个问题讲不好，只是提出几个问题，我们来共同思考。

先强调质量。质量是立刊之本，同时也是一家出版社的立社之本。如果没有过硬的、高质量的产品，我们的期刊不能成立，我们的报纸不能成立，我们的图书，还有我们的出版社同样不能成立。少儿书报刊、少儿新闻出版事业现在处于一个竞争非常激烈的阶段。1978 年，专业少儿出版社只有 2 家，而现在有 34 家，近 140 家出版社有少儿读物编辑室，还有 520 多家出版社涉足了少儿出版这个领域，而且有的出版社还具有资金和体制方面的优势。因此，这方面的竞争是非常激烈的。

如果说，过去我们在少儿出版方面是老大，那么现在这种老大的地位已经被撼动。用新闻出版总署副署长邬书林的话来说："中少、上少（少年儿童出版社）两家独大的局面已经被打破，新的主导少儿出版市场的力量还没有形成。"现在是"春秋战国"啊，"天下"还没有统一呢！期刊同样也是这样。我查了资料，2005 年中国的大众类少儿期刊有 98 种，在同一个市场上竞争。

2005 年，被整个期刊界称为"拐点"，期刊的总发行量在下降，有的大刊、名刊增长势头也放缓了，竞争十分激烈。报纸也是这样，我们现在也正面临着传媒结构的调整。正如刚才有的同志在发言中说的，过去是纸媒体风行天下，现在互联网、流媒体风行天下，在手机上都可以非常方便地浏览到各种信息。在面临少儿出版业激烈的竞争和传媒结构的重大调整的情况下，如果我们不把质量放在办社、办刊、办报的第一位，在若干年后我们就会被淘汰。靠"牌子"吃饭，能够吃一段时间，甚至可以吃几年，但是，如果不能经常去擦亮这个"牌子"，名牌也会慢慢地被人们所淡忘，然后慢慢地被人们所遗弃。在这样一种市场环境下，我们一定要把质量看得非常非常重要。如果没有高质量的、满足广大读者需要的、为读者所争相传阅的产品，那么我们整个总社的、整个期刊中心的、整个新闻中心的、整个图书中心的根基都是不牢靠的。高质量的产品，包括图书产品、期刊产品、报纸产品，是中少总社核心竞争力之所在，是我们的立社之本。

报业改革这么多年了，两轮报业结构调整都已经过去了，真正活下来的是什么？不是"忽悠"出来的报刊，而是在办刊方面、办报方面真正经得起考验的产品。所以说，质量非常非常重要。

再一点，我们说经营。经营是从哪儿开始的呢？经营是从编辑这一环节开始的，不是从进入销售环节以后，进入到发行广告环节以后才出现的。编辑决定产品质量，编辑决定我们的产品是否有市场需求，同时编辑还要控制在编辑过程中的生产成本。

在中少总社社委会上我提出一个观点，就是全员成本控制。经营不光是广告、发行、财务管理的事情。产品卖不卖得动，是从编辑环节开始的，经营的基础和前提是编辑。搞好经营工作，也需要编辑，在我们整个经营过程中，编辑发挥着非常重要的作用。有的出版社回款问题很严重，有的出版社回款问题就不那么严重。回款问题不那么严重的出版社是因为什么？它的书好销！这说明什么？说明我们的发行能够做得好，也需要有好的产品、好的质量。

《中国儿童画报》经过编辑部和发行代理的共同策划改成“本儿报”以后，就更加有利于发行了。编辑，或者说产品质量是我们经营的前提和基础，而且是经营的第一个环节，从这一点上说，对质量问题我们一定要有足够的重视，质量是我们的生命线。

我感觉这个会议开得很好，大家都有比较成熟的编辑经验。我不知道期刊中心是否有一个编辑工作规范，我建议是不是能够制定一个编辑工作的规范。各个刊物的主编、各个期刊的编辑，是不是也可以考虑考虑，我们通过对编辑流程的规范管理，来控制好刊物的质量？我们的定位是什么？完成整个编辑工作流程需要多少个环节？各个岗位的职责和标准是什么？都要通过编辑工作规范定清楚。如果已经有了，我希望学习学习。我们总要积累一些东西，然后传承下去，这才像大社、名社的样子，像大刊的样子。咱们是有规矩的，不是什么都可以乱来的，要让人有这样一种感觉。

关于怎样提高产品质量，我提几个问题大家一起来思考。

第一个问题是，什么是高质量的产品？我们是不是可以围绕这几个方面来考虑：

首先，高质量的产品是有市场需求的产品，是有读者需求的产品。我们要问一下自己，我们的一本书、一篇文章、一个栏目出来之后它是给谁看的？估计会有哪些读者对这篇文章感兴趣？《儿童文学·选萃》的编辑在发言中谈到用读者调查表的数据来验证自己的判断，谈得非常好。能说出这样的话，编辑就真是做到心中有数了。刊物的定位是由一篇篇稿子的内容的定位来决定的，我们写稿子的时候，编发一篇稿件的时候，开设一个栏目的时候，心中一定要有读者，要有预想的对象。

其次，这个产品应该是有意义的。不是所有的需求都应该由我们去满足，也不是所有的需求都应该被满足。咱们的第一任社长、总编辑叶至善老先生在讲他怎么编《小布头奇遇记》的时候有一段话，我觉得这段话说得挺好。他说：“我一向把少年儿童读物看作是教育工作，一项潜移默化的教育工作，只有孩子们看得懂、喜欢看、看了可能受感染、可能引起思索、结果有利于他们成长，这样的稿子我认为才可以出版。”我想，好产品是不是也应该这样考虑一下：有益的，对哪方面有益？是教育、娱乐，还是审美或认知？

第三，很重要的一点，就是我们的产品应该是读者买得起的，在价格方面是读者可以接受的，能够在更广泛的范围内传播的。编辑跟读者有时候有点距离，尤其是对单个产品直接负责任的编辑更容易这样。做一本书，总想把这本书做得非常美，摆在书架上面，熠熠发光，让人眼前一亮。当然了，读者也有定位的不同，有的高收入家庭的孩子也许需要这样的书，但是不是所有的家庭和他们的孩子都需要这样的书？我看不一定。有位中央领导同志在看国家图书展获奖书的时候说了一句话：“你们这些书都出得很漂亮，但是价格都很高。我就不清楚了，你们出书究竟是拿来展览的，还是给读者看的？”所以说，好的产品是不是还应该有这样的要求：读者愿意购买，读起来方便，也买得起？

第四，作为中少总社，我们还应该在文化建设、文化积累方面有所作为。我们的产品应该是经得起历史检验的东西，应该是可以传承、可以保留的，而不应该是浮躁的，不应该是市场经济海洋中的泡沫。现在市场上有很多刊物，我自己也订了一些，看着刊物越积越高，就想着清理清理，但左看看，右看看，哪本也舍不得扔。有的刊物我明明知道也许我永远都不可能再去看它了，还是舍不得。这说明什么呢？说明它在文化积累方面确实有作用，有意义，才让人舍不得。所以，我们中少总社出的书和期刊，还应该有文化建设、文化积累方面的功能和作用。

上面讲的，是提出几个问题供大家思考。大家都很有经验，而且都是直接的实践者。我在这里诚心诚意地抛砖引玉，大家一起来思考一下。

我想提出来的第二个问题是，什么样的编辑才能成为高质量产品的生产者？

第一，从和大家的接触中，结合过去在其他新闻单位的经历，我觉得编辑也好，记者也好，有这么几种境界：第一种境界的编辑、记者，把自己所从事的工作作为一种追求，作为实现自身价值的一个过程来对待。这种编辑、记者往往很坚强，很执着。一个新闻出版单位如果缺少了这种境界的编辑、记者，这个单位就会得“软骨病”。第二种境界的编辑、记者，他们把自己所从事的工作当成一种职业来对待。想想自己一辈子也就适合做编辑，当记者，从而投入其中，兢兢业业。这也很好。第三种境界的编辑、记者就浮躁得很，他们把现在的工作当成一个饭碗来对待，吃着碗里的，盯着锅里的，还想着地里的，看见哪个碗里的肉比自己端着的碗里的肉多，就马上把自己端着的碗放下，换一个碗。这样的也不在少数，很急功近利，很毛躁，这种人终究成就不了他们在编辑、记者岗位上的事业。我希望我们中少总社的编辑们，应该有些使命感，应该有所追求，应该把我们的工作看成是传承文明、塑造未来的一项工作。有这么多好东西，中国的、世界的，应该把这样一些东西，通过我们的刊物，通过我们的书，通过我们的报，向孩子们传播，让他们潜移默化地去接受，受到影响，从而塑造我们民族的未来。我希望这样的编辑能更多一些，要有一点追求，有一点使命感。这是第一点。

第二，对于我们这样比较特殊的新闻出版单位，即以少儿为主要读者对象的新闻出版单位来说，我们的编辑、记者是不是还应该有一个科学的少年儿童观？现在对孩子们的看法五花八门：有的说“不打不成材”“棍棒底下出孝子”；还有的特别溺爱孩子，就像早些时候在《夏令营里的较量》中写的有的家长那样。为什么那么多的老师、父母觉得现在的孩子难管？除了教育方法外，更重要的原因恐怕是少年儿童观出了问题。什么是科学的少年儿童观？我觉得这个题目应该大家一起思考，把民族的未来、教育的现状、孩子们自己的需要等问题综合起来研究分析，从而得出科学的结论。少年儿童观，或者说我们中少总社所提倡的少年儿童观究竟是什么？还有，我们的教育理念是什么？我们的阅读主张是什么？我们怎样理解阅读与少年儿童成长的关系？作为中少总社的编辑，这些问题都是我们应当共同思考的。

第三，好的编辑还应该善于站在孩子们中间办刊、办报、出书。“站在孩子们中间”这句话不是我的发明，是老报人邓拓说的。他要求《北京晚报》站在读者中间办报，而不是以站在高台上振臂一呼、应者云集的那种姿态。

亲近是信任的前提，我们应该和我们的读者保持亲近的关系。有人说：好的关系胜过许多教育，讲的就是这个道理。我们应该用平等的姿态，去倾听、去沟通、去理解我们的读者，这样才能真正地把我们的报纸、我们的期刊、我们的图书办成读者所喜好的、受到他们欢迎的产品，这样我们才真正尽到了我们的职责，完成了我们的使命。

第四，好的编辑要有强烈的学习欲望，要有完备的学习能力。社会发展这么快，科技进步这么快，那种“一招鲜，吃遍天”的时代已经过去了。我们要有不断学习、终身学习的愿望，要有善于学习的能力。看一个人能成多大事，也许最重要的不是他现在会什么，而是他的学习愿望强不强，学习能力够不够，能学会多少东西。

第五，好的编辑还应当善于合作。书、报、刊生产是团队合作的结果。编辑人员内部也要相互沟通，要有善于和同事达成一致的想法，让我们的出版物有一个统一的性格和定位。有些做得不太好的期刊、报纸，各个编辑人员的编辑思想不统一，各个版块的内容有时出现不一致的情况，有时甚至相互矛盾。这就是编辑人员内部没有形成良好沟通机制、没有达成共识的缘故。我们在工作中要尽量避免这种情况出现。编辑与书、报、刊的发行部门也要有良好的沟通。我们编辑的书、报纸和期刊做得再好，再优秀，也要通过发行渠道最终到达读者的手中。有时候出现了一些问题之后，编辑人员与发行人员便相互指责，相互推诿，这并不利于解决问题。我们应该用读者的眼光将二者统一起来。我们的书、报、刊应该有个性，有特色，但是一切要服从于读者的需要，让读者满意，从而实现经济效益的增长和社会效益的提高。

那么，怎样做才能成为好编辑呢？我觉得最重要的一点还得靠自己，自己的努力是前提，是基础，是最重要的内因。内因起决定性作用。有的记者很苦恼，觉得自己采访的素材不少，想法也很多，可是一到写的时候就提不起笔。他就想，有没有这样的一本书，能够改变这种情况，让他写出东西来呢？答案当然是没有，不可能存在这样一本书；要是有了，所有的编辑和记者不就都“下笔如有神”了？一定要靠自己，靠自己长期的经验教训的总结和积累，靠孜孜不倦地学习和实践。

再就是要靠老编辑传帮带。我们各位主编的积累都非常深厚，可以给年轻人更多的指导和帮助。有些东西，教科书上学不来，就要靠“师父带徒弟”这样一种方式去获取，所谓“名师出高徒”。我们的老编辑们要对我们的年轻编辑们多多帮助，年轻编辑也要虚心学习。对老编辑来说，能够看到自己为之付出、为之努力过的刊物在新人的手中发扬光大，那是一件多么令人为之兴奋而自豪的事情啊！

最后，总社、各中心、相关职能部门，都要想方设法为编辑的成长，为优秀编辑人才脱颖而出提供机会，创造条件。

（在中少总社期刊中心编辑业务研讨会上的讲话，2006 年 9 月 19 日）

《中国少年报》要走出发展新路子

新闻中心贯彻落实中少总社年度工作会议的精神，抓得很紧，落实得也很快。中少总社工作会议结束不久，新闻中心的一些同志就开会商量怎么贯彻落实会议关于《中国少年报》工作的要求。现在又召开这样一个会议，一起商量《中国少年报》的改革、发展。这说明新年伊始，新闻中心正在过去工作的基础上朝着一个健康的方向、一个充满活力的方向发展。这是件好事情。在这个会上，我把对《中国少年报》改革、创新的一些想法跟大家做一个交流。

在这次总社年度工作会议上，我们形成了一个共识:《中国少年报》“不办不行，不改不行”。

首先是“不办不行”。《中国少年报》是少先队队报，共青团、少先队是青少年工作的主渠道，共青团的性质、职能、定位都没有变，全团带队的任务也没有变，所以队报必须办。对于我们来说，《中国少年报》不是一般的报纸、一般的期刊，更不能等同于一本普通的图书，它是我们中少总社承担的一份政治责任，无论如何也要办下去。别说《中国少年报》2007 年还实现了 338 万的利润，就是赔了，我们砸锅卖铁也要把这张报纸办下去！我这个社长、党组书记连《中国少年报》都给办丢了，那怎么行呢?《中国少年报》“不办不行”这个决心是不变的。我 2007 年说这些话，2008 年还说这些话，只要我在这儿，我就说这些话。《中国少年报》不是一般的产品，不能按照一般的产品去要求它，这是第一点。

第二点，“不改不行”。办《中国少年报》既然是我们所承担的一份政治责任，那我们就必须尽到责任，把这张报纸办好。我到总社工作第一次看到这张报纸时，心里面挺不是滋味的，不说别的，照片，没一张颜色是正的，红不像红，绿不像绿。这里面有技术方面的原因，不是编辑部的责任。纸，黑不溜秋的，不要说孩子不喜欢，连大人也很难喜欢。

孩子阅读有个习惯，都是从读图开始，孩子先认识色彩，然后对图发生兴趣，随着年龄的增长，图可以一步步减少。我们到国外去看，所有的出版物，只要是少儿的，没有没图的。我们这张报纸，色彩不好看，印刷质量有时也不高，孩子们能喜欢吗？办成现在这个样子，还允许这种状况长期存在，不去改变它，我作为社长、党组书记也是失职。既然是政治责任，我们就应该担负好这份责任，所以对《中国少年报》就是八个字："不办不行，不改不行。""不办不行"这一点必须要坚定，我们新闻中心的同志必须要有这样的信念，不管出现什么样的困难，也要把《中国少年报》办下去。"不改不行"的认识也要清醒。这张报纸有过它的辉煌，从 1951 年创刊到现在，影响了多少人啊！有多少我们今天遇到的人说"我是读着《中国少年报》长大的"！曾听有位同志说她乘出租车到左家庄报刊大楼，跟司机聊起来，说《中国少年报》就在这里。司机很兴奋，说《中国少年报》就在这里啊！我也是读着它长大的！《中国少年报》能够唤醒多少人对自己成长过程的追忆，把多少美好的东西留在了现在已经长大的成年人心里面。

当然，现在媒介环境不一样了，孩子们接触的东西多了，但无论如何，《中国少年报》的影响力也不应该像今天这么萎缩。长此以往，我们对不住曾经为这张报纸出过力的人，对不住把这张报纸交到我们手中的人。这次在总社的年度工作会议上大家达成了《中国少年报》"不办不行，不改不行"的共识，我希望通过这个会，咱们新闻中心的同志们进一步把这个共识建立起来，坚定起来。

接下来，谈谈怎么改的问题。

首先，要明确《中国少年报》改革的指导思想，这一点很重要。《中国少年报》为什么要改？是为了让这张报纸赚更多的钱吗？不知道大家会怎么想这个问题。对我来说，《中国少年报》改革的指导思想，绝不能是利润最大化。为什么？团中央让我们办这张报纸是为了赚钱吗？不是。至少我来的一年半的时间里，团中央没有找我们要过一分钱，国家也同样没有找《中国少年报》要过一分钱。我们上交的税全部都返还。所以国家让我们办这张报纸也不是为了钱。那我们在座的人当中，办这份报纸是为了自己发财吗？做新闻工作，当记者，当编辑，做发行，在任何一个国家都不是一个发财的行当，顶多是个中产阶级。记者当好了可能成名记者，成为专栏作家，以后可以出书，挣钱可以多一些，但也不会是富豪。如果把新闻工作作为终身职业，最多就这样了。没有任何一个人对我们提出"利润最大化"的要求，我们也不能把"利润最大化"作为我们改革的指导思想。如果这样的话，同志们，对不起，用不着各位了，把报纸包出去不就完了嘛！

但是另外一个方面，话还得说回来，我们现在已经进入市场经济社会，市场已经在资源的配置中起到了基础性作用。你说我不考虑挣钱，但是新闻纸不花钱能买来吗？印报纸不支付印刷工价能行吗？编辑、记者不付工资行吗？房租、水电费不付行吗？都不行。现在办报不是计划经济条件下的那套做法了，那时都是事业单位，国家花钱让我们做，做完以后按照国家的要求发下去就完了。在市场经济条件下，我们要让读者愿意花钱买我们的报纸，也就是说，要让我们的报纸成为有特殊属性的商品。这个特殊属性是什么？就是它的教育功能，传播主流意识形态、传承先进文化方面的功能。但必须又是商品，在流通中实现它的使用价值，发挥它的社会效益。我们要让报纸成为有特殊性质的商品，经济效益也要讲，讲的目的是要让报纸的影响力更好地发挥出来。所以，我认为《中国少年报》改革的指导思想，就是要通过改革，使《中国少年报》在市场经济条件下，坚持把社会效益放在首位，更好地实现社会效益与经济效益的统一，走出一条在市场经济的条件下适合《中国少年报》发展的路子来。

概括起来，第一，不能把单纯的"利益最大化"当作目的。第二，不能不考虑市场经济体制已经建立，市场已经在资源配置中起到基础性作用这样一个条件，必须要把报纸办成具有特殊属性的商品。这应该是我们这次改革的指导思想。

其次，改版应该遵循的基本原则。《中国少年报》跟图书中心改革不一样。图书中心的改革以发行体制为先导，《中国少年报》的改革是以产品创新为先导。产品创新首先面临的问题就是改版，改版应该遵循一些什么样的基本原则呢?

我们应该坚持的第一个原则，就是《中国少年报》作为少先队队报的性质、定位不能变。无论怎么改,《中国少年报》的性质还是队报，读者定位还是少先队员和少先队工作者。这条不能变，如果变了的话，我们也就放弃了自己的优势。

第二个原则，要系统总结《中国少年报》办报的经验，突出《中国少年报》的特色。我们这张报纸不是新报纸，它有几十年的历史，形成了自己的传统，形成了自己的品牌影响力，不能一说改版就像设计新报一样来设计《中国少年报》，而是要系统总结经验。我们的老报人真是非常了不起，把一张小孩子的报纸在他们那个年代办到那个水平。大家看，成长第一报，是不是我们的特色？如果放弃这样的特色，那《中国少年报》的优势在哪里？再比如说，“为孩子说话，让孩子说话，说孩子话”是不是我们办报很重要的一个特色？这说明《中国少年报》强调跟孩子互动，坚持儿童本位。再有，在长期办报过程中，形成了四个品牌形象：知心姐姐、小虎子、小灵通、动脑筋爷爷。这四个人物形象的创设符合教育规律，也是我们的特色。对孩子的教育一定要具体化，形象化，多种载体同时推进。我们对孩子进行创新教育，如果一天到晚给孩子们讲道理，孩子们不一定能听得懂，一定要具体、可亲、可感，跟孩子们平等交流，孩子们才能够接受，才能够一点一点地听进去。动脑筋爷爷就起这个作用。小虎子跟很多处在成长过程中的孩子一样，有好心，想做好事，成长的欲望非常强，但是有些时候会犯一些小错误，犯了错误又会改，很多孩子都这样子。知心姐姐、小灵通也都分别有自己的教育功能。那么这四个品牌形象我们需不需要激活？能不能覆盖现在对孩子们进行教育或者孩子们成长的主要需求？覆盖所有需求是不可能的，但是这四个形象，我在揣摩老报人办报意图的时候，感觉这四个形象大体能够覆盖孩子们在成长方面的主要需求。但是很可惜，除了知心姐姐，其他的品牌形象，读者印象就不那么深了。我们怎么借鉴知心姐姐成功的经验，让其他几个品牌形象再度走进孩子们的生活当中去，成为孩子们生活当中的伙伴呢？所以，改版不是设计一张新报纸，而是系统总结几十年的经验，把成功的东西继承下来，使《中国少年报》的特色更加鲜明。

第三个原则，就是要着眼于遵循少年儿童的成长需求，勇于创新。孩子们面对的媒介环境不一样了，导致了孩子们媒介接触习惯的改变。一些比较现代的漂亮的东西，孩子们可能比较喜欢；在阅读过程中，他们希望能够参与，希望能够有表达、互动的机会。孩子们产生了很多新的需求，我们怎么样通过调查研究，发现孩子们的需求，根据我们报纸的性质、定位，创设出新的版面、栏目、形象，新的表达方式，新的报纸形态，来满足孩子们的需求？这一点非常重要。照搬过去的经验也不行，还得要与时俱进。有些经验，也要研究面对今天的孩子、今天的教师、今天的家长，怎么能够把它用活。我觉得是一件非常非常费脑筋的事情。

再次，改革要以产品创新为龙头，整体推进《中国少年报》的发展。不要把《中国少年报》的这次改革仅仅看成是简单的改版，而是通过改版实现产品创新，在产品创新的基础上实现《中国少年报》的整体发展，走出一条在新的条件下办好《中国少年报》的发展之路。这几年《中国少年报》不断探索试验，但是到目前为止还没有走出一条发展的路子，“怎么办报”这个问题没有解决。所以，才有这些年的摇摆不定和彷徨。从2000年到2006年，6年时间经营负责人倒手了六七次。报纸本来是做长线的，主要经营负责人一年甚至不到一年就换一次，报纸这么办有问题！不能换来换去。种庄稼能春种秋收，但是办报绝对不是这样子。报纸内容被读者接受、发行渠道的建立、队伍的成熟，没有几年的时间不可能做到。从学校毕业到新闻单位工作，要成为比较成熟的编辑，至少需要6年。不当几年记者，不熟悉报纸生产的各个流程，对报纸的定位特色不了解，对新闻资源没有一定的积累，要想当一个好编辑比较难。所以说这次不是一个单纯的改版，而是要通过创新来带动整个报纸的发展，找到一条我们这几年还没有找到的发展的路子。

有的同志说，改版很简单啊，一两个月就可以搞定了。我是觉得不大可能的。改版意味着把所有资源重组一遍，而且发行量不能下跌，不能丢读者。因此，在改版的过程中应该整体设计，整体推进内容、活动、发行和自身建设，至少是这四个轮子要一起转起来。改版解决内容的问题。活动也是《中国少年报》办报的一个很重要的特色，它也是我们产品推广、产品营销，让读者能够认知我们改版后的《中国少年报》的一个重要组成部分。在改版过程中我们怎么来设计活动？一个是服务于报纸本身的活动，一个是服务于孩子的活动，两类活动怎么设计？比方说，《中国少年报》复刊30年，又是改革开放30年，那时候读我们报纸的人这时都是40多岁，已经是改革开放的中坚力量，要不要借这些大的契机，设计一些好的活动，在活动中宣传我们的报纸？

再就是发行，要有完整的计划，要强势推动，各个渠道都要配合行动，邮局为我们做什么事情？八九月份新报出来之前要不要开主要经销商会议，向他们介绍我们的产品？我们的少先队、团委、教育局这些渠道怎么用？自办发行渠道怎么用？我们这张报纸怎么走进校园？这些都要作整体的考虑。

先不要考虑报纸的价格问题，先把理想的报纸设计出来，然后看理想的报纸大概定价多少合理。如果不行，太贵，我们退而求其次，把理想元素减少一些。设计报纸不要先考虑价格问题，不要先用一个框子给自己套住，使我们自己都不知道什么是好的了。我认为中国人的文化消费能力远远没有释放，提一点价不会是太大的负担，有太大的影响。别以为农村留守儿童没钱，父母在外面打工，基于补偿心理，会给孩子很多零花钱、压岁钱。当然有钱的也不是特别富，不过买报纸的钱肯定是有的。

第四，要在改革中加强自身建设。队伍怎么建设好，怎么适应创新产品的要求？创新产品之后，通过什么样的制度、什么样的流程、什么样的工作方式来保证我们执行到位？靠每一个人，靠全流程，每个环节都要执行到位。新闻中心在设计改革、改版的时候要综合考虑，队伍建设怎么抓，自身建设怎么抓，一样样都要落实。

我们每一个人，都要在改革创新过程中不断学习，不断提高。在座的每一位对《中国少年报》都有感情，正是因为有感情，工作了很长时间，才会在这个过程中形成一些固定的观念。但是我们现在面临报社的改革、发展和创新，面临传媒结构的变更、调整，面临孩子们在新的环境下产生的新情况、新问题，我们固有的观念不可避免地会在这次改革当中遇到挑战。有位门户网站的内容负责人谈他的新闻观时，说新媒体是一个信息服务商、内容供应商，这跟教科书上尤其是西方的新闻观念是不一样的。大家反思一下，我们在一个单位，办一张报纸，办了这么多年，是不是形成了一些固有的东西？而这些固有的东西是不是符合报纸创新的要求？如果不符合，每一个人在这个过程当中，就都有一个过去常说的“在改造客观世界的同时改造自己的主观世界”的问题，每一个人都有反思、学习这样的任务。我们参与这个事情的每一位同志，尤其是担负主要工作的同志，胸怀很重要。一定要善于学习，善于听取、容纳不同的意见。当然，办报纸，内容就是总编辑负责制、主编负责制，不能谁想怎么办就怎么办，那样办出来的不是一张报纸，而是一个拼盘。但是在决定我们的报纸的基本形态、基本内容之前，一定要注意听取各方面不同的意见，向我们的读者学习，向少先队员学习，向少先队工作者学习，向过去的老报人学习。各方面的意见多听听没坏处，听了之后，对的好的我们吸取；不对的不好的不听就是了；很好的但是太理想化的，暂时做不到，以后再做也可以。产品创新的过程，报纸发展的过程，是我们每一个人不断学习的过程，每一位同志尤其是做报纸的同志，都要有“从今天开始，跟报纸一起成长”的理念。

第五，统筹兼顾，在突出重点的同时做好其他各个方面的工作。新闻中心也有经营任务，《中国少年报》也不光只有改版这一件事情，而改版也不光是报纸版面变动，而是内容、发行、活动、队伍建设四个轮子一起转。新闻中心除了《中国少年报》还有其他四张报纸，因此，怎么在抓好《中国少年报》改革工作的同时统筹兼顾好，也是非常重要的。要做到既不影响当前，也不影响长远发展，我们在安排计划、制定方案的时候，就要有统筹兼顾的意识和观念，把各方面的工作都考虑进去，保证新闻中心的工作在 2008 年实现经营、改革双丰收。

《中国少年报》改革是中少总社 2008 年要办的大事。做这件事的机会、条件都成熟了。团中央书记处就很关心《中国少年报》的改革发展问题，中少总社大盘非常稳定，显示出良好发展的势头，完全有能力来支持《中国少年报》的改革。我相信经过这一年的努力，《中国少年报》一定会走出一条新的发展路子来。

（在《中国少年报》改版动员会上的讲话，2008 年 1 月 22 日）

青年编辑成长的五个关键词

我长期在宣传思想文化领域工作，还当过六年报纸总编辑，今天和大家分享一些关于青年编辑、记者成长的经验和体会。我梳理总结了五个关键词，与大家共勉。

关键词一：目标

没有目标就不会有追求，没有追求就没有进步和发展。请大家经常想一想：为什么会来中少总社，为什么会在中国少年报、中国儿童报、中国中学生报和中国少年英语报工作？也许是过去读过这张报纸，对它有感情；也许是大学毕业后没有其他工作机会，好不容易找到这份工作……这些都可以是原因。但是，工作了一段时间后，建议大家再好好问一问自己：我为什么会来到这里？我对我所供职的这张报纸的期待是什么？这张报纸对我的期待又是什么？我心目中的这张报纸应该是个什么样子？

一个团队中往往会有四种人：一种人是把工作当成事业来看待，这部分人最终都能成长起来，都会是团队的骨干、中坚，团队最后的发展也取决于这种人；第二种人没有很多的想法，没有太多的追求，把工作作为职业来对待，既然来到这个地方工作，就认真做事；第三种人把自己的岗位作为饭碗来对待。请在座的各位想一想：你是哪种人？你是把它作为事业来追求，是把它作为职业来坚守，还是把它作为饭碗来对待？还有一种人工作状态最不好，就是在岗位上“混”日子，很多老单位都会有这种人，这些人慢慢会被淘汰。

青年编辑、青年记者们都应该有一个自己的目标，把目前从事的工作作为事业来对待，这样今后就会走得远一点，发展得快一点，人生的根基就能稳一点。一个人一生换几个岗位并不新鲜，但是无论在哪个岗位从事哪样工作，都应该有这样的职业抱负或职业理想，就是把现在从事的工作作为一份事业来对待，这样以后你就会是一个干事业的人。如果你把它作为职业对待，你可能以后会成为一个匠人或熟练工。如果你把它当作饭碗来对待，很可能最后一事无成，因为你现在端的饭碗不可能就是最好的。怎么办呢？跳槽，换个饭碗。换多了，很可能最后你什么东西都没有积累起来，最终什么事情也做不成。刚才大家提到了卢勤老师，她 11 岁时就立志要成为知心姐姐，一直朝着这个目标努力，最后果然成功了。我们现在也应该立志，要有追求：为什么到这里工作？到这来的想法是什么？与这张报纸对我的期待还有多少距离？下一步怎么来努力？

为了给大家提供一些思考这些问题的背景，我把我对中少总社的一些想法和大家谈谈。我来中少总社时是 48 岁，如果是 58 岁，我绝不来，因为我会把中少总社害了。如果只剩下两年时间，能把中少做起来吗？根本不可能。我来中少总社时是 48 岁，离退休还有 12 年时间，12 年认认真真地做事，肯定对得起中少，能把中少总社真正做大做强起来。

要做一个什么样的中少总社呢，要做一个中国最好的童媒集团。第一，她是按照现代企业制度建立起来的；第二，她应该是对孩子的阅读最有影响力的；第三，她有一支高素质的员工队伍；第四，她有参与国际竞争的能力，在国外同行面前不丢人；第五，她的每一个员工的生活都应该是体面的。我觉得中少总社将来经过几年的努力，员工人均年收入应该达到 10 万左右，这才是一个比较好的状态。比方说，到 2015 年的时候，这个目标能不能实现？按照目前的发展态势，这应该是没有问题的。2010 年，我们中少总社整体销售规模做到 6 亿没有问题。

报纸在我们这个童媒集团当中，是一个非常重要的板块。目前报纸年销售总码洋在 5000 万左右。报纸中心的四张报纸，在未来 5 年内，销售码洋要翻一番，达到 1 亿以上。这应该是完全可以做到的。

我希望到2015年，在“十二五”时期结束时，中少总社销售规模要做到10亿以上，在我退休的时候，应该做到20亿以上。这不是没有可能。为什么呢?

首先，我们赶上了文化产业大发展的好时代。从宏观上看，我们的文化产业在国民生产总值（GDP）当中目前才占了不到3%，美国文化产业在整个国民生产总值中占到了25%，韩国、日本、欧洲很多国家都占到了15%左右。今后的10年、20年应该是我国文化产业高速发展的时期，我们正好赶上了。

其次，我们正好赶上了转企改制的机遇。在体制、机制上，我们要按照更有竞争力的现代企业的要求来建设我们自己的制度，形成自己好的运行机制。

第三，特别重要的是，整个传媒出版行业目前都处在一个转型的过程中，这是互联网、数字化技术推动发展的结果。我们正在经历一个新闻出版业态重大转型的过程。我参加国外书展，发觉我们跟国外少儿出版机构有着很多差别：第一，人家在卖品牌，卖知识产权，而我们在卖书；第二，人家在做产业，而我们在做产品。比如运作我们引进的《丁丁历险记》的比利时卡斯特曼出版社，它的版权贸易收入在整个收入中占到70%—80%。《丁丁历险记》已卖了81年了，而它仅仅是一个家族出版社。再比如，低幼中心最近引进的《巴布工程师》，1999年最早是以英国广播电台（BBC）上的动画片的形式出现的，但到现在，《巴布工程师》已形成了一个很大的产业链，有动画片、图书、杂志、玩具、儿童用品，甚至包括巴布牌子的纸尿裤……所以，我们在做产品，人家在做产业。《巴布工程师》的版权已经卖到140多个国家和地区。我们国家少儿图书一年的总码洋不到50亿，“巴布”一个品牌下面的系列产品销售额，就已经超过了中国所有少儿图书的总码洋。

所以，身处一个文化产业发展的好时候，如果我们的路子走得对，中少总社完全可以成为一个以少儿新闻出版为主要内容的少儿文化产业集团，这个目标再做8年、10年就有可能实现。到2015年，我们把童媒集团的框架基本建立起来，然后在这个基础上，再进一步向少儿文化产业集团发展。你们应该认识到这样的机会，然后自己给自己立一个目标，努力工作。最终享受这个发展成果的，一定是你们自己。希望你们给自己定大一点的志向，有大志向的人容易成功，最后得到的也会比别人多一些。既然从事了这个工作，希望你们就能把童媒事业作为自己一生追求的目标，至少作为一个非常重要的人生阶段的目标。这就要“仰望星空”。我们需要“仰望星空”，因为我们从事的是文化产业，是创意产业，没有激情，没有想象力，什么事都做不成。最近不断有同行对我说，中少这几年发展得不错。我说还差得远呢，把总社所有出版物的码洋加起来，还远不如《巴布工程师》一个品牌系列产品的多。所以，中少要有发展目标，我们每个人要把这个目标跟自己的发展联系起来，给自己定一个目标。

关键词二：敬畏

敬畏是一种态度，是一种职业精神。刚才讲目标是“仰望星空”，现在讲敬畏则是脚踏实地。做事情一定得认真细致，做到“严、细、深、实”，即严谨、细致、深入、扎实。

给孩子做书、做刊是在做功德，一定得小心翼翼，努力做到尽善尽美。有一次，安徽芜湖的一个家长给我打了个电话，说《中国儿童报》登了一个消息，称研究发现左撇子的人比用右手的人少活 5 年。那个家长的孩子是左撇子，看到这个消息后，孩子好几天闷闷不乐，学习注意力不集中，吃饭也不好好吃。家长说，你们是不是该更正一下？我马上打电话给儿童报主编，批评儿童报不该登这种缺乏科学依据的八卦新闻，要求更正并向家长道歉。这件事说明，我们刊登每一篇文章都要对读者负责，要对我们写下的每一个字负责，对每一篇报道负责，应该知道我们的读者是一些什么人，他们看到我们的报道后会是一种什么样的感受。我们应该按照他们的需要，认认真真地把每一篇报道写好，把每一期报纸办好。像上面那则八卦消息，成人读者可能一笑了之，但孩子不行，孩子会当真的。所以，我们少儿报刊不能把八卦当成新闻登。

编辑记者不是直接面向市场的，而是直接面向读者需求的。面向了读者的需求，满足了读者的需求，服务了读者的需求，就是面向了市场。怎么做市场那是发行的事情，编辑记者眼里就是读者的需求。当然，编辑要配合发行做市场。编辑记者要经常问自己，我写的东西读者真的需要吗？读者真的喜欢吗？读者购买我们的报纸、刊物或图书的理由是什么？如果读者不需要，不喜欢，我们自己都不能给读者一个购买的理由，那就是在糊弄读者，最终读者会抛弃我们。读者可以不看你的东西，而看别人的东西；可以不看我们的报纸，而看别的报纸；可以不看报纸而看刊物、看电视等。在这样一个各类媒体充分竞争的环境下，我们一定要有一种态度、一种精神，就是要敬畏自己的岗位，敬畏自己的工作。实质上，我们是要敬畏读者。那个芜湖家长打来电话的例子，我会记一辈子，记到退休的时候。

我们每一个编辑记者既然是在从事儿童媒体工作，就要意识到自己是在做功德，要有敬畏的态度。我们不能以游戏的心态办报，自以为是地拿一些八卦的东西去调侃读者；不能以教育者自居，高高在上地端着架子办报；不能假装亲善，胡噜着孩子的脑袋办报。要真正做到尊重孩子，理解孩子，平等地对待孩子，真心从他们的需求出发办报。这不是一件容易做到的事情。为此，我建议我们的编辑记者要学会和孩子聊天，要多看一些经典的儿童文学作品。

关键词三：学习

学习不丢人。我来中少总社工作至今，一直是学徒，也一直以一个出版学徒自居。为什么？现在变化这么快，很多变化让新人老人都处在同一个起跑线上，谁敢说自己是师父啊？你说自己是师父，数字出版的商业模式你知道吗？它的赢利模式是什么？怎么能赚钱？很多互联网技术你懂吗？我们不懂啊！技术的发展，传媒结构的变革，让我们很多人都处在一个重新学习的过程中，年轻人、老年人、有经验的人、没经验的人，我们之中最终谁能胜出，完全取决于谁最善于学习。

前段时间我抓儿童文学原创图书时，注意到一个现象："80 后"已逐步成为孩子的父母，以后他们会成为购买我们产品的主体，他们教育孩子的观念跟我们这个年纪的人已不一样。互联网环境下长大的孩子和过去的小读者也不一样。现在的孩子睁开眼睛就看电视，大一点玩电子游戏，再大一点上互联网。在这样一种环境下成长，孩子形成的阅读习惯和阅读品味跟过去是不一样的。为什么美国会出来这么多科幻大片？为什么《哈利·波特》能卖得那么好？都是这个信息时代引起的。一些农村题材的作品，我估计现在很多孩子根本就读不懂，很多城市孩子麦子都没见过。在这样一种新的媒介环境里成长起来的孩子，他们的媒介接触习惯和表达方式完全不一样。华中科技大学校长“根叔”（李培根）对大学生的讲话，用了这一代年轻人习惯的语言、喜欢的思维方式，所以就得到了大学生们的欢迎。因此，在这种新的环境中，学习就是我们适应这个时代的第一要务。

年轻的编辑记者就更应该学习了。基本的新闻从业技巧要了解。比如说，怎么确定采访对象，有了选题和新闻线索后，我们应该采访谁，这些都要心中有数。比如采访科学家，科学家一般很严谨；采访研究熊猫的专家，他会跟你说熊猫，但是要让他说白鳍豚，他肯定不说，因为这不是他的研究对象。接触采访对象后，我们怎么跟他们联系，怎么跟他们沟通？怎么能够让采访对象有谈话的兴致，愿意和我们说？我们怎么来挖掘采访对象？这些都是基本的知识。同时，新闻基本从业规范一定要遵守，我们第一不能犯导向错误，第二不能做假新闻，第三不能做八卦新闻。这是起码的新闻从业规范。因此，新闻从业的基本规范是什么，新闻采访的基本技巧是什么，新闻写作的基本技巧是什么，这些都需要学习。

年轻编辑记者自己要善于学习，建议报纸出版中心要请一些老报人，特别是目前比较出色的都市平面媒体的记者编辑、电视媒体的主持人和记者，给大家讲一讲，上上课，让年轻人学一学怎么和采访对象沟通。这些知识和技巧一方面要自己善于学习，一方面也要有师父传授。

关键词四：好奇

做新闻工作，要始终有一颗好奇心，不能老气横秋，什么时候都气定神闲，什么事都无动于衷。对读者可能感兴趣的任何事情，都要善于追问，善于穷根究底，从中挖掘出东西。我们要保持经常阅读新闻、了解新闻的习惯，保持经常与人沟通的习惯。

我们每一个人都要看清自己专长的领域是什么，这很重要。我当报纸总编辑时，要求从事高等教育报道的记者，每个人至少要认识几个重点大学的党委书记、副书记、校长或副校长，至少要认识几个教授，至少要认识几个教育部的相关负责人，至少要认识一批学生会的学生，至少每个月去高校一次，而不是有了事才去找人家。这样做之后，你自己就能经营起自己的采访资源。所以，编辑记者应该是善于跑动的，应该是十分好奇的，应该是善于和各种人沟通的，应该是有自己稳定的信息来源的。过去我们常说一句话——“接地气”。编辑记者一定要“接地气”，我们必须要认识一批人，包括认识有代表性的家长，没事常去学校看看，这样对我们保持新闻敏感性是有好处的。

关键词五：合作

办报纸和做图书不一样。有时候，做一本书一个编辑就能完成，但是我们的报纸一定是一个团队合作的结果。现在独生子女多，大家也年轻，我们在一起沟通和合作，形成一个好的团队非常重要。我们年轻的编辑、记者应该非常善于和别人沟通合作。在我们的团队中，我们要相互欣赏，相互喜欢，形成一种很好的组织文化。我们要尊重每一个人，也应该有公开批评的气氛。比如评报，中国青年报就坚持评报，当时每天上午 9 点评报组就把评报的结果贴出去让大家看，有差错，就用红笔勾出来，文章的一个差错，哪怕是个错别字，扣 50 元，标题上有错字就扣 100 元，当月兑现。所以，一方面我们要相互欣赏和尊重，另一方面还应该有一种健康的批评气氛，这样大家才能共同进步。

目标、敬畏、学习、好奇、合作，这五个词十个字就是今天我要送给大家的话。

（在中少总社报纸出版中心青年编辑交流会上的讲话，2010 年 7 月 14 日）

创新是中国儿童文学走向世界的根本动力

中国现代儿童文学是在与世界儿童文学的交流中发展起来的。当代中国儿童文学走向世界，既是向世界传播中国文化，展现中国未来的需要，也是儿童文学自身发展的需要。少儿出版是中国儿童文学走向世界的桥梁和载体，没有少儿出版的由大到强，中国儿童文学走向世界的愿望就很难实现。另一方面，儿童文学出版是少儿出版的基础和支柱，没有儿童文学创作和出版的繁荣，少儿出版也很难实现由大到强。少儿出版界和儿童文学界共同承载着中国儿童文学走向世界的使命。基于这样一个认识，我从少儿出版的角度，谈点对中国儿童文学走向世界的看法。

中国儿童文学要走向世界，摆在当前的一项重大任务是要进一步提高创作和出版的创新能力。这几年原创儿童文学出版发展很快，已经改变了引进版图书引领儿童文学出版的局面。但新书多、新作少依然是当前儿童文学出版中的突出问题。从新闻出版总署公布的 2010 年少儿图书选题分析报告看，儿童文学方面的选题虽然丰富，但名家选本、获奖作品选集、中外古典名著占相当大比重，新作特别是有分量的新作还是不多，选题重复、雷同的现象依然严重，有的作家的作品十几家、几十家出版社争相出版。上海市最近就图书出版行业行风问题在读者中进行了一次大样本调查，有 65.5% 的读者认为“同类书太多”是图书出版行业行风中存在的最大问题，居各类问题之首。尽管这不是针对少儿出版的专项调查，但毋庸讳言，“同类书太多”的现象，在少儿图书出版中同样存在。这说明儿童文学创作和出版的创新能力仍有待提高。

没有基于内容创新的原创儿童文学出版的极大繁荣，中国儿童文学走向世界和中国少儿出版“走出去”都很难实现。

中国儿童文学走向世界要通过版权输出来实现，版权输出的实质是品牌和知识产权的输出，此二者只能在雄厚的原创儿童文学作品出版的基础上产生。欧美等出版强国之所以能够成为儿童文学图书的版权输出大国，即在于他们拥有自己的品牌图书和品牌形象，比如我们所熟知的《长袜子皮皮》《丁丁历险记》《蓝精灵》等。在精心打造品牌图书和品牌形象的基础上，版权输出才会成为这些出版社收入的重要来源。

反观我们的少儿出版，有强大的市场号召力的品牌图书和品牌形象还很少，少数品牌图书和形象的产业化程度也很低。少儿出版人在思考如何担当中国儿童文学走向世界这项使命时，应当思考如何使少儿出版回归出版，把“做内容”而不是“做书”作为自己的使命。不应当满足于“内容搬家”，把别人的东西引进来，做加工商，而要致力于内容的发现、策划、升华，加强原创儿童文学图书的出版，做制造商。只有这样，中国儿童文学和中国少儿出版才有希望走向世界。现在已经有500多家出版社加入少儿出版的市场竞争，2010年申报的新书选题近4万种，名列世界前茅，少儿出版已经名副其实地成为出版的大门类，不再是“小儿科”。越是这个时候，少儿出版人越要冷静，想一想究竟什么是少儿出版。2010年7月，新闻出版总署署长柳斌杰在谈到“十二五”规划时说的一段话值得深思：“如果在‘十二五’时期我们没有生产出新的具有历史标志性、能够列入中国文化精品行列的产品，我们这个行业做得再大也没有光彩。”

那么，提高儿童文学创作和出版创新能力的着力点在哪里呢？下述三个方面需要引起重视。

一是树立现代儿童观。儿童观是对儿童的看法，包括儿童的特质、儿童的权利和地位以及童年的意义、教育与儿童发展的关系等。儿童观是儿童文学的灵魂，作家对儿童的理解程度即作家的儿童观，通常会影响儿童对作品的接受程度，因而也会影响决定作品的传播强度和生命力。瑞典作家林格伦塑造的长袜子皮皮、小飞人卡尔松等典型形象之所以受到各国儿童的长久喜爱，在于林格伦以回归童年的心态，通过这些形象集中体现了儿童的群体意识、审美情趣和权利诉求。在林格伦的作品中，儿童的个性特征、主体意识和独立精神得到了夸张的表现和极大的张扬。她笔下的皮皮们，代替现实生活中儿童的大多数，完成了他们想做却不能做到的事情，到达了他们想去却去不了的地方，看到了他们想看却看不到的世界，从而使儿童在阅读中获得了高度的满足和快感。林格伦说："每个人都有自己的童年，我只是回归童年。"正是这种对童年的回归，使她的笔端自然流泻出对儿童和童年的理解、肯定、尊重和宽容，从而使得她成为世界各国儿童永远想念的"童话外婆"。

现代儿童观是伴随着五四运动进入我国的，在我国的传播和被接受经历了一个漫长的过程。改革开放以来，随着市场经济体制的建立和教育的逐步现代化，以承认儿童人格尊严和价值、保护儿童权利为主旨的现代儿童观已逐渐成为主流儿童观，其标志是联合国《儿童权利公约》1992 年在我国正式生效。但由于经济、政治、文化、教育等方面的原因，现代儿童观并没有在儿童生活的各个方面和儿童成长的各个环节中得到很好的落实。这在儿童文学创作和出版中也有表现，比如，"成人本位""教育者本位"的视角，概念化的写作，等等。还有另一个极端就是以生物进化论的观点看儿童，放弃文学对儿童的教育功能，使儿童文学"娱乐化""轻飘化"。儿童观是中国儿童文学走向世界的哲学基础。世界各国儿童文学之所以能够相互交流，相互理解并且相互欣赏，相互接受，在于彼此对儿童有着共同的理解和看法。中国儿童文学走向世界，需要进一步夯实现代儿童观的基石。

二是要体现时代特征。儿童观是对儿童的基本看法，体现人们对儿童基本特质的理解。但不同时代的儿童有不同的表现，走向世界的中国儿童文学应当更加充分地体现当下中国的时代特征。"时空压缩"是当下中国的最为显著的特征。改革开放以来，中国用 30 多年的时间，经历了西方发达国家用将近 300 年的时间所经历的蒸汽技术革命、电力技术革命、电子技术革命和信息技术革命。西方主要发达国家实现人均 GDP 由 200 美元到 2500 美元的跨越用了将近 140 年的时间，中国只用了 30 年。当代中国正在经历由传统农业社会到现代工业社会和信息社会的转变，传统性、现代性和后现代性这三个本来属于不同时代的东西，被压缩到了 21 世纪初中国的时空中。

在时空压缩的背景下，中国儿童在改革开放的 30 多年中，也经历了不平常的命运，既享受了社会发展带来的各种利益，也因各种矛盾和问题付出了代价。一方面，经济的发展使他们在物质生活、教育等方面得到不同程度的改善；儿童观的进步、教育领域的改革和信息技术的不断发达，使他们的思想更加开放，视野更加开阔，精神生活更加丰富。另一方面，各种社会矛盾和问题也不可避免地给他们的生存状态和成长造成负面影响。农村留守儿童问题、随父母进城的农民工子女问题、“网瘾少年”问题、“富二代”问题等，都是在时空压缩的背景下产生的。中国儿童文学走向世界，应当把创作和出版与儿童的现实生活结合得更加紧密，以更宽阔的视野、更深邃的目光、更博大的胸襟来反映儿童命运在中国发展进程中的变化，为我们的民族和世界留下关于这个时代中国儿童形象的永久记忆。

三是树立全球意识。中国儿童文学是在开放中，在与世界儿童文学的交流、碰撞、融合中发展起来的。改革开放30多年来，这种交流、融合和碰撞更加频繁，在很大程度上激扬了儿童文学的创新精神。比如，现代教育理念和体现这些理念的外国儿童文学作品的引进，为我国儿童文学创作和出版提供了借鉴，使我们在我国儿童文学作品中看到了更多具有独立思考和创新精神的儿童形象；后现代主义思潮和科幻、魔幻作品的输入，也催生了我国儿童文学中的同类作品。

现在，经济全球化和信息技术革命把整个世界日益紧密地联系在一起，人类日益成为相互联系、相互依存的整体。这一进程不仅使中国国家利益的实现日益卷入经济全球化的进程中，也深刻地影响到我们每一个人，影响到处在这一进程中的中国儿童的生存环境、生存状态和思想观念。中国儿童的现在、未来同整个世界的现在、未来，从来没有像今天这样如此紧密地联系在一起。中国儿童文学要走向世界，应当更加自觉地树立全球意识，更多地关注事关人类共同命运的问题，更多地关注一些国际性话题，学会用全球眼光来观察当下中国、当下中国儿童，在更广阔的背景下表现中国儿童。

中国少年儿童新闻出版总社是由中国少年报社和中国少年儿童出版社合并组建的，现有11种期刊，5种报纸，每年出版1000种左右的图书，其中《幼儿画报》《儿童文学》《我们爱科学》三种期刊每月发行量超过100万册。2010年各类出版物销售码洋超过6亿元。我们还有自己的网站、音像电子出版社，数字出版工程也已启动。中少总社在发展中，得到了中国作协和儿童文学界的鼎力支持，仅 2010 年，我们出版的儿童文学长篇小说新作就达到 19 种，每种印数大多在 3 万册以上。作为一个老社、大社，中少总社有责任与中国作协、儿童文学界更加紧密地携起手来，为中国儿童文学和中国少儿出版走向世界做出应有的贡献。

（在全国儿童文学创作会议上的讲话，2010 年 12 月 16 日）

少儿新闻出版工作者的文化追求

观赏完《新少年报》历史的影片，很感动，很受教育。本来我也想和大家谈一谈关于文化自觉和文化使命的话题，和这个片子的主题正好是一致的。

为什么会想到这样一个话题？我以为，在纪念党的生日的时候，中少总社的党员应当想一想，自己为什么要从事少儿新闻出版工作？做事情一定要知道自己为什么要做这个事情，这件事情对国家、民族、社会，对人类、世界有什么意义。理解了这些，从事少儿新闻出版工作就有了文化自觉。有了文化自觉，才会有文化使命感，才能把自己手头的事情做好。

最近我用了一点时间，对少儿出版史做了一些了解。中国少儿出版萌芽于 19 世纪末 20 世纪初，是在文学改良运动当中出现的。大家都知道，中国从鸦片战争之后，经历第二次鸦片战争，然后再到甲午战争，一步一步地走向衰败。很多有责任感的知识分子站出来，发起了“戊戌变法”。这是一场涉及经济、政治、文化、军事等领域的资产阶级改良运动。文学改良运动是资产阶级改良运动的一部分。当时文学改良运动的领军人物梁启超提出一个观点，叫作“欲新一国之民，不可不先新一国之小说”，意思是要想培育一代新的国民，要有新的小说来唤起民众。梁启超身体力行，自己就开始办报，在他办的报纸上面发表了一些儿童诗，他自己也写一些儿歌，同时也刊登翻译过来的国外的一些儿童文学作品，这样就催生了少儿报刊和儿童文学。我认为，少儿出版是在那个时候出现萌芽的。

到五四运动之后，出现了一批重要的儿童文学作家，如叶圣陶、冰心等，都是在那个时代出现的。他们是我们国家的第一代儿童文学作家。开始儿童文学作品发表在成人报刊上，后来有了专门的儿童报刊，这又反过来促进了儿童文学的创作。作品多了，要留存下来，就出版图书。这样，少儿出版逐步成为独立的出版门类，有很多重要的出版机构为孩子出书，有些重要的作家专门为孩子写书，写作品。当时的商务印书馆、中华书局、三联书店、开明书店等都是重视少儿出版的重要出版机构。

看这段历史的时候，我有些什么感觉呢？

第一个感觉，少儿出版是社会发展到一定阶段的产物，是和社会发展紧密联系在一起的。没有资产阶级的改良运动，没有文学改良运动，就不会有少儿出版的出现，也不会有儿童文学出现。

第二个感觉，它是和进步的、科学的儿童观的出现联系在一起的。在五四运动之前，中国就没有“儿童”这样的词，儿童也没有作为独立的个体受到尊重，得到成人社会的平等对待，更没有专门为儿童出版的报刊、书籍。儿童是被作为没有长大的大人来对待的，要求儿童的标准和成人的标准是一样的。所以，那时既没有独立的儿童文学，也没有独立的少儿报刊，更没有独立的少儿出版。

从这里我们可以得到一些什么启示？少儿出版从它出现的那天起，就天生地和社会联系在一起，和社会的发展进步联系在一起。少儿出版的一个非常重要的使命，就是通过出版这一特殊的形式来促进儿童的成长，促进社会的发展进步。梁启超讲得很清楚：“欲新一国之民，不可不先新一国之小说。”我们很多做出版的前辈在文化上是非常自觉的，他们不是盲目做出版，不是因为出版挣钱多，出版好玩，或者说出版有意思，所以来做出版，不是这样。《中国儿童报》的前身是《新少年报》。刚才我们看反映《新少年报》的片子，当时这份报纸的创办者都是怀揣文化理想、肩负文化使命来给孩子办报的，是带着文化自觉投身到少儿新闻出版工作当中来的。

当我们在党旗下纪念中国共产党诞生的时候，在座的所有党员，或者说党的少儿新闻出版工作者，我们有没有想过，自己心中有没有一种文化自觉的清醒意识？有没有一种文化使命感？

现在我们讲市场经济，讲做大做强，少儿出版进入了发展的黄金期，很活跃。关于少儿出版的各种提法、各种主张都有。有的老同志，包括离退休老同志，担心转企改制之后，我们的队报的性质，我们出版物的性质会不会改变。确实，我们应该注意。不管怎么改，中少总社的灵魂，中少总社的追求不能变。我们仍然需要有一种清醒的文化自觉，仍然要肩负起自己的文化使命。

出版是小行业，文化是大产业。2011 年全球 50 大出版集团的排名刚刚出炉，这 50 个最大的出版集团销售收入加起来是 530 多亿欧元。这 500 多亿欧元是什么概念？2010 年世界前 500 强企业第一名沃尔玛，全球销售收入 4000 多亿美元，合 3000 亿欧元左右，而世界出版前 50 强加起来，才 530 多亿欧元！

排名榜制订者的统计口径非常有意思。排名第二的励德・爱思唯尔集团收入下降 18%，原因是排名榜制订者将该集团的律商联讯风险管理方案业务部门剥离了出去，理由是它是一个商业数据库业务而非出版业务。这个机构统计的时候，觉得你卖商业数据，那东西不是出版行为，不能把这方面的收入算作出版收入。回过头来，我们看国内有些出版企业销售收入过百亿，但销售收入构成当中，与出版与文化有关系的东西多不多？至少有相当一部分是和出版、文化没有多少关系的。有一些甚至是房地产收入、各种产品制造收入，还有一些开矿的收入，什么都有。这些收入和文化没有关系，和出版没有关系。如果出版企业眼里只有钱，只有销售收入，忘记了自己文化使命，没有把出版功能的实现，没有把知识、信息、思想的传承、积累、传播作为自己的首要使命，这个企业，这样一个出版社真的就没有存在的必要了。几百亿算什么？在这个楼里和我们做邻居的宝钢集团，2011 年的营业收入是 3100 多亿元。

担任中少总社社长，我一直把握住一条：不能总社越做越大，出版越做越小，最后干脆把出版做没有了。这不行。如果只是为了盈利，放弃自己的文化理想、文化追求、文化使命，说得再好听，也愧对于出版的历史；作为一个少儿出版社来说，愧对于少儿出版的历史。作为中少总社的共产党员，我们在从事少儿出版的工作，很重要的一点就是在任何时候都不能放弃自己的文化理想、文化追求和文化使命，前提就是要有文化自觉。

当然，我们讲文化使命、文化追求，也不是说我们就可以不尊重市场，不尊重市场经济条件下出版的规律，视金钱如粪土。不是这样的。在市场经济条件下，与出版相关的各种资源都要通过市场来配置，作家要版税，买纸要钱，印刷要钱，书店同样也需要赚钱，市场实实在在地在出版资源的配置中发挥着基础性作用。所以，我们必须尊重市场规律，我们必须来计算投入产出，我们必须追求利润最大化。但是，尊重市场，从根本上讲，是要尊重读者。我们要考虑少年儿童读者的阅读需求是什么，要出少年儿童、家长、老师愿意掏钱买的东西。我们的少儿出版有很大发展，但是要在国际上比较起来，很多方面是有欠缺的。

2012 年 6 月 21 日到 24 日受韩国出版协会邀请，我和中国出版研究院一位副院长，还有北京大学、上海理工大学的两位教授一行 4 人，到韩国去参加书展。韩国书展期间用一个下午的时间举办了中国出版研讨会，我们 4 人分别发表了演讲。韩国同行对中国出版很感兴趣。我们还抽出半天时间去考察了韩国最大的一个少儿出版机构——天才教育出版社。韩国人自己介绍说这是韩国最大的少儿出版社，但我一看，这个机构和我们所理解的少儿出版有很大的不同，它出版的专业水平要比我们高得多，出版的东西以教材和学习书为主。韩国有 4 种教材是统编教材：语文、社会、科学、数学，其他教材是各个出版机构通过市场竞争来让学校选择。天才教育出版社编的英语教材在韩国市场的占有率，小学是 58%，初中是 40%，高中占 28%。除了这些教材以外，还有一类重要的出版物，叫学习书。既不是教材，也不是教辅，目的在于扩大孩子的知识视野，启发孩子学习兴趣，培养孩子科学精神，做得非常专业。比如世界历史，用漫画的形式来表现，非常生动。在帮助孩子学习这方面，天才教育出版社要比我们专业得多。它的销售收入是多少？2011 年是 4000 亿韩元。大体上 1 元人民币能够兑换 180 韩元，4000 亿韩元相当于 22 亿人民币。中国现在有很多出版社都在出少儿图书，但是我们在满足少儿的文化需求，满足少儿的成长进步需求方面，究竟做得怎么样？我自己感觉不要和欧美发达国家比，就是和韩国比，我们都有不小距离。

所以，我们尊重市场规律，计算投入产出，追求利润，都是很重要的，但更重要的，是怎么让我们的出版物能够更好地满足少年儿童的精神文化需求，满足他们在成长进步方面的需求。这是在更加本质意义上的对市场经济规律的尊重，和我们前面讲的坚持文化追求，肩负文化使命，是完全一致的。

借党员大会的机会，结合中少总社的实际，给大家讲一讲我自己在文化自觉、文化使命和文化追求方面的一些体会，目的是希望大家一起来思考一下，作为中少总社的党员怎么才能更好地肩负起自己的责任，把中少总社越办越好。

（在中少总社党员大会上的讲话，2012 年 6 月 29 日）

共建和谐稳定互动的供销关系

回顾起来，我与在座的经销商朋友有些至少见过四次面。第一次见面是在2008年7月23日，中少总社期刊中心在北京召开了期刊宣传工作会议。当时的背景是中少总社决定收回中少期刊的经营权，由过去的分别由两个公司总代理变为我们自己经营。第二次见面是2008年8月1日在海南召开的中国少年报的改版座谈会。这两次会议时间间隔很短，有些同志是刚刚参加了7月份的会议，又去参加8月份的会议。这说明一方面是中少总社收回了期刊的经营权，直接找大家的事多了；另一方面也说明中少总社的经营是分散的，报、刊分散经营。后来我们在邮局开邮发会的时候，也是这样的状况，报、刊分别开。第三次见面是2009年2月16日，在北京以中少总社名义召开的中少报刊宣传推广工作会议。当时考虑到2008年我们在7月底8月初连着召开过两次会议，参会的对象很多是重合的，目的也是相似的，所以就决定以中少总社的名义来召开中少报刊的宣传推广工作会议。这个会议表明了中少报刊要整合发行资源、规范发行渠道的决心和态度。而当时，我们还没有完成实质上的整合。第四次见面，就是此次的秦皇岛会议，实现了我们报刊发行资源真正意义上的整合。这样一个过程，实际上是中少总社经营机制调整、转变的过程。

我到中少总社已经整整三年的时间。2006、2007年的时候，我们是没有发行工作会议的，我们的发行是全部交出去的。现在报刊所有的生产经营行为都是由中少总社自主地进行，这表明中少总社有信心、有能力自主参与市场竞争。

为什么要进行发行资源的整合？

一、为了发挥中少产品的整体优势，更好地增强中少报刊在市场上的竞争力

当前少儿报刊的市场竞争十分激烈，中少报刊在市场竞争中有独特的优势。表现在几个方面：

第一，中少报刊是精品报刊，体现了引领少年儿童主流阅读的目的。

现在市场上有很多少儿报刊，特别是教辅类产品非常多，还有很多其他类别的报刊，中少报刊在所有的报刊中的质量比较高，起到了引领少年儿童阅读方向的作用。这是我们的优势。

第二，中少报刊全品种、全年龄段覆盖读者对象。

中少报刊有报纸也有期刊，覆盖了0—18岁所有的少年儿童，从《婴儿画报》一直到《中学生》杂志、《中学生报》。可能其他出版机构也有不错的报纸和期刊，但是像中少总社这样全品种、全年龄段覆盖读者对象的报刊出版机构，到目前为止还没有。

第三，中少报刊有品牌优势。

所谓的品牌优势，有两个方面。一是我们有很多老刊。最老的是《中学生》杂志，将近80年的历史，《儿童文学》也有46年的历史，还有《我们爱科学》，是1960年创刊的。《中国少年报》50年代初就创刊了，《中国儿童报》更早，它的前身《新少年报》是1947年中共上海地下组织创办的。中少报刊影响了一代又一代的少年儿童，有代代相传的口碑。这样一种品牌的优势，这样一种读者阅读体验的积累，是其他任何少儿报刊都比不了的。二是中少报刊是共青团、少先队所联系的少儿报刊。共青团、少先队是青少年思想品德教育的主渠道，我们的中少报刊是共青团、少先队事业的一个有机组成部分。也正因为这样，中少报刊在其发展过程中自始至终得到了团中央、全国少工委的有力指导和大力支持。从孩子们的成长来说，没有课外阅读的成长，必定是残缺的成长，因为只有课外阅读才能把孩子们的精神世界构建起来。我们不能想象一个孩子在成长过程中只有知识的积累，而没有精神世界的构建，没有阅读的成长过程一定是不完整的成长过程。我们所有的报刊服务于少年儿童精神世界的发育和成长，办报办刊宗旨是

和共青团、少先队的培养目标完全一致的。也正因为这样，我们得到了共青团、少先队的关心、指导、帮助，还有社会各个方面的支持。所以，中少报刊在读者当中的权威性和公信力，是其他报刊所不具备的。

第四，中少报刊在所有的少儿报刊当中，市场覆盖率最高。

中少报刊的市场覆盖率应该是在20%以上，2009年可能还会更高。2007年的时候，所有少儿报刊发行总量是2.245亿册，中少报刊占到4800万册。现在应该比这个数字更高，因为2008年我们把渠道收回来以后，发行量进一步上升了。

中少报刊这几个优势如果不集中起来，在市场上就显现不出中少报刊的优势，就好像把好东西一样一样拿去在地摊卖，而不是开成专卖店来卖。开专卖店才能卖出品牌，吸引回头客，形成市场地位。我们之所以要整合发行资源，整合发行渠道，就是为了更好地发挥中少报刊的整体优势，增强中少报刊的市场竞争力。

二、为了使中少发行资源的配置更好地适应市场竞争的需要

我们发行资源的配置，从最早的"一条龙"，再到分中心经营，然后到今天形成一个统一的报刊发行中心，就是为了使我们发行资源的配置能够更好地适应市场竞争的需要。以前我们的经销商，有可能今天刚接待一个负责报纸发行的人，明天就又会接待一个负责期刊发行的人，再过两天还可能会接待一个负责其他产品发行的人。今天我们把所有的发行渠道都整合到了一起，就可以规范发行的渠道，规范我们发行的市场行为和市场秩序。

从更深层次来考虑，我们整合发行渠道，组建报刊发行中心，是为了使中少总社更好地适应当前中国出版业面临的两个转变，为打造现代传媒集团做好打基础的工作。

我从事少儿出版工作时间不长，但我非常幸运，从我到中少总社当社长时起，中国出版业就开始了两个根本性的转变。第一个转变，是由过去的事业单位向企业转变。所谓事业单位，就是按照计划、按照行政区划、按照部门等来配置出版资源，享受事业单位的各种待遇，体制、机制、管理、观念，都不是市场经

济的。后来实行事业单位的企业化管理，还是不伦不类的。现在正好面临转企改制这样一个机遇。我们要通过转企改制，把中少总社打造成一个按照现代企业制度建立起来的真正的市场主体。中国所有的出版单位，除了公益性的出版单位，180 多家出版单位中只保留 4 家事业单位——人民出版社、民族出版社、盲文出版社、藏学出版社，其他无条件的一律要在 2010 年底之前转制为企业。这是出版业面临的转变。第二个转变，是要求中国的出版单位，由过去传统的出版商转变为新型的内容供应商。传统的出版业态非常简单，就是把选题变成稿件，把稿件变成书，把书卖出去，把款收回来，这样就完成了一个出版的过程。新的出版业态，已经是一个内容以多种载体、多个渠道传播的行业了。比如《哈利·波特》问世 10 年来形成了多少产值呢？形成了 2000 亿美元的产值。这本书能改编成影视、戏剧，还能产生出各种各样的衍生产品。这就是由传统的出版商向现代内容供应商转变的非常好的例子。中国的出版业迟早要面临这样的转变，这两个转变是我们考量中少总社未来发展布局的大背景。

未来 3—5 年内，中少总社主要是为适应两个转变做好两个方面的工作。

第一，完成转企改制。按照中央关于文化体制改革的整体部署，中少总社将在 2009 年底之前完成企业工商登记，还不能说完全完成转企改制工作。新闻出版总署要求，中央部委转企改制分两批，第一批要求在 2009 年底之前完成转企改制的工作，这包括没有完成转企改制工作的绝大多数出版社，还有剩下的三十几家出版社，像那些小一点的出版社、民主党派的出版社要求在 2010 年底前完成。我们会在 2009 年底之前初步完成转企改制的工作，标志是要完成工商登记，之后我们要进一步建立企业的法人治理结构，建立企业的劳动制度、工资制度和人事制度，使中少总社初步形成一个按照现代企业制度建立起来的新闻出版企业。在这之后，我们可能会进一步进行资源重组，包括可能借着融资重组建立股份制的公司，如果说需要并且有条件的话，也可能会上市。未来 3—5 年里，我们会按照打造现代童媒集团的体制框架的要求，来规划中少总社的转企改制工作。

第二，在做好转企改制的同时，要按照两个转变的要求来实施中少总社的发展战略，包括三个方面。

一是产品战略。中少总社在未来 3—5 年内，将会初步形成 4 个产品群。

第一个产品群是传统读物，包括我们的书、报、刊。我认为在未来相当长的时间里，纸质媒体或者说印刷媒体不会被网络媒体所替代。尤其是对少儿出版来说，在今后相当长的一段时间里，印刷媒体仍然还有很大的发展空间。我们是出版大国，但却是阅读小国，人均图书、期刊、报纸的拥有量要远远低于发达国家。在我国，少儿图书一年的销售额也就是40亿码洋，而我们有3.8亿少年儿童，如果说10元钱一本书的话，也就是一个孩子一本书，而以色列、美国、日本这样的发达国家，人均是5本书以上，所以我认为印刷媒体还有很大的发展空间。今后中少总社还要不遗余力地发展壮大，特别是要进一步优化我们的品种结构。这个产品群应该有七八亿码洋，我们2009年大概是5亿了。第二个产品群是新介质读物，包括手机报、语音读物等。我们有些低幼产品特别适合发展成为语音类的读物，有的产品，看起来是个玩具，很生动，很形象，实际上它是个阅读器，孩子通过按按钮可以听故事，还可以定期下载更新内容，我们现在正在和技术供应商洽谈开发这一类的产品。今后可能还有其他类型产品问世。第三个产品群，是衍生产品。将来可能会开发玩具、学具，还有其他的一些衍生产品。实际上我们现在送的有些礼品，已经有了衍生产品的雏形了，特别是我们低幼中心送的一些，都是以我们低幼刊物中的形象为基础来设计的，已经初步有了衍生产品的形态。今后会更自觉地开发这类产品。第四个产品群就是我们的教育服务。任何一个好的、专业的、有影响力的少儿出版机构，同时也会是一个教育思想的集散地，没有自己教育思想的出版机构，它不会有长久的影响力。美国最大的出版机构，全球出版社50强排名第10位的美国学乐集团，有自己独立的教育网站、独立的教材、独立的教育培训体系。我们目前要全面开展教育服务可能做不到，但至少在家庭教育、社会教育这两个领域，我们有知心姐姐这样的品牌，今后要自觉地发展以知心姐姐为品牌的中少教育服务，包括教育培训、夏令营、心理咨询、早期教育等。

二是市场战略。我们市场战略的目标是要形成覆盖全国城市中小学校所有终端用户的中少产品发行网络。除了依靠我们在座朋友们的努力之外，今后我们在邮发、民营零售、网络销售等方面都会加强。

实施市场战略中还有一项非常重要的工作，借此机会也向大家介绍一下，就是我们正在建立一个卖场。预计在2009年底之前，中少总社搬入位于建国门外的办公新址，在那里除了要解决我们的办公用房，我们还要建立一个最大、最专业的少儿图书卖场。所谓最大，指它的面积最大，5000 平方米左右，另外，它的动销品种最多，约有 6 万种国内外优秀的图书、音像、电子出版物，还包括一些儿童用具，等等，是我国目前规模最大的专业少儿图书卖场。最大不是我们的追求，最专业才是我们的追求。如果说到别的书店购买的仅仅是图书、光盘、学习用品，那么到我们中少总社所办的卖场，购买的一定是一种阅读服务。这种阅读服务我们正在开发，有各种各样的符合少年儿童特点的体验性的活动。比如卖场里的"乐悠悠童乐园"，孩子在那里可以表演，分享自己的阅读体验。孩子们读完一本书，可以谈阅读体会，也可以模仿书中的人物表演情景剧，等等。所以，我们的卖场叫"青少年阅读体验大世界"，突出"体验"两个字。孩子们在阅读体验的过程中，渴了、饿了，可以到"红袋鼠美食屋"，那里可以同时容纳 50 人以上就餐。还有适合中学生特点的"5 点半咖啡厅"，等等。"青少年阅读体验大世界"的基础定位是最大、最专业的少儿图书卖场，但是同时也是一个少年儿童阅读推广基地。经常会有作家来进行签售活动，我们专门请了一些顶尖的儿童文学作家来帮助完成这样的项目。我们请了作协儿委会的作家来论证，作家们都很高兴，他们说他们也愿意到这里来卖书，愿意经常到这里来搞阅读推广活动。我们还可能会请一些国家级播音员到这里为孩子进行朗读活动。还会有很多类似这样的活动。它一定是非常好的阅读推广基地，大概三四千平方米的营业面积当中，会拿出 1000 平方米左右的营业面积来搞活动。除了最大最专业的少儿图书卖场、少年儿童阅读推广基地，它的第三个定位是少年儿童的教育服务机构。所谓教育服务机构，我们的卖场中大概有 200 多平方米的教育服务区，会经常性地有一些培训项目。我们的地下一层还有个多功能厅，可以同时容纳 300 多个人。在这个多功能厅，我们考虑每周举办一次中少教育大讲堂，面向公众免费开放。会请一些名家，针对大家关注的孩子教育的热点、重点、难点等，来举办各种教育培训和专题讲座。我们最终要以"青少年阅读体验大世界"为基础平台，依托现在的青少年宫或者我们有实力的经销商朋友来发展加盟连锁，形成中少主导的少年儿童阅读推广网络，这个阅读推广网络同时也是中少总社的自主销售平台。这是我们实现市场战略的一个重要的部分。

三是人才战略。要打造一支能够执行产品战略、市场战略的强大的专业团队。

这是我们未来 3—5 年内要实施的，适应两个转变要求的发展战略。实施这些战略，最终的目标就是为了形成代表国家水准的权威少儿出版机构。也就是说，最后我们应该成为一个在中国首屈一指的现代童媒集团。这是中少总社在未来 3—5 年内需要达到的一个目标。

中少总社的发展离不开在座各位朋友的支持，需要有成熟、稳定、和谐的渠道来支持我们。通过我们各自的努力，来构建这样一种渠道，是我们市场战略非常重要的内容。我认为，如果我们中少总社作为供货商，在座各位朋友作为经销商，那么，好的供货商和经销商的关系应该是和谐、稳定、互动的供销关系。怎样来形成这样一个成熟、稳定、和谐的供销关系呢？我谈几点个人的看法。

1. 供销双方要有共同的文化追求。在座各位之所以在卖中少的报刊而不是其他报刊，是有一点精神价值的东西把我们联系在了一起，我们要珍视这种精神价值。只要中少总社在出版书、报、刊，各位在卖书、报、刊，我们就都是在从事文化产业，这就要求我们供销双方都要有一些文化品位，要有些文化追求。这么多东西可以卖，为什么要卖少儿报刊？因为少儿报刊是孩子成长过程中不可或缺的精神食粮。为什么要卖中少报刊？因为中少报刊在少儿报刊当中具有刚才所说的四个优势，是比较好的少儿报刊。我们怎么来挖掘我们供销双方共同的追求、文化价值、精神价值？大家可以认真思考，有了共同的目标和追求，我们的联系就会更紧密一些。今后也许我们在发展少儿阅读推广，包括卖场建设这方面，会形成非常稳定、持久的合作关系。没有共同的文化追求，是很难成就大事的，做买卖也要有精神层面的东西。我见过很多做大买卖的人，买卖做大了不是给他自己做的，买卖做大了之后就是在为社会打工，为员工打工，而不是为自己。

2. 供销双方要有共同的利益纽带。只讲文化追求，最后大家没饭吃，也就追求不下去，追求不动了。要有共同的利益纽带，从生产到销售的过程，也是一个分享利益的过程。利益只有中少总社获得，或者只有经销商获得，都不行，各自的利益应该在一个合理的范围之内分配，彼此才能够持续发展。不能拿中少总社的产品与其他供货商简单类比，我们有特殊的情况。中少总社离退休职工有140人，今后几年还会陆续增加，这就和有些文化公司不一样。我们有责任让离退休职工安度晚年。中少的品牌，这些老人也付出了很大的努力，转企改制后这些老人都不管了，不公平，也不符合中国人的伦理道德。中少总社产品生产的投入也是很大的，我们所有内容都是自己做的。《儿童文学》之所以是《儿童文学》，在于它有600多名作者，经常保持联系的有300名，其中比较重要的作者也有100名；《中国少年报》为了一篇新闻，可以投入几千元去采访。我们没有一种报刊的内容是抄来的，所以，我们的生产成本相对来说高一些，因为我们想做好东西，想做别人没有的东西。所以，供货商、经销商的利益应该在一个合理的范围之内分配，各自才能够持续发展。在这个利益分享的过程中，不光要看眼前利益，还要看长远利益。我们还想和大家分享中少总社在改革发展过程中形成的一些成果，比方说青少年阅读体验大世界加盟连锁，未来几年肯定有可能。今后中少总社如果进行重组，我们也可以进行一些资本层面的合作。这些机会都会有，需要我们大家一起来努力。

3. 供销双方要有一些共同的行为准则。首先是双向选择。供货商有选择经销商的权利，经销商也有选择供货商的权利。其次，要相互尊重。经销商要尊重供货商的利益和权利，供货商同样也要尊重经销商的利益和权利。怎么实现这一点？比如从供货商的角度来说，我就特别不希望看到在订单上面，头两行是我们的产品，后面全部是其他公司的产品，用我们的品牌来作为敲门砖。既然我们相互选择了，全品种、全区域代理，是应该做到的。第三，在合作的过程中，应该自始至终是平等的合作。转企改制之后，我也没有级别了，社长和你们一样，没有任何行政级别，只剩下社长的职务，所以咱们都一样，那么我们就应该平等合作。还有以诚相待，信守合同。这些都是我们之间应该遵守的一些行为准则。

如果我们有共同的文化追求，有共同的利益纽带，有共同遵守的行为准则，我们之间就一定能够形成一个稳定、和谐、互动的供销关系。中少总社愿与各位永远携手，并肩发展！

（在中少报刊2010年度宣传工作会议上的讲话，2009年7月21日）

改革是唯一选择

图书中心转变机制的工作正在紧锣密鼓地推进是一件令人高兴的事情，大家的虎性正在一点点地回归。要不了多长时间，在少儿图书市场上，中少书业的虎威就能够显现出来，重振雄风。在这个会上，我谈几点。

一、总社党组、社委会高度评价图书中心的改革方案，期待图书中心改革成功

社委会听取了关于图书中心的改革方案以及当前的实施进展情况的全面汇报后，社委会成员都非常振奋，对图书中心的改革方案一致给予充分肯定。

党组、社委会有这样几个共识：第一，图书出版在中少总社的生存、发展中，具有举足轻重的地位。从社会效益上讲，书籍在人类文化的传播、传承、积累当中的作用，是其他任何出版物不可替代的。中少总社要想对我国文化发展有所贡献，要想在社会效益方面承担起自己应当承担的责任，图书出版就一定要做好，必须要做好。从经济效益上讲，根据财务提供的数据，这几年当中，图书生产所占用的成本大约占到总社生产成本的50%。总社经济效益要想从根本上好转，图书中心这台发动机不开动起来是不可能的。因此，图书出版在中少总社的发展中具有举足轻重的地位。第二，中少书业的现状滞后于行业发展水平，不适应推动社会主义文化大发展大繁荣的要求。2007年一季度，我们在少儿图书市场上的占有率是3.09%，综合排行排在第七，而且在前100种比较畅销的图书排行中大概是第18位。这说明，我们与

少儿出版领先地位的要求比较，还有相当的差距。第三，改革是振兴中少书业的唯一出路，要想振兴中少书业就必须改革。我们的落后是观念上的落后，是机制和体制上的落后。这是我们落后的根本原因。作家好的书都愿意交给别的出版社出，就不愿意交给我们出。为什么？畅销书不是蒙来的，因为我们没有生产畅销书的机制，给了你，你也发不好，就这么回事。因此，要想发展，就必须改革，除此之外，别无他途。

正因为有这样几个共识，党组、社委会高度评价图书中心提出的改革方案，对图书中心实施这样一个改革方案尽全力支持，同时，也对图书中心的改革成功抱有极大的期待。而且，相关的职能部门，社办、人力资源部、财务部也都来了，就是表明支持的态度。

二、图书中心的改革体现了图书中心绝大多数编辑、经营人员的愿望、要求

我们现在的选择既是改变现状、振兴中少书业的唯一出路，同时也是图书中心绝大多数编辑、经营人员在现状面前的一次勇敢的、主动的选择。改变现状的要求来自图书中心内部，动力来自图书中心自身，这一点恰恰就是改革成功的希望所在。

这次图书中心改革总体思路和方案是以市场部实行模拟法人制为主要内容的发行体制改革为先导，带动图书生产经营机制的转变，建立编辑、发行部门的图书采购关系，形成内部市场化的编、发良性互动机制，使我社图书出版能够更好地以需求为导向，以市场为目标，适应当前繁荣社会主义文化，发展社会主义文化的要求。这个思路是图书中心的编辑、发行人员在一起商量一起酝酿的结果。发行体制改革方案先在图书中心内部酝酿提出，形成共识后再进一步扩大到财务、人事部门进行讨论，经过各方面的配套完善才提交到社委会讨论通过，经历了一个自下而上的过程。编辑部的改革方案也是这样，先在编辑部内部酝酿讨论，最后形成了基本共识，或者说在绝大多数同志中达成了共识，然后提交社委会讨论通过。所以说，改革也是图书中心绝大多数同志进行的一次主动的、勇敢的选择。这一点，我非常欣慰，说明

图书中心这支队伍是有责任感、有上进心的队伍，完全可以依靠自己的力量把自己的事情办好。

三、开弓没有回头箭，既然选择了改革，就要把改革进行到底

开弓没有回头箭。刚刚开始的改革如果停顿下来，出现的局面可能会比不改革还要糟糕。因为旧的东西打破了，新的又没有建立起来，面临的只能是无序和混乱。因此，既然选择了改革，就要对自己的选择负责任，就要把改革进行到底。改革是我们图书中心所有职工的最大福利，不改革，中少图书在市场上就难以立足，每一个编辑人员，每一个经营人员的个人事业也不会有任何成就感，收入也上不去。

我个人认为，图书中心的改革不见得有太大的风险。方案设计出发点之一是公平地给每个人以机会，使每个人都有机会在新的舞台和规则下公平竞争，既不涉及人员下岗分流，也不触动个人的基本利益。但是，改革毕竟是对旧规则旧格局的改变，毕竟是新规则新格局的建立过程，而旧的规则旧的格局是我们已经适应已经习惯了的，这就要求图书中心的每一位同志应当在改革中不断地改变自己，提高自己，完善自己。我提几点希望。

第一，要有志气，把振兴中少书业作为图书中心全体职工的共同追求。

我在前面说了，中少书业滞后于行业发展水平，与行业领先地位比较有较大差距。这种状况，不是我们应当拥有的！现在少儿图书市场总体上市场集中度还不高，还有机会，所以，我们要长点志气，一定要把中少书业做起来。前不久我第一次去法兰克福参加书展，看到欧美大出版社的展馆，那种感觉只能用震撼来形容。不管是从出版理念，还是从图书的装帧、内容，再到衍生产品的开发等，我们的差距还是很大很大，至少是十年二十年。所以，中国出版要走出去，中国的少儿图书要走出去，还需要付出非常艰苦的努力。要长点志气，把振兴中少书业作为我们所有人的共同理想。我是 2006 年 7 月 28 日来总社的，心里有个目标，大概用三年左右的时间为中少总社的发展打好基础，形成新的体制、机制和制度的框架，从整体上提高队伍素质和管理水平。然后在此基础上，用两年左右的时间，使中少总社真正成为中国少年儿童主流阅读

的引领者，重现中国少年儿童出版社、中国少年报社曾经拥有过的辉煌。希望大家一起来努力。

第二，要有大局观念，在中少总社的发展进程中实现自己的发展，在成就事业的同时成就自己。

改革要建立新的格局，新的规则，每一个人都将面临着自身的改变，也可能有的同志暂时会受到一些影响，比方说考核更严格了，习惯不习惯，适应不适应？成本控制，过去不大会算账，现在要学会算账。也可能由于机构的调整，会面临重组；也可能以后逐步实行评聘分开，能上能下，面子可能一时不好看。但是，有这么几点，第一，机会是公平的。每一个同志都有公平的机会，都能在公平的机会面前发展自己。第二，尽可能保障绝大多数人的基本利益，使改革的力度在绝大多数人可以承受的范围内。当然，漏洞要堵死，不允许灰色收入的空间存在。第三，我们这个事业大得很，舞台大得很。总体上来说，我们现在的人才，我们现在骨干不是多了，而是少了。如果把出版规模进一步做大，现在这些人远远不够用，任何一个有理想的人，实干的人，都不会被耽误。眼前的得失会有一点，但不会太大。机会是均等的，只要好好干，在未来的发展进程中每一个人都不会被埋没，而这个发展是看得到的。因此，希望每一个同志都要有这样的大局观念。

第三，要加强团结，把图书中心建设成为一个有共同的理想追求、有共同的出版理念、有共同的行为规则的坚强的团队。

改革刚刚开始，在执行这个方案的过程中，编辑、发行一定会有矛盾，没有矛盾是不正常的，希望大家不断地磨合，奔着共同的理想追求，缩短磨合期，尽早形成良性互动机制。往大里说，是为了推动社会主义文化的大繁荣大发展做点贡献；往小点说，是为中少书业的振兴做贡献，这是我们的共同追求，在这样的追求面前，大家的利益是一致的。还有，出版理念要进一步整合，用共同的出版理念来凝聚大家，再通过建立制度形成大家共同遵守的行为规则，我们就会成为一个坚强的团队。

第四，要加强学习，不断开阔视野，按照高水平严格要求自己。

一定不能封闭。我们是“中央级”，我们是“国字头”，但是这些辉煌不属于我们现在这些人，中少总社过去的行业地位，过去的辉煌是属于老一辈的，他们开创了“北有中少，南有上少”的局面，我们对这种局面的形成没有做过贡献，何况今天我们面临在总体上落后于行业领先水平这样的状况。一定要放下架子，不断地学习，不断地开阔视野。要对传媒业发展的动态有所了解。传媒结构不断地变动，网络媒体对传统媒体究竟形成了多大的挑战？在网络媒体，在传媒结构的调整面前，我们的机会是什么？我们的困难是什么？数字化出版我们究竟怎么做，怎么在传媒结构的调整面前实现新的业态？应该做到心里有数。再有，对国际出版的潮流也应该加强学习和研究。不管是出版理念，还是图书的内容、形式、包装，还有它的产业化的成熟程度，我们与整个国际少儿出版界有很大的差距。因此，要给自己建立高标准，不断学习，不断超越自己。同时，要加强对行业里处于领先地位的出版社的学习，更多地学习他们好的做法，好的经验，多走出去，不封闭自己。

总体上，我们现在的改革方案大家已经取得了基本的共识，很快就要来执行。行还是不行，结果怎么样？看同志们的了，拜托大家！

（在中少总社图书中心改革动员会上的讲话，2007年11月6日）

互联网时代的少儿阅读与出版

阅读本来是天经地义的事情，“读万卷书，行万里路”是尽人皆知的古训。但是，最近几年关于阅读的讨论越来越多。先是有关于数字阅读和纸质阅读的讨论，继之是深阅读和浅阅读的争论。最新也是最令人震撼的问题是：“我们会不会失去下一代读者？”这是美国尼尔森图书市场研究总裁乔纳森·诺威尔提出的。在 2014 年 11 月举办的上海国际童书展上，他展示了一张图片：在 11 岁至 13 岁儿童的业余爱好中排在前几位的分别是电视、游戏、网络视频、体育和手机，而阅读排在第六位。在 14 岁至 17 岁的青少年中，排在前八位的分别是手机、社交网络、网络视频、电视、手机游戏、电视游戏、网络游戏和体育，压根儿没有阅读的影子。诺威尔发问：“我们会不会失去下一代读者？”需要强调的是，这则消息来自 2014 年 11 月 26 日的《人民日报》，而不是什么八卦新闻。

作为少儿出版人，我不担心会失去下一代读者，因为我不相信人类可以停止对知识的学习和掌握。只要人类还需要学习，就会有阅读。阅读是学习的基本方式，也是学习的基础能力，这一点，无论技术怎样进步，都不会改变。但是，互联网时代的来临确实在改变着出版和阅读，近年来所有关于阅读的讨论，都是互联网引起的。我不担心失去下一代读者，但不能对出版和阅读面临的新变化无动于衷，于是，互联网时代的少儿阅读与出版就成了我们所要讨论的问题。

我的第一个观点是，在互联网时代，纸质读物依然是儿童阅读的主要载体，依然是少儿出版的基本形态。阅读能力是最重要的基础学习能力，任何系统的学习都要通过阅读来完成。大量的研究证明，小学阶段的学习将决定一个人一生的学习成绩。培养和发展学习能力，是儿童阅读最重要的功能。而阅读能力的养成和提高，与阅读习惯密切相关。研究表明，在诸多不良阅读行为中，跳跃式阅读即浏览式阅读对儿童阅读能力的负面影响最大。电子读物具有海量信息、无限链接等特点，很容易诱发跳跃式的阅读行为，不利于天性好动、好奇心强、自控能力较差的儿童读者养成良好的阅读习惯。美国曾经有研究者做过实验，两组儿童分别通过纸质读物和电子读物阅读一篇内容相同的文章，结果，阅读纸质读物的一组儿童对文章内容的理解和记忆高于阅读电子读物的一组儿童 30%。上海市新闻出版局 2014 年 8 月 11 日发布的《上海市民阅读状况分析报告》也证明了这个实验，70.65% 的人认为纸质读物具有最好的阅读效果。

还可以列出许多理由来证明纸质读物在互联网时代存在的理由，比如，有利于保护视力、可以随意翻阅、便于标记等，但我认为，根本原因还是要从需求方面去寻找。少儿出版之所以存在，是因为儿童有阅读需求，而儿童最直接最重要的阅读需求是学习。因此，少儿出版业态如何转变，归根结底要看提供什么样的产品能够更好地满足儿童阅读需求，更有利于实现儿童阅读的功能。正是基于对儿童阅读功能的理解，我认为纸质读物依然是少儿阅读的主要载体，未来少儿出版的基本形态。

我的第二个观点是，在中国，少儿纸质读物出版仍然有巨大的成长空间。2013 年，全国共出版少儿图书 4.57 亿册，少儿期刊 4.09 亿册，假设这些书刊全部卖完，平均到 3.67 亿少年儿童身上，每个孩子只有 1.25 册书，1.12 册杂志。我国未成年人儿童读物拥有量在全世界排名第 68 位，与我国经济大国与文明古国的地位极不相称。我们认同一个人的阅读史同时也是认同他的精神发育史，那么，没有阅读伴随的精神将怎样发育呢？没有书香伴随的童心能成长为强大、健全的心灵吗？好在这种状况正在被改变，全民阅读已经纳入立法规划，阅读将作为公民的一项基本文化权益受到保障，越来越多的有识之士为推动全民阅读奔走呼吁，越来越多的中小学在建设书香校园，越来越多的父母开始重视孩子的早期阅读。所有这些，都将支持少儿纸质读物出版的发展。

关于少儿纸质读物的成长性，最重要最持久的动力来自城镇化进程。城镇化对经济社会全面协调发展有巨大的拉动作用。有研究表明，城镇化率的提高可以刺激文化消费，促进阅读水平提高。我国目前城镇化率只有53.7%，按照国家编制的新型城镇化规划，到2020年，我国城镇化率将达到60%左右，城镇居民将增加1亿人左右。可以预计，随着城镇居民人口的增加，社会总体阅读水平会进一步提高，少儿阅读需求将进一步增长，为少儿纸质读物的持续增长提供动力。

我的第三个观点是，要加快少儿出版与新媒体的融合，通过全媒体复合出版来满足互联网时代少年儿童的多元化、多层次阅读需求。前面我对少儿纸质读物的稳定性和成长性做了比较充分的阐述，但这并不意味着我否定传统少儿出版与新技术融合的必要性和紧迫性。恰恰相反，新的传播介质和传播技术的出现，提供了新的内容生产方式、呈现方式和传播渠道，为丰富读者的阅读体验，提高读者的阅读兴趣，增强读者的阅读效果提供了新的天地，传统出版要主动实现与新技术的融合。

首先，要用数字技术改造传统出版，实现传统出版的流程再造。传统出版的数字化水平很低，编辑工作还离不开纸和笔，编辑、印务、发行、管理各个环节衔接不畅，"信息孤岛"的现象普遍存在，既不能实现管理的精细化、科学化，也妨碍传统出版的转型升级。传统出版的数字化转型，首先要运用数字技术再造流程，实现纸质读物出版过程的数字化。中少总社在这方面已经取得了初步成效，我们已经建成了办公自动化系统、ERP系统，全媒体出版平台也已经建成并试运行，2016年将在全社范围内运用。

其次，要用数字技术丰富内容呈现方式，增强纸质读物的吸引力。各种新技术的产生为丰富纸质读物的内容呈现方式提供了新的可能。比如，借助点读笔，可以把原本只能看的纸质读物变成可以听的有声读物；利用现实增强技术，可以使原来静止的平面图画变成立体的动感图画。这些技术，可以使内容变得更加形象、逼真，对于少儿读者提高阅读兴趣，增强阅读效果，具有很好的作用。

第三，实现全媒体出版，满足读者的多元阅读需求。这是少儿出版转型所要实现的目标。所谓全媒体出版，是一种内容制作成多种介质的产品，通过多种渠道进行传播。在全媒体出版条件下，纸质读物依然是基础产品，同时，可以根据读者需求，加工成适合数字化传播的电子书刊、视频、音频、网页、动画等各种产品，满足读者多元化、多层次的阅读需求。中少总社目前部分低幼读物已经着手进行全媒体出版的尝试并取得初步成效。比如，《幼儿画报》的内容，可以在刊物上看到，同时，也制作成视频节目、动画片等通过网络电视传播，还制作成了语音智能玩具。我们还将推出更多的全媒体产品。

再有，即实现出版模式的再造，由现在以出版者为中心的单向传播转变为以用户为中心的互动传播。在新的出版模式下，读者对阅读产品和阅读服务拥有更多的选择权和参与权，可以选择纸质读物，也可以选择电子读物；可以选择批量生产的标准化阅读产品和阅读服务，也可以根据个人的兴趣爱好选择个性化的定制产品和服务。

我的第四个观点是，无论是纸质读物还是电子读物，无论出版模式怎样变革，质量是第一位的，都必须坚持内容为王。

第一，以做功德的态度为孩子办刊，立志做让天下父母放心的百年老店。我们始终认为，在刊物的各种功能中，教育功能是第一位的，给孩子提供的内容，首先要有利于孩子的学习和成长。

第二，把读者需求放在心上，科学把握刊物定位。比如，《幼儿画报》内容和栏目根据幼儿成长的健康、语言、社会、科学、艺术五大领域设置；为使刊物内容符合幼儿园和家庭的实际需要，所有选题都来自读者调查、问卷调查、访谈；每期刊物付印前都到幼儿园试读，征求幼儿园教师和孩子的意见。

第三，建设一流作者队伍，确保提供给读者的是最好的内容。我们始终把作者队伍建设作为办刊的重中之重。《儿童文学》的作者队伍有近500人，包括老中青少四代作者——高士其、竺可桢、钱伟长、潘家铮、叶永烈、位梦华……而《我们爱科学》的作者也包括了所有最著名的科普作家。

第四，建立高素质的编辑队伍，为读者选好产品生产者。编辑是内容产品的生产者，没有编辑，再好的内容也只是半成品。坚持内容为王，就必须以编辑为本。我们始终把建设高素质的编辑队伍作为立社之本。总社每年组织语文知识考试和编校知识考试，考试成绩与绩效考核、职务晋升挂钩，考试不合格者离岗培训直至解聘。我们还建立编辑职业发展通道。编辑职工根据总社发展需要和个人能力，规划自身的职业发展，可以选择晋升管理岗位，也可以选择专业化发展道路，最优秀的编辑岗位工资相当于副社级领导。

第五，建立编辑工作质量保证体系，为读者提供负责任的产品。我们实行编辑工作全流程管理。产品从选题策划到三审三校到稿费的发放，编辑工作的各个环节都有具体明确的要求。我们还建立了审读制度，聘请专家每月对社内书报刊进行抽查，抽查情况与考核奖惩挂钩。

（2015 年 1 月 5 日）

发展《中国少年报》要打基础，重当前，谋长远

看到今天这个场面，我非常高兴。我还记得 2011 年《中国少年报》创刊 60 周年的时候，邀请了一些老通讯员到中少总社参加纪念座谈会，当时的状况是，通讯员平均年龄在 65 岁以上。今天就很不一样了，我们现有 367 名通讯员，分布在全国 27 个省市自治区，小记者站也建立了 200 多个，拥有小记者 6700 多名。

通讯员队伍的壮大、发展和充分发挥作用，是《中国少年报》事业蓬勃发展的非常重要的一项组织保证，没有分布于全国的通讯员队伍和小记者队伍作为基础，只靠编辑部十几个人把一份全国性队报办好，几乎是不可能的。但是由于各种原因，依靠通讯员、小记者，依靠少先队组织办报的传统，在相当长的一段时间里我们没有坚持下来，使《中国少年报》和其他队报的发展都受到了很大影响。今天能有这样的局面来之不易。

同志们在发言中交流了如何办好小记者站、办好通讯员队伍的体会和做法，对我很有启发。作为社长，我深受鼓舞，感到《中国少年报》是有希望的，有这么多人在关心它，支持它，为它的发展付出艰辛和汗水，我们这张报纸一定能够办好。

关于队报，总社的想法就是打基础，重当前，谋长远。

打基础，首先要把我们这支队伍的思想基础打好，《中国少年报》的定位不能变，始终是全国少先队的队报，这个性质是不能变的，要根据少先队的组织属性来体现我们的特色。我们的读者定位也不能变，以少先队员为主要读者对象，这样的定位是不能变的。我们还要打好工作基础、组

织基础。我们的组织基础是什么？除了我们编辑部内部的建设以外，就是我们这支通讯员、小记者队伍建设，以及我们自己的业务基础，这些都是打基础的工作。

重当前，就是要抓好当前的办报和发行。《中国少年报》等队报不以营利为目的，但不等于可以不尊重市场规律、传播规律。我们出版书、报、刊的所有资源都要通过市场来配置，市场在出版资源的配置中已经在发挥基础性的作用。作家的稿件不给钱行吗？人家给 10% 的版税，你给 8%，甚至 6%，就拿不到好作者的稿子。买纸、印刷也要钱，用工成本还在提高。报纸卖不出去，成本就收不回来；考虑可持续发展，还要有些盈余。所以，市场经济条件下的传播，必须通过交换，出版物只有读者掏钱买了，才能够产生真实的阅读行为。他们不会因为队报、队刊的导向正确，就一定看。想让他们看，得让他们想买。一定要把我们想说的，和别人想听的结合在一块儿。光顾着自己想说的，随心所欲地说，你以为导向正确就一定能被人家接受？不一定。一定要和人家想听的结合起来，然后再结合市场规律出版，把报纸卖出去。卖得越多，收入越多，说明报纸的影响越大，传播效果越好，市场经济下的传播一定是这样的。所以我们不能不重视这些，要重当前，把发行工作做好。

第三个方面就是谋长远。关于《中国少年报》未来发展的想法，我和共青团中央书记处领导报告过，和总社报纸中心的同志们也沟通过，《中国少年报》等队报下一步要发展起来，必须走融合发展的道路。就报纸论报纸，报纸是办不好的。《中国少年报》现在面临很多问题，有些问题是历史形成的，比方说我们把好的传统丢掉了，还面临很多新的挑战。作为社长，我很焦虑。一是《中国少年报》的发展目前滞后于总社其他业务的发展。我们的期刊、图书都发展得很好，但报纸的发展是滞后的。二是《中国少年报》等队报的发展滞后于少先队工作实践的发展。少先队工作机制制度是最完善的，顶层设计最多，经过这几年的发展，少先队学科建设、活动课程建设、辅导员队伍建设方面有了一个质的飞跃。但我觉得队报在反映少先队工作的实践方面做得不够，所以滞后于少先队工作的发展。三是滞后于媒体融合，滞后于新媒体的兴起。新媒体在我们办报中的应用做得不够。这些媒体发展的情况让我们首先感觉到，不是其他媒体来冲击《中国少年报》，共青团自身对新媒体的应用已经在影响《中国少年报》了，不是说人家做得不对影响了我们，是我们自己跟不上。比如说未来网，还有各个团省委、各个地方团组织都有自己的新媒体、微信公众平台，所有这些我们都没有运用，还想靠一张纸去打天下，我觉得不可能，是异想天开。

产生这些状况有各方面的原因。我们在相当长的一段时间里，一些好传统，例如通讯员队伍建设、小记者站建设都丢掉了，在办报过程当中，把利润指标作为唯一的考核指标，这些都严重影响了《中国少年报》的发展，当然也有《中国少年报》和报纸中心的原因。因为我们现在都是一家人，办报离不开大家，所以我把想法也都直率地和大家做交流。

针对这三个滞后，《中国少年报》下一步要走融合发展的道路。融合发展不是简单地和新媒体融合。首先要和少先队的工作融合在一起。今后我们应该以如何加强少先队读物的出版为中心来统筹考虑《中国少年报》《中国儿童报》《中国中学生报》的发展。面对丰富的少先队实践，只有报纸是反映不过来的。这次少先队代表大会讲了少先队五个体系的建设，还有少先队一些规范化的建设，如少先队鼓号队怎么配备、怎么培训，应该有哪些曲目作为鼓号队的基本曲目；少先队有自己的呼号、有各种各样的礼仪、怎么规范；红领巾应该在什么场合佩戴，等等，这些东西都是我们出版的内容、报道的内容，光靠一张队报是不够的，所以《中国少年报》的发展首先要打破书、报、刊的界限，和总社的各种出版资源融合起来，要以加强少先队读物的出版为中心，着眼于这一点来考虑队报的发展，打破就队报论队报的发展思路和发展模式。适合出书的，比较稳定的，我们就出书；适合在报纸上传播的，我们就在报纸上传播；适合用新媒体传播的，就用新媒体传播。打破种种界限。传统媒体转型做得最好的浙江日报，都是打破了这些东西。死守原来的一亩三分地是办不好《中国少年报》的。

第二，要和少先队工作更好地融合起来，解决报纸的定位和特色，也可能我们中少总社下一阶段会成立少先队读物出版中心。我觉得中少总社区别于其他少儿出版单位的最大的组织优势、政治优势和文化优势，就是我们和少先队的一种关系，别的出版单位没有这种关系。我们应该把这种资源用好，跟少先队工作结合起来。比如说我们的少先队活动课程建设一共八个单元，每个单元还有八个课时，怎么把这些纳入出版过程中，更好地研究这种课程，为基层少先队提供服务？这是我们应该做的。接下来，我们的编辑、我们的报人不仅要熟悉报纸，还要熟悉少先队工作，至少能够了解基层的需求，了解我们有哪些资源可以利用，然后把这些资源组织起来，用各种载体进行传播，为我们的基层少先队工作提供服务。我们设想有没有可能把少先队活动课程编辑成书，不一定要摊派发行，可以是开放式的线上线下相结合。线上，我们建立少先队活动资源库，后台有专家的支持，不仅有少先队活动专家，还可以有教育专家，甚至国外少儿组织。建立资源库，线上线下相结合，要和少先队工作更好地融合起来，办出总社自身的特色，解决报纸的定位和特色。我向领导汇报时是这么说的，首先是和少先队工作融合起来，然后和总社的传统资源融合起来，最后要和新媒体融合起来。

中少总社现在已经建成了全媒体出版平台，一个内容进来以后，可以同时加工成不同的产品，可以是图书，可以是期刊，可以是电子书，也可以是音频、视频或其他东西。我们已经有这种全媒体出版的能力，今后我们的报纸应该也要有更加丰富的信息形态，来为读者对象服务。有些比较稳定已经成型的东西，适合记录下来的东西，传承下去的东西就用图书来出版，图书可以同时有电子书和其他东西；那么需要在一定范围内传播阅读的东西，有一定时效性的东西通过报纸形态来出版；有些需要即时传播的，我们可以通过新的移动媒体、移动终端来传播。今后的《中国少年报》等队报应该是这个样子。

所以，现在我们总的思路就是以加强少先队读物出版为中心，以为少先队工作提供更好的文化支持、智力支持为着眼点，不仅仅是个舆论阵地，把队报的发展和少先队工作更好地融合在一起，跟总社各种资源更好地结合起来，跟新媒体更好地结合起来，只有这样，《中国少年报》才会真正走出一条发展之路来。线上线下有些培训工作我们也可以承担一些，在全国少工委的指导下，把活动课程建立起来，把专家资源建设起来，那么这样队报才能在新的形势下真正能够干活，干好，走出一条真正的路来。这条路不太容易走，但我们只要认准了，坚持几年，队报就会有真正的改观，就能够为少先队事业提供更多的智力和文化支持，我们希望做到这一条。怎么做到这些？接下来还有讨论，我们也希望在座的各位通讯员老师来为我们出些更好的主意，看怎么能把这些工作做好。

（在全国队报通讯员工作会议上的讲话，2015 年 6 月 14 日）

“十三五”少儿出版的发展态势

中少总社着手编制“十三五”规划时，首先遇到的一个问题，就是“十三五”期间，少儿出版会是一个什么样的发展态势。

在经济发展新常态的背景下，对“十三五”期间少儿出版的发展态势也有不同的认识。一种是认为经历了高速发展之后经济进入新常态，“十三五”期间少儿出版要继续保持 10% 左右比较高速度的发展是有困难的。另一种看法比较积极乐观，认为如果从 2002 年算起，少儿出版经历了三个五年计划，将近十五年时间的高速发展，尽管 2012 年、2013 年有些震荡，增速跌破了两位数，但是 2014 年又回到了 10% 以上的增速，这个态势能够继续保持下去。

我认为，在“十三五”期间少儿出版应该保持一个比较高的增长速度。现在讲的经济新常态对中高速讲得比较多，在总局规划司为制定“十三五”规划召开的座谈会上，我也谈到一个观点：出版是不是一定要讲中高速？出版的速度是不是一定就会降低？不一定。

国民经济进入新常态是就全国而言，举例说明，如果说“互联网 +”也是 7% 左右的增长速度，全国 7% 的增速就达不到了，所以不是国民经济的各个部分、各个行业都是维持 7% 左右的增长速度。沿海有些发达地区，它的速度保持 7% 相对就比较困难，而有些中西部地区，如果低于 7% 的增速，全国的 7% 就没办法保证了。出版改革起步比较晚，进入市场经济也相对比别的行业滞后，所以认为出版业马上要进入中高速的增长，这个需要探讨。特别是对于少儿出版来说，在“十三五”期间，保持和“十二五”期间差不多的增速，这是有可能做到的。

一、生育政策的调整会带动目标读者群规模的增长

因中国老龄化的问题比较严重，国家卫生和计划生育委员会正在考虑全面放开二孩的可能性。经济之所以进入新常态，跟我们没有人口红利也有关系。今后社会劳动人口比例会相应降低，而社会赡养人口比例会相对增大，经济增长速度肯定会降下来。因此生育政策也在考虑做出相应的调整，这意味着少儿出版目标读者群的规模有可能跟“十二五”期间持平或者增长。

二、新型城镇化进程将拉动阅读需求的增长

按照 2013 年发布的城镇规划，到 2020 年中国的城镇化率要由 53% 提高到 60%。七个百分点的增长意味着将有一亿左右的人要由过去的农村人口转变为城镇人口。而居住更加集中，公共文化设施的建设也会更加普遍，这是在所有新型城镇化建设规划中都能够体现出来的，包括图书馆、博物馆、影剧院等公共文化服务设施将进一步健全，覆盖更多的人口。在这样的背景下，阅读需求也会被进一步刺激起来，拉动文化消费的增长。这对我们来说是一个利好的消息。

三、教改推动校园阅读服务市场的形成

有关高考要加大语文考试成绩权重的讨论，并非只是把 150 分提到 180 分那么简单，这种权重的改变是要对学生阅读量提出更多要求。当下，校园阅读服务的需求正被释放出来，中少总社青少年阅读体验大世界正在制定从校园环境、阅读状况的评估，到校园图书馆建设，到校本图书的配备，以及相应必备书目的课程开发、师资培训、效果评估等一系列的综合方案。校园阅读服务需求这个市场正在形成，几十万、上百万的单子很多，这与教学改革有很大关系，少儿出版要密切关注这方面的动态，要考虑今后出一些能够

进入校园、成为学校基础书目的图书。

四、全民阅读活动进一步推广和深化

《全民阅读促进条例》专门有一章提及少年儿童阅读，这个条例一旦通过，就意味着阅读作为一项基本的文化权益，要受到法律的保障。买不起书的，国家、政府会无偿提供部分必读书目。现在总局也在着手准备委托中少发布阅读包。英国有个“起跑线计划”，婴儿一出生，英国政府就给新生儿的母亲送个阅读包。类似的政策，我们的政府也会不断推出。从国外主要图书市场的发展情况来看，少儿图书都保持着持续增长的态势。美国少儿人均图书拥有量足够大，尼尔森的数据显示 2014 年美国少儿图书的增速是 20.9%，是中国地面店 10.29% 的两倍。

五、纸质图书具有相对稳定性

即便是在融合发展的背景下，纸质图书在少儿阅读中的作用仍是不可替代的，一些发达国家的经验足以验证这一点。在最近召开的儿童文学座谈会上，我作为一个小组的召集人，到该组做专题发言。其中有个作家担心数字出版这么强劲，今后纸质图书还能不能存在。我认为纸质图书对于少儿阅读来说具有相对稳定性。之前在拜访美国那些大的少儿出版机构时，问过他们电子书的销售收入情况，得到直截了当的回答——这部分收入几乎可以忽略不计。最近《出版参考》上刊登了兰登书屋对美国少儿阅读状况的调查，77% 的孩子更倾向于阅读儿童纸书。美国有 15%—20% 的电子书，但主要收入还是纸质书。

还有一个非常重要的因素，就是我们目前少儿图书人均拥有量 1.25 本，这么低的基数，这么大的目标读者群，就急急忙忙地宣布少儿出版要进入中高速，发展速度会降下来，我认为不一定。

综上考虑，新常态是就整个国民经济而言，并不等同于各行各业都是中高速。“十三五”期间，少儿出版 10% 的增速是能够做得到的，也是应该做到的。

但是，要实现这样的增长可能难度会加大，面临的问题会更多。回顾前十年少儿出版的发展历程，实际上走的是要素投入、投资驱动的增长路线。开卷数据显示，540 家出版社在做少儿出版，这么多的出版生产要素都投入到少儿出版当中去，少儿出版肯定会增长，但这种粗放式增长难以为继。如果继续采取这样一种粗放的增长方式，将很难在"十三五"期间推动少儿出版继续保持比较高的增长速度。为此，我们需要走创新驱动的路，它包括：

第一，内容创新。内容创新永远不能放弃。现在少儿出版虽然总量、品种很多，但是普遍跟阅读需求脱节。中少总社青少年阅读体验大世界到学校去搞阅读推广，学校需要两千种书，我们翻遍书目找不到，这说明我们的出版和需求在有些方面是脱节的。之所以脱节，是因为我们内容创新的能力不强。就儿童文学来说，有些一线作家的书会在很多出版社出版的，这实际上是很不正常的，这跟少儿出版整体内容创新能力不强是有关系的。目前少儿出版图画书、人文社科、科普都是短板，故而内容创新一定要放在"十三五"规划的首要位置。所谓提质增效，就是把出版物的内容质量提高。

第二，产品形态创新。"十三五"我们最大的挑战来自数字娱乐化在分流儿童阅读的时间。因为数字化的娱乐有可能进一步成为儿童的主要闲暇消费方式。作为少儿出版最大的挑战，并不是说电子书、数字出版、数字阅读在影响少儿出版，通过各种调查，我们可以看到真正依赖互联网或者移动互联网来阅读的儿童微乎其微，他们上网主要是数字化的娱乐、交友、查找学习资料。在这样的背景下，我们需要根据儿童的闲暇消费方式、兴趣偏好的变化来调整产品形态。纸质读物要创新它的产品形态，做复合出版。像有的社已经有二维码的技术、增强现实技术等。通过纸质读物的产品形态创新来丰富纸质读物的内容呈现方式，增加读者的阅读体验。

第三，少儿出版的形态要创新，即要由单一纸质读物的出版，向以纸质读物为基础的全媒体复合出版来转变，据此来满足读者多层次、多样化的阅读需求。有些孩子家庭经济条件不是太好，只能读纸质图书，那么他就读纸质的；有些家庭条件比较好的孩子需要复合形态的产品，可以选带点读笔的，也可以看视频。我们要适应在互联网传媒中儿童闲暇消费方式的变化，以及由此发生的一些阅读偏好、兴趣爱好方面的变化，创新纸质读物的形态，更好地吸引儿童阅读，给孩子提供丰富的阅读体验。

第四，创新营销方式。当前我们有些出版发行方式相对来说还有点“傻大黑粗”，根本不知道读者是谁，也就是说我们的产品、我们的服务，不能够直接面向终端客户。应该考虑运用互联网来打破这条，分工不变，但在营销方式等方面进行创新，比如考虑开发一些营销微平台。现在有些期刊出版单位、报纸出版单位已经这么做了。当下不是需求萎缩，而是渠道萎缩，尤其是地面店，所谓多元化经营，实际上是压缩了图书卖场经营面积，这也是渠道萎缩的一种表现，也对少儿出版产生影响。在营销方面，需要想清楚怎么运用互联网技术，开辟新的渠道，开辟新的营销方式。

第五，出版模式的创新。怎么由以出版者为中心的单向传播向以读者为中心的互动传播转变。中少总社青少年阅读体验大世界在未来两年，如果批量大的话，最后会反过头来对出版上游提出要求。既然到处都找不到现成的产品，就很有可能提出需求定制，要求你策划产品。我们最终会面临由过去单向传播向互动传播的转变，而互动传播则是要以读者为中心，这就是互联网思维。

最后，体制机制的创新。谈到融合发展，很重要的一点就是要实现不同所有制市场主体之间的融合。因为新媒体不是在传统出版单位中发育成长起来的，而是在其他所有制经济成分市场主体中发育起来的，资金、技术、人才、渠道都在这部分市场主体的手中。没有其他市场经济主体的融合，想做到融合发展是很难的，这就需要在体制机制上进行创新。现在很多出版单位尽管转企改制，但内部还是保留了很多传统国有事业单位的运营机制，这也迫切需要解决。

总的来说，“十三五”期间少儿出版应该并且也有可能继续保持比较高的增长速度，而这个增长速度能否实现，取决于我们能不能转变发展方式，由过去的要素驱动、投资驱动，转到创新驱动的增长方式上来。

（在第30届全国少年儿童出版社社长年会上的讲话，2015年7月30日）

从“消费大国”到“制造大国”

——图画书消费面面观

针对发言的主题，我花了很多时间用做命题作文的办法来进行准备，力图做出一些定量的分析。比如，2015 年市场上销售的图画书有多少个品种？销售额是多少？其中原创图画书的品种和销售额分别是多少？原创图画书有哪些类别？最受欢迎的原创图画书是哪些？有多少作家、插画家参与图画书的创作？有多少家出版社出版原创图画书？读者对原创图画书的评价如何？等等。但做了一番努力之后，我感到对于我个人来说，这种努力是徒劳的，我依然找不到任何现成的可以说明原创图画书创作、出版现状的基础数据。有家图书零售市场监测机构表示可以定制这方面的数据，但拿到结果后，我更糊涂了，在图书零售市场上最火爆的居然是一些从来没听说过的工作室策划出版的从来没听说过的书，完全超出了常识的范围。原来在图书市场监测机构的分类体系中，图画书和动漫书是作为一类的，他们给我的数据，包括了图画书和动漫书。于是，我只好换个角度，从消费和生产，也就是从阅读和创作、出版的角度来谈谈对原创图画书的一些认识。

一、我国正在成为图画书消费大国

当当网 2015 年少儿图书销售码洋超过 27 亿元，其中图画书占 20% 以上，超过 5 亿元。接力出版社 2002 年引进日本的《活了 100 万次的猫》，当年只销售了 5000 册，近几年却每年销售十几万册。中少总社出版的《羽毛》《快乐小猪波波飞》《兔儿爷丢了耳朵》《外婆住在香水村》《换妈妈》等也有很好的市场表现。另外，有 1000 多个绘本馆从事图画书的借阅和推广服务。这些数据表明，至少从总量上看，我国正在成为图画书的消费大国。

我国进入图画书消费大国行列，最直接、最重要的原因是早期阅读日益受到重视。过去家长一般认为孩子只有认识字了才能阅读，现在早期阅读、亲子阅读的观念，随着家庭收入水平、幼儿家长受教育水平的提高以及阅读推广活动的普及，被城市和发达地区的家长、幼儿教育工作者普遍接受。据中少总社低幼中心 2014 年的调查，城市和发达地区早期阅读的起始年龄从 4 岁提前到 2 岁。中国新闻出版研究院 2016 年 4 月发布的《第十三次全国国民阅读调查》显示，2015 年我国 0 到 8 岁儿童阅读率为 68.1%，比 2014 年的 58.2% 上升近 10%；在 0 到 8 岁儿童有阅读行为的家庭中，家长平时陪伴孩子读书的家庭占 87.1%，平均每天用时 23.69 分钟。

孩子对色彩、图形的认知先于对文字的认知。通过读图来了解故事，可以帮助孩子认识文字，亲近文学，发展语言能力，培养阅读兴趣和习惯，为以后的阅读和学习打好基础。因此，图画书是早期阅读最为重要的阅读材料。“十三五”时期，有诸多拉动早期阅读的重大利好，比如，全面建成小康社会进程中居民收入水平的提高、城镇化加快、生育政策的调整、建设公共文化体系、招生考试制度的改革等。在此背景下，图画书在我国的发展前景难以估量，可以说，我国进入图画书阅读大国的进程才刚刚开始。

二、我国还不是图画书制造大国

之所以用“制造”而不是“生产”，是因为引进也是一种生产行为，但引进只是“加工”。中国要成为图画书大国要靠制造而不是加工，要靠原创而不是引进。

我国原创图画书的创作、出版大约从 2005 年前后起步，已经涌现了一批优秀的作者和作品，有的还获得了有影响的国际奖项，作品版权输出到了国外。但从当前原创图画书出版、销售情况看，我国离图画书大国还很远。有报道称 2014 年我国出版图画书 4000 种，引进和原创各占一半。不知道这 4000 种是选题数量还是实际出版量，如果是选题数量，实际完成并出版的可能不会有这么多；如果是实际出版量，原创图画书的市场表现也远不如引进的图画书。前面说到，当当网 2015 年图画书销售额为 5 亿多元，原创图画书只占 13% 左右。2016 年六一期间，新华社记者对图画书市场做了专项调查，发现原创图画书仅占市场份额的 10% 到 20%，某电商平台排行在前 20 名的图画书，绝大多数是国外的，“洋绘本”仍占图画书主流。

针对原创图画书市场表现不尽如人意的状况，我询问了一些出版业同行、经销商和读者，听到了一些意见。结合自己的从业实践，我做了一些概括和提炼，供大家参考。

1. 儿童视角的缺失。有些作品看似是写给儿童的，但说教意味比较明显，以成人的视角来俯视儿童，将儿童置于一种被动和缺乏主体意识的地位。这些作品偏爱讲道理，总想告诉孩子们一些什么，功利心有些强，面目刻板。有的作品主题先行，侧重生活习惯、行为规范的教导和道德观念的灌输，只考虑作品要达到的目的，不考虑儿童的阅读感受和审美体验。

2. 创作题材比较单一。围绕传统文化、传统节日、民俗、传说故事等进行创作，民俗、怀旧故事过多，缺少对当前的儿童生活、儿童心理和儿童状态的深度呈现和挖掘，缺少深刻反映中国人深层精神特质和历史文化积淀的作品，缺少孩子们喜爱的幻想和非现实类童话故事。有些作品为了增加原创色彩，把水墨、剪纸、皮影、年画、篆刻等元素直接拿来使用，或者当作点缀，使这些元素成为浮于表面的表现符号，失去了文化的厚度。由于没有很好地抓住儿童的审美特点，有些“为孩子”创作的图画书，却不适合孩子阅读。

3. 文字和图画没有形成“合奏”。图画书是通过用图画和文字两种媒介在两个不同的层面上互动、交织来叙述一个完整故事的艺术，文字与图画两种语言在叙事比重、表现手法上需要高度配合。当下，国内可以同时进行图文创作的作者严重缺乏。在创作过程中，更多的时候是图画和文字作者各干各的，缺乏相互沟通和交流。有些图画书文字作者不了解图画故事书的结构特点和语言特点，写得太长，太多，太满，没有给图画作者留下足够的空间，制约了图画的艺术表现力。在插画家方面，老一代画家多数对绘本这种形式缺少了解，只有少数人能够完整地创作一部作品；年轻画家接受的是文理分科的应试教育，不少人语文基础比较差，不能深入地理解文本，诠释文本，导致图文缺少紧密呼应。

4. 出版单位急功近利。一是重引进，轻原创。原创图画书出版周期长，见效慢，市场风险大。有些出版社为了在迅速成长的图画书市场上分一杯羹，采取走捷径的办法，大量从国外引进版权，甚至不惜提高版税。二是重数量，轻品质。好的图画书从最初的创意到全部文图定稿完成，有的需要一年甚至更长的时间。在经济指标的压力下，很少有出版社愿意花这么长的时间去精心打磨一本图画书。三是重名家，轻新人。出版社在原创图画书的作者选择上，比较注重选择已经成名的作者，以成名作者的市场号召力去规避风险。事实上，有很多年轻的图画书作者有想法，有创意，但缺乏与出版社合作的途径和渠道。于是，有些年轻作家直接选择国外出版社合作，导致原创图画书出版资源流失。

三、合力推动我国成为图画书制造大国

早期阅读具有十分重要的意义，它不仅可以促进孩子语言能力、思维能力、想象力、注意力等智力因素的发展，对孩子的情感、道德品质、心理素质等非智力因素的培养，也具有十分重要的作用。图画书是最重要的早期阅读材料，是“孩子的第一本书”，是基础中的基础。我们需要引进国外优秀的图画书，特别是经典图画书，用人类文明的共同财富来滋养我们的下一代。但是，我们的下一代不能只喝“洋奶”，不喝“母奶”。之前一次会议上，知名原创绘本人熊亮在谈到原创图画书创作时说：“民族身份的缺失，对国家感情的缺失，对中国文化的陌生，对节日和传说的淡忘，这个现状在成人社会很常见。同样，许多孩子对圣诞节要比春节熟悉。如何给孩子介绍中国文化？我们希望能够将一个美丽的、睿智的、勤劳的、情感深厚的中国，传递给我们的下一代。”我非常赞同他的观点，希望党政有关领导部门、相关团体、儿童文学界、少儿出版界、阅读推广人能够携起手来，从塑造民族未来的高度，合力推动我国成为图画书的制造大国。

1. 加强对原创图画书创作、出版的引导、支持。目前对原创图画书的引

导、支持与父母和孩子的阅读期待比较起来，很不相称。目前国内有些影响力的图画书奖项，一个是由香港陈一新基金会支持的丰子恺图画书奖，一个是由台湾信谊基金会设立的信谊图画书奖。在国内权威机构举办的各种大奖、政府各种资助项目中，几乎没有图画书的位置。这让我想起当日本等国外漫画蜂拥而至、改变着少年儿童阅读生态时，我们反应迟缓，以致最后由当时的中央主要领导同志批示，发起中国儿童动画出版“5155”工程（建立5个动画出版基地、15套大型系列儿童动画图书、5个儿童动画刊物）的往事。我们不能因为自己见事迟，反应慢，耽误了原创图画书的发展。正因为这样，作为少儿出版人，我衷心希望相关部门能把引导、扶持原创图画书的创作、出版纳入工作范围，并希望有更多的权威机构关注原创图画书的创作、出版。

2. 规范对图画书的认识。作者、出版者、读者对图画书的基本认识已渐趋一致，但还有一些似是而非的说法，混淆了图画书与连环画、插图本的界限，需要进一步规范对图画书的认识。比如：图画书是用图画和文字共同叙述一个故事的图书品类；在图画书中，图画具有连贯性，与文字共同完成对故事的叙述，而不仅仅对文字起诠释和说明的作用；图画书的产生是以对儿童独立人格的发现和尊重为基础的，现代儿童观是图画书的思想基石；图画书在我国不是古已有之的，而是在最近十几年来通过引进、借鉴发展起来的，连环画、插图本都不是图画书。这些对图画书的基本认识，至少在儿童文学界、少儿出版界应当达成共识。不然，原创图画书的发展就失去了共同的语境、共同的对象。

3. 明确以图画故事书为扶持重点。按照儿童文学研究者彭懿的说法，图画书种类繁多，种类与种类之间的界限也非常模糊。建议重点扶持原创图画故事书。一是图画故事书在图画书中品种最多，影响最大，读者面最宽，抓住了图画故事书，就抓住了发展原创图画书的关键。二是图画故事书作为儿童文学的一种样式，在国际上已经得到公认，在我国也正在形成初步共识。建议相关部门把图画故事书作为幼儿文学最重要的类别，在评奖、资助、作者培训等方面予以大力扶持。

4. 加大现实题材原创图画书创作和出版的力度。与整个儿童文学一样，原创图画书中现实题材的作品特别是反映改革开放以来我国独特生活经历和情感体验的作品相对较少。这一类题材，具有鲜明的中国特色和时代特征，最能体现当下中国儿童的身份特征，容易唤起国内外读者的情感共鸣。余丽琼、朱成梁的《团圆》就是这样一本书。这本图画书讲述了一个生活在农村的小女孩和外出打工的父亲在春节期间短暂团聚的故事，被美国《纽约时报》推荐为2011年度最佳儿童图画书。中国要成为图画书制造大国，需要有更多能够产生国际影响的作品，事实证明，那些真实动听的中国故事，更容易实现广泛的国际传播。

中少总社在图画书出版方面，坚持以原创为主。2015年中少总社出版图画书49种，其中原创图画书42种。中少阳光绘本馆是专门为原创图画书打造的品牌，现已收入图画书201种。我们愿与作家、插画家和少儿出版业同行一道，携手推动中国早日成为图画书制造大国。

（2016年8月23日）

用服务倒逼出版

2016 年 12 月初，百道网对青少年阅读体验大世界做了长篇报道。青少年阅读体验大世界是中少总社全额投资兴办的少儿阅读服务机构，2016 年全年实现销售收入 2930 万元，利润 90 万元。在接受百道网采访时我谈到，青少年阅读体验大世界 2016 年的业绩，其意义不仅仅是实现了扭亏为盈，还在于阅读服务中发现的用户需求，将直接转换为中少总社内容生产的选题，倒逼中少总社更自觉、更努力地以孩子的阅读需求为工作导向，实现供需有效对接。

百道网的这篇报道引起了一些同行的关注，我这篇演讲的主题由此而来。乍一看，“用服务倒逼出版”似乎谈论的并不是数字出版，但我认为，出版业当前正在经历的融合发展，其实质是用计算机、通信、网络等领域的新技术对出版业进行革命性改造的过程，传统出版和数字出版的提法，是在这个过程中对传统媒体和新媒体对峙并存现象的阶段性概括。随着改造过程的完成，出版业内容生产将建立在新的技术基础之上，并产生新的内容生产方式、新的内容载体、新的传播渠道、新的资源配置方式和新的产业链。那时，传统出版与数字出版的概念也许将不复存在。从这个意义上讲，从融合发展的大趋势看，在现阶段，“用服务倒逼出版”既包括传统出版，也包括数字出版，是我们在讨论数字出版时应当充分关注的行业背景。

出版的作用在于通过向读者传播信息、知识和思想来推动社会进步，为读者服务本来就是出版的题中应有之义。少儿出版之所以存在，是因为孩子在成长过程中需要通过阅读来认识世界，认识自我，学习知识，陶冶情操，发展语言能力，为终身学习、全面发展打牢基础。没有孩子在成长过程中的阅读需求，少儿出版什么也不是，没有存在的必要。为孩子的阅读需求提供服务，是少儿出版的天职，而少年儿童的成长又关乎民族的未来，因此，少儿出版的社会价值，在于为孩子提供他们在成长过程中所需要的阅读服务，立德树人，促进社会的持续发展和进步。2007 年 10 月在参加法兰克福书展期间，我拜访了德国阅读基金会的CEO，他说的一番话让我终生难忘。他说："德国什么资源都没有，唯一的资源是人才。人才从哪里来？人才从教育来，而阅读是教育的基础。"

既然服务是出版的题中应有之义，为什么还要提出让服务倒逼出版？是因为"为读者服务"这一出版的初衷我们有些淡忘了。我们出版行为的出发点，自觉不自觉地建立在对市场的片面认知上，习惯于把发行量、码洋、市场占有率、排行榜等指标作为市场风向标，从选题策划到市场营销，都依据这些指标来安排。有的出版机构策划选题先看排行榜，什么畅销做什么。实际上，市场往往不能真实地反映读者需求，更不能反映读者的潜在需求。尤其是在市场主体行为不规范，市场秩序失范，又缺乏大数据作为支撑的情况下，市场信号常常在误导出版。跟风出版、同质化等现象，就是盲目听从市场信号的结果。我们对市场认知的片面性，导致出版供需结构严重失衡。据《中华读书报》报道，从 2005 年起，我国图书库存码洋超过当年销售码洋，而且，库存与销售的剪刀差逐年扩大，到 2014 年底，图书库存达 1010.11 亿元，当年销售额仅为 777.9 亿元，存销比约为 130∶100。这是码洋的情况。从库存与印数的情况看，2004 年到 2014 年，我国图书库存增长近 25 亿册，而总印数仅增长了 18 亿册。有分析者警告，图书库存和印数如果继续按此速度同比增长，迟早有一天，全国生产的图书，将被库存所淹没。[①]

"房子是用来住的。"书呢？"书是用来读的。"真正的市场是读者需求。我们应当把服务人民群众的阅读需求作为工作的着眼点，而不是被市场牵着鼻子走。

随着经济发展和技术进步，读者的阅读需求正在发生深刻的变化，这是

---

① 刘拥军：《中国图书市场与库存现状及对策》，见中国出版网。

用服务倒逼出版更为深层的原因。经济发展促进了人民生活水平的提高，中等收入群体不断扩大。他们受过良好教育，有较高收入，自主意识强，对阅读有更多个性化的需求，不再满足于批量化的阅读供给方式。通信、网络技术，特别是移动互联网的发展，使得人们对内容的选择有了几乎是无限广阔的空间。在经济和技术两股力量的强劲推动下，阅读消费结构升级正在成为现实，分层次、个性化、多样化的消费渐成主流。面对阅读消费结构的升级，出版业特别是大众出版领域还很不适应。我们的出版能力主要面向大众市场的中、低端需求；我们源自知识创新和读者需求的原创出版能力还很弱；我们的出版模式还是以出版者为中心的单向传播；我们还没有能力运用新技术把内容加工成不同产品并通过不同渠道传播；我们只能通过渠道来了解读者需求，而不能最大限度地直接面向终端，等等。在这种状况下，供需结构失衡也就成为必然。尽管我们也有选题论证，但这种选题论证往往是建立在经验基础上的，没有大数据作为支撑，也缺乏对阅读发展趋势的科学判断。

少儿出版这些年发展很快，2016 年实现了 28.8% 的增速。但即便如此，也同样存在供需结构失衡的问题，特别是严重滞后于基础教育改革。过去，中小学搞应试教育，阅读不受重视，进校园、进课堂难。现在，这种状况变了。按照党的十八届三中全会的部署，2014 年 9 月，国务院下发了《关于深化考试招生制度改革的实施意见》，其中一项重要内容是改革考试形式和内容，考试内容增强基础性、综合性，着重考查学生独立思考和运用所学知识分析问题、解决问题的能力。2017 年教育部考试中心下发的高考大纲，语文增加了古代文化常识的内容，“文学类文本阅读”和“实用类文本阅读”由过去二选一改为两道题必考。专家认为，过去阅读试题二选一，很多学校放弃了文学类文本的阅读，因为文学类文本的阅读能力需要长期积累，难以速成，不利于复习提分。按照新的高考大纲的要求，必须扩大阅读面，增加阅读量。除语文学科外，其他学科由于增强了考查内容的基础性、综合性，题量增大，要求学生能够快速提取和处理信息，对阅读能力也提出了更高的要求。在高考指挥棒的正面导向下，中小学普遍开设了阅读课，阅读教育服务正在成为基础教育的刚性需求，有的教师甚至提出“得语文者得高考，得阅读者得语文”。

还有一个情况需要重视。2016 年 9 月，教育部组织研究的中国学生核心素养研究成果发布。核心素养指学生应具备的适应终身发展和社会发展需要的必备品格和核心能力。根据这项成果，中国学生核心素养以培养全面发展的人为核心，分为文化基础、自主发展、社会参与三个方面，综合表现为人文底蕴、科学精神、学会学习、健康生活、责任担当、实践创新等六大要素，具体细化为国家认同等十八个基本点。这项研究成果，将转化为课程标准。

教育领域发生的这一系列变革，极大地改变了少年儿童的阅读生态，中小学和幼儿园正在成为最重要的阅读推广场所，校园将成为最重要的渠道。但是，少儿出版对此反应十分迟缓，几乎是无动于衷，依然盯住排行榜和零售市场占有率不放，严重滞后于教育改革。现在小学普遍开设了阅读课，有些学校还细分到语文、数学、英语、音乐、体育、美术等各个学科，分别开设对应的阅读课。我问北京市一所小学的老师，他们学校的数学阅读课用的是什么书，回答是任课老师自己编的。作为全国最大的少儿出版社社长，我真的很惭愧。

按照 2015 年中央经济工作会议的部署，2016 年是供给侧结构性改革的深化之年，少儿出版同样需要进行供给侧结构性改革。在当前和今后一段时间内，特别需要强调以服务倒逼出版。

一是要牢固树立以孩子为中心的出版工作导向。“书是用来读的”，少儿出版人要始终把孩子的阅读需求放在心上，把满足孩子在成长过程中的阅读需求作为出版工作的出发点和落脚点。在全面建成小康社会的进程中，在科学技术迅猛发展的时代，孩子的生活环境、教育环境、文化背景等都在不断发生变化，社会发展对未来的建设者和接班人也会有新的期待、新的要求，这些都会转化为孩子的阅读需求。要放下排行榜，深入学校，深入社区，大兴调查研究之风，做到真正了解孩子的阅读需求，善于发现孩子潜在的阅读需求，增强内容生产和产品供给的针对性和有效性。

二是要增强大局观念。党的十八大以来，习近平总书记发表了一系列重要讲话，党中央做出了一系列决策部署，形成了治国理政新方略。这些，既是中国特色社会主义理论的新发展，又将深刻影响当前和今后中国特色社会主义的实践，影响到我们每一个人。前面讲到的阅读需求的变化，追根溯源，都是十八大以来以习近平同志为核心的党中央治国理政新理念新思想新战略的实践。新的发展理念对劳动者素质提出了新的要求，对劳动者素质的新要求驱动了教育改革，教育改革产生了新的阅读需求，新的阅读需求必然会对少儿出版形成倒逼。这是少儿出版的大逻辑。看不到这些，少儿出版就难以在大局中找到自己的位置，我们就做不好出版，调查研究也很可能“只见树木，不见森林”，甚至被个别现象所迷惑。

三是要调整优化产品结构。在继续面向零售市场的同时，加大对校园市场的开发力度。首先要根据中国学生核心素养养成的需要和中小学教学改革对阅读教育服务的需求，摸清校园市场对阅读产品的需求，制定好中长期选题规划。其次，丰富校园读物的产品线，对应不同学科对阅读教育服务的需求，开发相应的阅读教育产品。当前，要加大对中华优秀传统文化、人文社科、科普等门类的读物的开发力度。第三，要根据不同中小学不同学段的课程标准，研究制定校园读物的分级分类标准。第四，以阅读服务为切入口，积极推动建立校园发行渠道。中少总社 2017 年的工作思路是：以孩子为中心，加大供给侧结构性改革的力度，通过内容创新、产品创新、渠道创新、管理创新，更好地适应少儿阅读需求的变化，实现供需有效对接。将建立大众读物、校园阅读教育服务、少先队读物三大产品群。

四是加快由产品供应向服务供应的转型。少儿出版经过十多年的高速发展，已经完成了由少到多的转变。在推动内容生产、产品供给向由多到优转变的同时，要加大服务供给，建立“产品 + 服务”的出版模式，完成由产品供应向服务供应的转变。抓住《全民阅读“十三五”时期发展规划》实施的有利时机，在阅读推广中发挥骨干作用。抓紧研发适应家庭、中小学图书馆、政府采购等不同购买主体需求的出版物可供目录，有效引导阅读消费。加大对阅读课程、促读教具、师资培训等阅读服务产品的开发力度，提供更加精准的服务。

五是加快与新技术的融合。没有互联网、移动通信等领域新技术的支持，少儿出版很难适应阅读需求结构的变化，服务倒逼出版的目标也难以实现。要加快新技术在出版各个环节的应用，把内容生产和服务供给建立在新的技术基础之上。中少总社目前已经建成出版资产库、全媒体出版平台和新媒体产品推送平台。“十三五”时期，将重点建设新媒体产品群，完成由纸质出版向全媒体复合出版的转变；重点建设能够贯通从作者撰稿到读者阅读行为分析，再到有效整合出版资源全流程的运营平台，形成直接面向读者、能够互动传播的出版流程，以适应受众多层次、个性化的阅读需求。

服务倒逼出版是一个艰难、痛苦、长期的过程，也许是5年，也许是10年，但对少儿出版来说，这个过程是一定要经历的。只有完成这个过程，少儿出版才能跟上时代发展和科技进步的步伐，以焕然一新的面貌，成为中华民族伟大复兴征程中的一部分。

（2017年3月20日）

教育改革是阅读推广的新动力

我一直认为，就跟房子是用来住的一样，书是用来读的。我们童书出版之所以能够存在，是因为孩子在成长过程当中，会有阅读需求发生。因此要做好原创童书的出版，必须始终追踪需求的变化，还要善于发现一些潜在的需求。从这些需求出发，来推动童书原创出版的发展。

最近这几年，推动少儿阅读需求变化的一个新的动力越来越强劲，这就是教育改革。接下来我想把我对教育改革怎样推动阅读推广，又怎么来促进我们原创童书出版等方面的观察给大家做一些分享。

先看一种现象，阅读进校园逐渐成为现在的潮流。北京市的一个重点小学课表中的课程设计非常有意思：首先是基础课程，语、数、外、音、体、美，这是第一个层次。第二个层次是拓展课程，拓展课程又分为三种，其中一个部分是阅读与欣赏。第三个层次是实践课程与创新课程，让学生自己动手。

看到这张课表，我的感受有两个：一个是和我们那时候上小学的课程设计大不一样了。这张课表的设计遵循了孩子的学习规律。首先从基础课程开始，通过拓展巩固和深化学生对知识的理解，然后通过社会实践来进一步验证这些知识在实践当中的运用，最后让学生自己动手，让孩子们相互展示和交流。

第二个感受就是阅读正在学校的基础教育当中发挥举轻若重的作用。拓展课程当中最基础的部分就是阅读与欣赏，而且不是我们一般意义上的语文方面的内容，还含有音乐阅读欣赏、体育阅读欣赏、美术阅读欣赏等。也就是说学科阅读正在发展起来，这是一个现象，这是一个案例。

这种实践也引起了管理部门的重视，北京市教委专门启动了“北京市中小学校园阅读促进与推广”项目，要满足增加阅读资源、完善阅读制度、建设阅读队伍、营造阅读氛围、培育阅读文化、丰厚阅读素养的要求。2016 年 12 月 20 日，北京 100 多所学校发起了北京中小学校阅读联盟；2017 年 7 月 7 日，在中国童书博览会开幕式的时候，又发起了幼儿园阅读联盟。这些案例都说明，阅读进校园已经成为潮流。

为什么阅读会进入校园？

为什么阅读在如今的中小学会引起高度的重视？

我感觉直接动因就是我们的高考指挥棒变了。

来回顾一下这个变化的过程。首先是十八大提出，要“把立德树人作为教育的根本任务”，这也是党的十八大报告当中的一句话。后来，十八届三中全会做出了《中共中央关于全面深化改革若干重大问题的决定》，这当中就提到，深化教育领域综合改革，全面贯彻党的教育方针，坚持立德树人，加强树立核心价值体系教育，完善中华优秀传统文化教育，等等，同时提出要推进考试招生制度改革，推行初高中学业水平考试和综合素质评价。

接下来，国务院 2014 年 9 月 3 日颁布了《关于深化考试招生制度改革的实施意见》，其中首先就怎么评价学生提出了要求，规范高中学生综合素质评价。综合素质评价主要反映学生德、智、体、美发展情况，然后作为学生毕业和升学参考，要建立规范的学生素质档案。同时，深化高考考试内容改革，根据高校人才选拔要求和国家课程标准，科学设计命题内容，增强基础性、综合性，着重考查学生独立思考和运用所学知识分析问题、解决问题的能力。

那么，2017 年高考大纲有什么要求呢？

第一个要求就是增加中华优秀传统文化的考核内容，积极培育和建设社会主义核心价值观，充分发挥高考命题育人的导向作用。

第二个要求是，语文适度增加阅读量，考查信息时代和高校人才选拔所要求的快速阅读能力和信息筛选处理能力。

第三个是把文学类阅读、实用类文本阅读都设为高考内容，来适应高校对学生基本素质的要求。过去，高考当中有实用类和文学类文本二选一，一般来说，文学素养需要长期积淀才能够形成，而实用类文本可以速成，所以大多数学校选择实用类文本，然后围绕人文类阅读帮助学生做知识储备。但是现在两方面都要做，搞临时抱佛脚式的突击不行了。这是高考大纲的变化。

在学校搞调研的时候，有老师、校长和教育部门的相关领导对我说，现在是“得语文者得高考”。我们来看一下，北京2015年的高考，语文卷设阅读考查项，试卷文字量达到8500字左右。也就是说学生的阅读能力如果不行，不能快速提取和处理信息就做不完卷子。不再靠怪题来拉分，而是看学生的知识阅读怎么样，这是高考的变化。

高考变了以后中考也跟着变，2016年分差减少，其他学科满分比比皆是，而语文要得满分很难，所以说语文成为中考成绩的拉分项，得语文者得中考也成为共识。

高考指挥棒为什么会这么变化？这样的变化指向什么地方？

它改变了一考定终身的不公平，改变了只招分不招人的现象，同时不再区分文理科，突出传统文化，突出语文在高考中的关键性、决定性作用。中、高考考查学生多年的积累，明显降低考试难度，而增加阅读的宽度。高考指挥棒将完全指向全面素质教育，还有要降低小升初的选拔性，教育体制将向培养拔尖人才转型。

回到我们这里，深化教育改革，到底给我们做原创图书出版提供了什么机遇？我认为很重要一点是学校目前对阅读教育的服务需求非常迫切。

我们在北京做了校园阅读现状的调研，对学生阅读素养做了一些诊断，发现一些问题：一是学校缺乏好书，校园图书馆藏书质量堪忧，藏书量可以达标，但是一些藏书内容实在是令人担忧。比如说我们曾经在一所小学的图书馆看到高中物理的教科书；还有一些书根本不适合孩子们阅读，不能靠招标采买，低价组合，配够了就行了。二是现在阅读需求强了，但学校过去重视应试教育，导致老师阅读量不大，缺乏相应的阅读师资。同时学生个体阅读能力差异比较大，存在学段越高，阅读兴趣相应降低的趋势，面对如此机遇，少儿出版要主动适应基础教育改革，从产品供给和服务供给两个方面融入教育。

首先要调整产品结构。对接教育需求，目前中少总社正在组建三大产品群：以满足图书零售市场需求为主要目标的大众读物产品群，以满足校园教育需求为目标的校园读物产品群，以及针对少先队需求开发的少先队产品群。

现在全国少先队员有 1.3 亿，另外专职辅导员有 20 万，兼职辅导员有 400 多万。少先队活动已经进入课程，每周一个课时，但是缺乏教材和相应的读本。

其次是要探索校园阅读服务的市场化运作模式。主要是这几方面：一是建立阅读服务基地。我们建了青少年阅读体验大世界，目前开发了大概几百个阅读课程，2016 年接待了将近 150 所学校，4 万多人次。二是开展校园阅读服务，给学校提供整体解决方案。首先是对校园环境进行测评，对于怎么创设阅读环境我们有一套自己的指标，包括图书馆怎么建，书香长廊怎么建，班级图书角怎么建等。在这个基础上，给学校提供我们的书单。有了书之后，针对学生、学校提供课程，然后提供师资培训，最后会举行效果展示活动。这就是一个综合解决方案。目前我们在北京市 300 多所学校开展活动，包括房山区和大兴区。

三是开发标准化阅读服务产品，建立标准化阅读教室。目前我们主要是自然博物园教室、科普阅读教室等，我们提供视觉空间、音乐，还有活动资源包、配套的学习用具等。建立众多智慧书库，提供小学阶段的分级阅读资源。

四是建立阅读评价标准，包括校园阅读数量诊断、教师素养能力评价，同时开展阅读师资培训，建立教师阅读工作坊。

结论是，教育改革是阅读推广的新动力，也是促进中国原创童书出版的新动力，我们少儿出版必须坚持以孩子为中心，以需求为导向，加大供给侧结构性改革和转型升级的力度，实现由阅读内容生产向内容创新转变。

（在 2017 年中国童书博览会高峰论坛上的演讲，2017 年 7 月 9 日）

阅读重塑教育生态

2015 年 12 月在深圳举办的“教育的未来”论坛上，我做了《让阅读走进校园》的即席演讲。现在再看这篇演讲，我有些说不出来的滋味。当教育围着考试转、阅读等同于看课外书、阅读的空间和时间被无情挤压的时候，我们不停地呼吁阅读进校园；而阅读一旦进了校园，我们又感到猝不及防，好像中了伏击一般。

确实，作为出版人，我们没有准备好。有一家少儿出版社出版的《没头脑和不高兴》，是任溶溶老先生发表于 1956 年的一部作品，原来也有不错的销售业绩，每年能卖几十万册，2017 年暑假后突然登上畅销书排行榜，连续加印还是供不应求，连出版社都被这个天上掉下的大馅饼砸晕了。一查原因，才知道原来这本书被选入教育部组织编写的小学二年级语文教材的“快乐阅读吧”，但大多数出版社没有那么好的运气。一方面，我们 2016 年辛辛苦苦为孩子们出版了 4 万多种新书，使少儿图书零售市场的品种达到了 25 万多种；另一方面，学校的老师们依然不知道怎样给孩子们推荐图书，不知道分级阅读、学科阅读怎么搞。我们出版的图书，除了在零售市场以不断降低的折扣销售出去外，很难进入学校成为教育资源。图书成为畅销书搞不清原因，进不去校园也搞不清原因，赢了输了都不知道怎么回事。这样讲虽然有些刺耳，但用来描述少儿出版在校园阅读骤然成为潮流时的状态，似乎也不算过于夸张。

面对骤然而至的校园阅读潮流，作为供给侧的出版社准备不足，需求侧的老师、家长、学生似乎也没有做好准备。根据知心姐姐教育服务中心最近为这次论坛做的一项调查，每天读书半小时以上的孩子不到 47%。关于影响阅读的原因，有50%以上的孩子认为“作业多，学习任务重，没有时间和精力”，有超过1/3的孩子感到“书太多了，不知看什么好”。教师们同样也有自己的困扰。在一项多选题中，有33.3%的教师感到“自己阅读量、阅读能力不够，人文素养、教学水平有限”；超过1/3的人认为“学校重视程度不够，教师开展阅读的动力不足”，感到自己没有多余的时间研究和开展阅读教学；还有47%的被调查者感到书目很多，但学生个体差异大，兴趣不尽相同，作为教师不知道该如何选择。家长们更是有些茫然。有接近60%的家长不知道高考和语文教材改革后对语文阅读能力要求提高，或者并不清楚具体是怎么回事。虽然有近90%的家长认同阅读很重要，但有55.83%的家长不知道该用什么方法培养孩子的阅读兴趣；还有近29%的家长感到自己读书少，没有能力引导孩子阅读；有超过35%的家长感到书太多了，不知道该给孩子买什么书。

我们像呼唤天使一样呼唤阅读，而阅读一旦降临，我们却又感到有些茫然和紧张，不知道它是不是我们想要的天使。“遭遇阅读！”这是最近大半年我脑子里盘桓难去的一个想法。我相信这种遭遇是我们出版人和学生、教师、家长的共同遭遇。看到了前面列举的调查结果后，我更坚信了这一点。那么，怎样面对这场“遭遇”呢？

首先要搞清楚为什么会有这场“遭遇”。基础教育围着高考指挥棒转，这一点本身没有错，因为不围着它转不行。但现在的问题是高考指挥棒变了。过去是“一考定终身”“唯分数论”，现在是“两依据一参考”，即依据高考统考成绩和高中学业水平考试成绩，参考高中学生综合素质评价，由“招分”变为“招人”。高考内容也发生了很大变化，增强基础性、综合性，着重考查学生独立思考和运用所学知识分析问题、解决问题的能力。由此，高考试卷的题量大大增加，语文试卷由过去的7000字增加到9000字，以后还有可能增加到10000字，没有阅读能力的孩子，连题都读不完。不只是语文，其他学科高考试卷的题量也大大增加，同样要求要有更高的阅读能力。“得语文者得高考，得阅读者得语文”已经不再是口号，而是我们正在面临的现实。

那么，为什么会有高考指挥棒的变化呢？作为出版人，我对教育改革的背景缺乏全面深入的研究，只能谈一点认识与大家分享。我认为教育改革的背景可以从时代和国家发展这两个角度来认识。

现在是互联网时代、大数据时代，只要一部手机在手，我们时时刻刻“坐拥书山”，阅读、检索知识和信息都非常方便。在这种阅读环境下，我们对学生背诵、记忆知识的要求，还需要那么高吗？再者，在海量的知识和信息面前，我们就算有超强的背诵和记忆的能力，又能够背下来多少、记住多少呢？更何况，在互联网和大数据时代，知识生产方式和更新速度都大大加快，有些知识就算我们背下了，记住了，很可能要不了多久就过时了，“刚刚学会了，又说不对了”。所以，在这个时代，健全的人格、健康的身体、终生学习的态度、实践创新的精神、主动学习的能力远比对既有知识的背诵和记忆重要得多。这样，就需要拓宽学生在校期间的学习领域，阅读作为最重要最基本的学习能力，也就自然成了教改要加强的重点。

从国家发展的角度看，党的十八大以来，国家发展理念变了，把创新作为引领发展的第一动力。党的十九大提出，要在2020年全面建成小康社会的基础上，开启全面建设社会主义现代化国家新征程，到2035年基本实现社会主义现代化；到21世纪中叶，把我国建成富强、民主、文明、和谐、美丽的社会主义现代化强国。关于到2035年的目标，十九大报告明确提出：“到那时，我国经济实力、科技实力将大幅跃升，跻身创新型国家前列。”为了加快建设创新型国家，要“培养造就一大批具有国际水平的战略科技人才、科技领军人才、青年科技人才和高水平创新团队”，还要“努力推进建设知识型、技能型、创新型劳动者大军”。创新人才从哪里来？从教育来。靠死记硬背，靠僵化的应试教育培养不出创新人才。为了适应建设创新型国家对人才的需要，必须从考试招生制度入手，深化教育改革，因而高考命题增强基础性、综合性，着重考查学生独立思考和运用所学知识分析问题、解决问题的能力。基础性、综合性、分析问题、解决问题，这些高考命题强调的侧重点，都要求学生有更强的阅读能力。

由此可见，我们遭遇的校园阅读，并非突如其来，而是有着深刻的时代背景和历史动因，是必然的，不以人的意志为转移。我们之所以有遭遇感，是因为我们缺乏洞察力，见事迟，行动慢。其实，这是一场幸福的遭遇，或者说，我们遭遇了幸福。因为，对于教育也好，对于出版也好，这种遭遇其实是巨大的机遇，最终将使教育生态和出版生态得以重塑，与互联网时代、与我们的国家一起发展，实现教育现代化和出版现代化。

中少总社是在中国少年报社和中国少年儿童出版社的基础上合并组建的，是新中国成立后最早成立的少儿新闻出版机构，是我国规模最大的少儿出版企业，有 5 种报纸、13 种期刊，每年出版图书 1800 种，出版物总印数 2016 年超过 1.3 亿册。作为我国少儿出版的国字号企业，中少总社深知在阅读重塑教育生态的进程中，需要出版单位的主动参与。我们正在进行两个方面的努力。

一是调整阅读产品结构，在继续抓好适应零售市场需要的大众读物产品群的同时，着力建立满足校园阅读需要的校园读物产品群。这方面已经出版的图书有：对少年儿童进行政治思想启蒙教育的系列图书《伟大也要有人懂：一起来读马克思》《伟大也要有人懂：一起来读毛泽东》《伟大也要有人懂：小目标　大目标　中国共产党一路走来》等；进行中华优秀传统文化启蒙教育的《中华人物故事全书》《我爱读古诗》《中华传统文化通识读本》等；适应学科阅读需要的《林汉达中国历史故事集》《中国通史故事》《世界通史故事》。还将出版《百千大阅读》，由全国著名语文特级教师张祖庆、周益民、周其星、李祖文、胡红梅、蒋军晶领衔主编。这套书依据教育部组织编写的小学语文教材的设计理念，从教材出发，经由群文阅读①，走向整本书阅读，帮助广大师生打通课内外阅读。《儿童文学》《我们爱科学》等杂志也增加了学科阅读的内容。下一步，我们还将根据不同年级、不同学科的阅读需求，制定系统的出版规划。

二是开展校园阅读服务，为学校提供关于阅读的综合解决方案。综合解决方案内容涉及阅读现状评估、阅读环境建设、分级分类阅读资源库、阅读课程、师资培训、阅读效果展示等。目前，这项服务已在北京市大兴、房山两个区全面实施，在重庆市、江苏省徐州市等地也有项目，服务的学校有 120 多所。

我们庆幸遭遇了校园阅读，我们也坚信出版界、教育界能在阅读重塑教育生态的进程中得到新的发展。

（在 2017“教育的未来”论坛上的演讲，2017 年 12 月 9 日）

① 群文阅读是群文阅读教学的简称，是近些年在我国兴起的一种具有突破性的阅读教学实践，是指师生围绕着一个或多个议题选择一组文章，而后师生围绕议题进行阅读和集体建构，最终达成共识的过程。——编者注

互联网对中国童书出版的影响

互联网的应用在中国日益普及，甚至像我这样的人现在也极少使用现金了，而是用手机下载的微信或支付宝完成日常支付。出门忘记带钱包不要紧，但一定不能忘记带手机。这是我最新获得的生活经验。

在这样的环境下，孩子们不上网已经不可能。事实上，他们在学习、娱乐、交际中越来越多地借助互联网。比如，他们可能在课堂上通过老师演示的PPT来理解课文，回到家后在网络上查阅资料，甚至完成一些作业，然后，在微信群里与朋友们聊天。做完这些后，再玩一会儿电子游戏或者听一段音乐，睡前可能还会通过手机听一段故事。在一切都被互联网改变了的时代，我们还能指望童书出版不受互联网影响吗？显然不能。

据我观察，互联网对中国童书出版的影响有以下几个方面：

一是改变了纸质读物的内容表达方式。习惯了互联网的儿童读者已经不再满足于文字、图画，他们还希望能够在书里听到声音，看到连续的画面。于是，在纸质读物中使用AR、VR技术，在中国童书出版中就成了常用的手段。使用AR、VR技术的书看起来与传统纸书没有区别，但用手机或平板电脑扫描书上的二维码，就可以获得音频或视频。

二是催生了数字阅读产品。在中国，数字阅读不是儿童阅读的主要形式，电子书这一类产品在儿童中用户很少。儿童喜欢的数字阅读方式是听书，喜欢的产品是有声读物。这个市场的发展速度是惊人的。“凯叔讲故事”目前是影响力最大的有声故事平台，创办时间还不到5年，累计用户已超过1400万。喜马拉雅、口袋故事、小伴龙等也很有影响力。这些都是由个人创办的自媒体平台，出版社在这个市场上占有的市场份额很小。

三是重构了童书发行渠道。2017 年中国在零售市场上销售的儿童图书有 8.4 亿册，其中通过网络书店销售的大约占 60%，当当、京东在网络渠道中依然保持了巨无霸的地位，占有绝大部分市场份额。但最近两年引起童书出版人极大兴趣的是社群营销平台，这类平台通常以一个核心人物的自媒体为基础，这个核心人物对儿童阅读有令人信服的见解和经验，是这方面的意见领袖，拥有几十万、几百万甚至更多的粉丝，这些粉丝大多是孩子妈妈，她们根据意见领袖或专家团队的推荐以及她们之间的经验分享，决定是否购买某种图书。于是，这个社群就成为童书的营销平台，成为童书发行的新的网络渠道。同传统网络渠道相比，社群营销平台定位更加具体、专业，更加适应读者分层次、个性化的阅读需求，最近两年发展很快，接力出版社 2017 年在大 V 店、年糕妈妈、三川玲等社群营销平台的销售收入就接近 1000 万美元。

四是创新了童书营销方式。目前中国零售市场上的童书品种超过 25 万种，很多读者抱怨他们不知道该如何选择图书，在这种情况下，读者倾向于选择阅读体验和服务更好的出版社的图书。而更好的阅读体验和服务，特别是个性化的阅读体验和服务，没有互联网、移动通信、大数据等新技术作为支持，是不可能实现的。因此，出版社非常重视在互联网上进行营销。我了解到的方式有：在网络平台上开设出版社自己的网络书店，在销售图书的同时，收集读者信息，了解读者需求，向读者进行个性化的推荐；在商业网站上的教育频道、母婴频道传播出版社的图书信息；与社群营销平台合作，围绕图书或读者关心的其他问题，设置热点话题开展讨论；鼓励、帮助优秀的营销人员开设为读者服务的自媒体，建立出版社的网上读者俱乐部。

当然，互联网没有改变图书出版的本质，内容依然是最重要的；互联网也不可能颠覆童书出版，信息越多，读者就越需要有专业经验的编辑来帮助他们选择，编辑依然是内容生产的核心，而这，恰恰是童书出版社的优势；互联网也没有使孩子们抛弃纸书，恰恰相反，纸书依然是他们阅读的首选。但是，我们不能无视互联网的存在，要有能力实现包括传统媒体和新媒体的全媒体出版，实现线上线下的全渠道发行、营销。这些是我关于互联网对童书出版影响的主要观点。

(2018 年 3 月 20 日)

中国少儿出版发展的新趋势

中国少年儿童新闻出版总社是中国最大的少儿出版社，拥有 5 种报纸、13 种期刊，2017 年出版图书 1900 多种，其中新书 740 种；2017 年出版物发行总量 1.3 亿册，其中图书将近 4000 万册。中少总社出版物覆盖了 0 到 8 岁各个年龄段的读者，内容覆盖人文、历史、文学、科学、教育等各个领域。

始终关注读者需求的变化，坚持用最好的产品来满足读者的需求，是中少总社能够保持市场领先地位的根本原因。在此，我愿意把中少总社对中国少儿出版市场发展趋势的一些观察结果与大家分享。

首先，中国是全球规模最大、成长性最好的少儿出版市场。中国是最大的发展中国家，少儿出版发展不平衡不充分问题还很突出，特大型城市、中心城市、发达地区的少年儿童读者面对像海洋一样的图书不知如何选择，出现“选择性困难”，但中小城市和乡镇，特别是贫困地区还有不少孩子能够读到的图书很少。这种不平衡不充分，使得我国少儿人均图书拥有量很低。2016 年，中国共出版少儿读物 7.79 亿册，假设全部实现销售，按 3.67 亿少年儿童计算，人均购书只有 2.12 册。我们知道，在 2016 年，美国儿童图书销售的数量是 1.95 亿册，每个孩子拥有 3.2 册；英国儿童图书销售数量是 6633.4 万册，每个孩子拥有 5.37 册。如果参照这个水平，中国少儿图书年销售数量应当是 19.73 亿册，是现在的 2.5 倍。由此可见中国少儿图书市场的潜在规模有多大。

其次，少儿出版是中国出版行业中活力最强、增长最快的门类。从 2002 年起，中国少儿出版几乎每年都保持 10% 以上的增长速度，少儿图书零售市场的增幅 2016 年为 28.84%，2017 年为 14.55%。少儿图书在图书整体零售市场上的比重，2016 年为 23.52%，2017 年为 24.7%。

以上两点，是中国少儿出版市场最重要、最基本的特征。

那么，中国少儿市场发生的新变化有哪些呢？

一、少儿图书品种增长速度放缓。2014 年，我国出版少儿图书 3.27 万种，其中新书 1.99 种；2015 年是 3.67 万种，其中新书 2.21 万种；2016 年是 4.4 万种，其中新书 2.5 万多种。2016 年零售市场销售的少儿图书有 26 万个品种。太多的品种，使读者很难挑选到自己满意的图书。中少总社 2016 年 11 月做了一次全国性的阅读调查，回收有效问卷 10 万多份。调查发现，“不知道看什么书”在影响孩子阅读的因素中位居第二，占 34.63% ；“阅读书目多，学生差异大，不知道如何选书”的困扰在教师中位居榜首，占 47.21% ；35.14% 的家长反映“不知道给孩子买什么书”。面对读者的抱怨，出版社必须减少出书的品种，同时提供更好的服务。在 2018 年的出版计划中，中少总社决定减少 10% 的选题。我的一些同行也打算在 2017 年减少新书的品种。

二、少儿图书的品种结构正处于优化完善的过程之中。在少儿图书零售市场的 26 万个品种中，文学类图书大约占 1/3，图画书和漫画书占 23%，人文、历史、科学等类别的图书所占比重比较小。这种结构，已经不适应读者阅读结构的升级和变化，特别是不适应学校考试招生制度改革对阅读的需求。

过去，中国的大学招生主要根据考试成绩，往往一次考试就可以影响一个青年人一生的命运。从 2014 年起，中国政府决定对考试招生制度进行改革，大学选拔学生不再只依据考试成绩，还要参考学生的学业水平考试和综合素质评价，考试的内容和科目也发生了很大的变化，更加注重考试内容的基础性、综合性，更加注重运用知识解决实际问题的能力。这是负责出试题的人的说法，学生最直接的感受是试题的内容、数量要比过去多了。比如语文，关于阅读的内容比过去多了不止一倍，试卷的字数也比过去多了 2000 字。由于大学招生的方法变了，中学、小学的课程设置、教学内容、教学方法都发生了变化，对学生阅读能力的培养受到前所未有的重视，教师们希望得到针对不同年级、不同学科阅读需求的读本。这种需求是一个巨大的市场，将对中国少儿出版的产品结构、渠道结构形成强劲的冲击。

三、在坚持开放的同时更加重视原创图书出版。对外开放是推动中国少儿出版发展的重要力量，在 19 世纪末中国少儿出版刚刚出现的时候，外国儿童文学作品就对中国少儿出版产生了重要的影响。1978 年实行改革开放后，国外少儿图书的引进对中国少儿出版的发展起到了十分重要的作用。比如，《哈利·波特》的引进，不仅对中国幻想文学的创作产生了重大影响，而且对中国少儿出版的产业格局产生了重大影响——因为这套书是由出版成人图书的人民文学出版社引进的，这家出版社的成功，引发许多出版社模仿，纷纷加入少儿出版的行列。

在引进借鉴的同时，中国少儿出版人也深深知道，只靠引进版权不能支撑起中国少儿出版的庞大的市场体系，不可能满足 3.67 亿少年儿童的阅读需求。他们在引进借鉴的同时，努力发现和扶持本土作家，出版了大量优秀的原创图书。大约从 2004 年起，中国少儿出版的市场格局开始发生变化，引进版权图书的比重逐渐下降，原创图书的比重不断上升。以儿童文学为例，2016 年，引进版权图书品种、销量大约占 28%，本土作家的作品占 72%。从市场需求看，现实题材的儿童文学作品、图画书、优秀传统文化图书、人文社科类图书、科普图书，已经并将继续受到中国少儿出版界的持续关注，成为原创出版的重点。

四、少年儿童阅读权益的法律保障更加充分。全民阅读已经成为中国的国家战略，少年儿童阅读在中国被定位为全民阅读的基础工程和重点工程，受到前所未有的重视。2017 年 3 月起施行的《中华人民共和国公共文化服务保障法》，第九条规定“各级人民政府应当根据未成年人、老年人、残疾人和流动人口等群体的特点与需求，提供相应的公共文化服务”；第三十八条规定“地方各级人民政府应当加强面向在校学生的公共文化服务，支持学校开展适合在校学生特点的文化体育活动，促进德智体美教育”。2018 年 1 月起施行的《中华人民共和国公共图书馆法》，第三十四条规定“政府设立的公共图书馆应当设置少年儿童阅览区域，根据少年儿童的特点配备相应的专业人员，开展面向少年儿童的阅读指导和社会教育活动，并为学校开展有关课外活动提供支持。有条件的地区可以单独设立少年儿童图书馆”。这些法律的制定，为中国少儿出版提供了前所未有的良好公共政策环境，也必将带来新的、巨大的市场机会。

针对中国少儿出版出现的新趋势，我愿意对关注中国少儿出版市场的各国同行提几点建议。

一是在版权输出方面，不仅要关注数量，更要关注质量和效果。中国少儿出版市场品种已经够多了，已经进入更加关注质量和效益的时代，像以前那样大规模地向中国输出版权恐怕不现实了。为了更好地进入中国市场，需要更深入地研究市场发展的新趋势，更谨慎地选择合作伙伴。

二是不仅输出版权，还可以考虑更加灵活多样的合作方式，比如，与中国同行合作开发适合中国中小学阅读教育需要的分级阅读、学科阅读读物。

三是与中国同行的合作不应局限在中国市场，还要扩大到国际市场。现在，世界各国愿意了解中国的读者越来越多，这也是国际同行与中国少儿出版界合作的市场机会，引进中国图书版权、与中国同行合作开发适合国际市场需要的图书、合作建立出版机构等，都是中国少儿出版界期待的合作办法。

我和我的同行们对中国少儿出版充满信心，我们坚信，中国少儿出版的发展将成为推动世界少儿出版的持续繁荣的重要力量，我们愿意同世界少儿出版同行分享中国少儿出版发展新趋势带来的市场机会。

（在 2018 年博洛尼亚国际童书展上的讲话，2018 年 3 月 27 日）

迈上“高质量发展”新征程

我从事少儿出版已经12年了，经历了少儿出版从“中国加工”到“中国制造”的全过程。12年前，教辅图书、引进版图书、公共版权图书是支撑少儿出版的三大支柱，本土原创图书在少儿出版中所占比例不大，畅销书排行榜上差不多都是引进版图书。这种出版，停留在加工的水平上，缺少对知识和思想的独立发现和创造，因此我把这个阶段的少儿出版叫作“中国加工”。现在不同了，原创图书在少儿图书零售市场上已经占到70%，在畅销书排行榜上也成为主角，并且走出了国门，走向了世界，少儿出版不再靠加工过日子，有了“中国制造”。少儿图书在整体图书零售市场上的占有率也从12年前的9%，上升到23%，出版的“小儿科”发展成了“大门类”。

但是，我们也要看到，少儿出版在这12年的发展，是出版全行业共同拉动的结果，是依靠出版资源投入、品种规模扩张实现的。这种粗放型的增长，带来了产能过剩、服务滞后、结构失衡、渠道不畅等诸多问题，最终导致少儿图书库存不断增大。2017年12月出版的《出版人》杂志报道，开卷监测系统统计，少儿图书年销量小于5本的图书从2016年起剧增，年销量小于10本的图书几乎是上一年的两倍。不断增加的库存，形成了一个巨大的“堰塞湖”，万一垮坝，岂不是洪水滔天？

当前，中国特色社会主义进入了新时代，我国经济发展也进入了新时代，它的标志，即由高速增长阶段转向高质量发展阶段。2017年12月召开的中央经济工作会议要求，做好2018年经济工作，要紧扣我国社会主要矛盾，按照高质量发展的要求，坚持以供给侧结构性改革为主线，大力推进改革开放，创新和完善宏观调控，推动质量变革、效率变革、动力变革。少儿出版实现新的发展，也必须按照高质量发展的要求，牢记少儿出版的使命，树立正确的出版理念，深化供给侧结构性改革，推动质量变革、效率变革、动力变革。

一、牢记少儿出版的初心和使命

中国少儿出版萌芽于 19 世纪末的社会改良运动。文学改良运动的倡导者梁启超提出，“新民为当今中国之第一要务”“欲新一国之民，不可不新一国之小说”“少年强，则国强”。为此，他创办了《新小说》杂志，刊登儿童文学作品。报刊上发表的作品再结集出书，就有了少儿图书。可以看到，中国少儿出版从萌芽那天起，就把通过培育新人来推动社会进步作为自己的使命。

1919 年五四运动以后，少儿出版开始成为一个独立的出版门类。此后到新中国成立前，尽管国家内忧外患，社会动荡不宁，一大批进步出版人士仍未放弃为少年儿童办刊出书的使命。叶圣陶的《稻草人》、管桦的《小英雄雨来》、华山的《鸡毛信》都是这个时期的儿童文学的代表作品。

新中国成立后，党和政府高度重视少儿出版，先后创办了少年儿童出版社（1952 年 12 月 28 日）、中国少年儿童出版社（1956 年 6 月 1 日）。中国少年儿童出版社成立的背景是，当时少年儿童读物奇缺，1954 年识字儿童每年每 5 人拥有 1 本儿童读物，新书每年每 17 人拥有 1 本儿童读物。另一方面，书摊上大肆销售反动、荒诞、淫秽图书，严重毒害少年儿童的心灵，仅上海一地每天在书摊上租阅这类图书的少年儿童读者就有 5 万人次。团中央对这种状况专门做了调查，向党中央做了报告。毛泽东主席在团中央的报告上做了批示，要求“有关部门认真对待这一问题，迅速改进工作，大量地创作、出版、发行少年儿童读物”。《人民日报》为此发表社论，强调“少年儿童教育真正是关系到我们国家和社会未来的一项根本事业，真正是我们国家的百年大计。少年儿童虽然主要是在学校的课堂中受到教育，但他们也要在校外和课外受到教育，阅读文艺的和科学的读物”。

回顾中国少儿出版从萌芽到新中国少儿出版创立的历史，我们可以看到始终贯穿着一条清晰的主线，这就是把少儿读物的出版作为为国家和民族的未来培养人才的一项教育事业，把立德树人作为少儿出版的根本使命。这也是中国少儿出版最重要、最根本的传统。我们要不忘初心，牢记使命。

二、树立正确的出版业绩观

少儿出版是出版行业中竞争最激烈的门类。有竞争就有比较，码洋规模、市场占有率、畅销书排行榜，往往被自觉不自觉地作为评价出版社的指标，对出版单位的市场形象、行业评价或多或少产生了一些影响。这些指标，在一定程度上对少儿出版起到了杠杆作用，但也不能过于强调这些指标的杠杆作用。评价一个出版社，最重要的是要看它的文化贡献。爆品、畅销书固然好，但长命书、常销书更加可贵。少儿出版人应当有这样一种文化自觉，让自己出版的好书、好报刊陪伴一代又一代的孩子成长。

三、坚持以孩子为中心的出版工作导向

孩子在成长过程中的阅读需求，是少儿出版存在的基础，也是少儿出版发展的动力。我们要始终把孩子放在心上，坚持以孩子为中心的出版工作导向。

一是要坚持把社会效益放在首位，把是否有利于孩子健康成长作为选题判断的首要标准，做让天下父母放心的出版物。对于少儿出版来说，要特别注意把握好价值导向，自觉用社会主义核心价值观引领出版，杜绝低俗、恶搞、色情、暴力、惊悚、爆粗口等内容和语言。

二是要认真研究阅读需求的变化。当前，党对意识形态工作和文化建设的新要求、教育教学领域里的改革、互联网等新技术的广泛应用等，都对少年儿童的阅读产生了重大、深刻的影响，我们要关注、研究、把握这些变化，从选题策划、作者队伍建设、渠道建设、编辑和发行队伍建设等方面去主动适应变化。

三是要重视读者的阅读体验。受新媒体、电子游戏、生活节奏加快等因素影响，少年儿童在阅读体验方面产生了许多新的要求。我们要重视这些新的要求，既重视内容质量和编校质量，也重视产品形态、内容呈现方式、读者阅读过程中的参与互动，使读者获得更好的阅读体验。

四是破解“选书难”。要了解教育对不同年龄段孩子在分级阅读、学科阅读方面的要求，了解不同读者的阅读兴趣和偏好，直接面向终端读者提供个性化服务。同时，加强对经销商的服务。

四、加快构建新的少儿读物产品群

随着少年儿童阅读需求结构的分化和升级，少儿出版的产品结构也在分化和升级，除了继续满足零售市场大众化的阅读需求外，中小学和幼儿园阅读的阅读教育服务需求，教师、家长等特定群体的知识服务需求日益增长，要求少儿出版提供相应的服务。因此，少儿出版不能笼统地归结为大众出版，包括大众出版、教育出版、专业出版。随着少儿阅读需求结构的分化和升级，少儿出版产品结构分化和升级的趋势会进一步发展，最终形成少儿出版的新格局。我们要主动适应这种趋势的变化，加大产品结构调整的力度，尽快形成规模化的大众读物、校园读物、知识读物三大产品群。

五、调整优化渠道结构

阅读需求结构变了，阅读产品结构变了，发行渠道也要变。要按照建设三大产品群的要求，调整优化渠道结构。零售渠道建设在继续巩固、发展与实体书店、网络书店良好合作关系的同时，要积极发展与大V店这一类自媒体营销平台的合作。校园渠道建设要坚持产品先行、服务先行的原则，通过提供适合学校教学要求的阅读材料和阅读服务，形成良性互动的校社合作关系。要抓住政府提高公共文化服务水平的契机，加强政府采购、馆配渠道建设。要加强与各类培训机构、阅读推广机构的合作，积极发展机构定制渠道。

六、加快推进融合发展和转型升级

随着互联网应用的日益普及，少年儿童阅读需求结构分化、升级的趋势发展迅速，中心城市、发达地区相当一部分少儿读者在阅读纸质读物的同时，对数字产品的阅读需求增长迅猛，这为少儿出版的发展提供了新的广阔空间。少儿出版单位应当发挥内容生产专业性、系统性、稳定性强的优势，以主动姿态进入数字出版市场，成为数字产品和服务供应商，而不是新媒体平台的资源提供商。还要看到，读者阅读需求的分化、升级，不仅表现在对阅读内容有了更高、更加多样化的要求，而且对产品形态、阅读服务也有更多、更加个性化的要求。相同或者相类似的产品，读者会选择阅读体验和服务更好的，而更好的阅读体验和服务，特别是个性化的阅读体验和服务，没有互联网、移动通信、大数据等新技术作为支持，是不可能实现的。从这个意义上讲，融合发展、转型升级进展缓慢，也制约了书、报、刊的发展。实现少儿出版的持续发展，必须转换增长动力，装上融合发展的新引擎。

七、加快“走出去”

随着原创出版实力的增强，我国少儿出版的国际合作也由以引进借鉴为主，转向“引进来与走出去”双向互动。供给侧的这些变化，表明我国少儿出版已形成“走出去”的基础和实力。从需求侧看，随着中国国际地位的不断提高和国际影响力的日益增强，世界各国愿意通过图书了解中国的读者越来越多，少儿图书文字浅显，图文并茂，文化、语言壁垒相对较低，在“走出去”方面具有一定优势。中少总社 2013 年版权输出 37 项，2017 年达 418 项。我们要顺应少儿出版国际化的新趋势，通过版权输出、合作出版、建立海外分支机构等形式，加快“走出去”，使国际市场成为中国少儿出版发展的新天地。

（2018 年 5 月 8 日）

为少年儿童出版更多的精品力作

中国少年儿童新闻出版总社有《影之翼》《中国原创图画书》两种图书入选国家新闻出版总署 2011 年向青少年推荐的百种优秀图书。《影之翼》是青年作家童喜喜的长篇童话新作，以南京大屠杀为背景，讲述了一群孩子和影子的友谊。“影子”是一群在战争和屠杀中消失的孩子，因此，这本书实际上是以童话的方式讲述了当下儿童对那一段历史的认知。这部书出版后受到教育专家、历史学家、儿童文学作家的充分肯定，受到孩子们的欢迎，发行已近 3 万册。《中国原创图画书》是政府出版基金资助项目，以新中国成立以来百名优秀儿童文学作家的具有经典价值的作品为基础，组织当下最优秀的儿童插画家创作图画，让经典时尚起来，重新焕发光芒。这套书已经出版 70 种，累计发行 100 余万册，计划 2012 年前出齐。

总署开展向青少年推荐百种优秀图书活动以来，中少总社累计已有 28 种图书入选。在感谢总署领导、评选专家和广大读者厚爱的同时，我们也对自己的出版实践做了一些回顾，主要体会是：

一、牢牢把握正确的出版导向，以“做功德”的态度为孩子出书

孩子是一张白纸，近朱则赤，近墨则黑。按照构建社会主义核心价值体系的要求，尊重少年儿童成长的规律，为他们提供健康的、科学的、有趣的读物，帮助他们打好世界观、人生观、价值观的基础，是少儿出版工作者的天职。一位老领导对我说：“少儿出版如果能搞出导向问题来，算有本事，因

为坏蛋也希望自己的孩子学好。”这句话看似玩笑，却蕴含着深刻的道理：引导孩子“学好”，是人民群众对少儿出版的普遍的、根本的要求。牢牢把握正确的出版导向，是做好少儿出版的根本。

我们在出版实践中，要求编辑人员以“做功德”的态度来为孩子出书。首先是严把选题关。我们建立了编辑部、中心、总社三级选题论证制度，层层筛选，凡是有可能发生导向问题或者品位不高的选题，哪怕市场前景再好，也一律不予立项。二是把好作者关。作家是人类灵魂的工程师，儿童图书作者肩负为民族未来塑造灵魂的重任，更应当为人师表。我们选择的作者，要求有社会责任感，有童心，有爱心，有严肃的创作态度。童喜喜创作《影之翼》花了5年时间，这期间，她研读了大量关于南京大屠杀的史料；稿子基本成型后，又拿到中小学教师和学生中试读。目前出版的，是第九稿。三是把好终审关。《影之翼》除了出版社进行了严格的三审三校外，还请南京大屠杀纪念馆馆长朱成山先生进行了审读。

二、加强原创图书出版，努力推出精品力作

抓好原创图书的出版，是出版社打造精品力作，推出青少年喜爱的优秀图书的基础。我们应当积极引进国外优秀少儿图书，使中国少年儿童能够同世界少年儿童一道共享人类文明的优秀成果。但是，我们更应当用原创图书去滋养少年儿童的心灵。特别是改革开放以来，少年儿童既享受了社会进步带来的巨大利益，也经历了社会转型带来的多重困扰。表现这个伟大历史进程中少年儿童的生活、命运和心灵成长史，为历史留下关于这个时代的少年儿童的形象永久记忆，是当下中国少儿出版人的使命。

近几年来中少总社在加强原创图书出版方面做出了很大努力，取得了初步成效。一是调整产品结构，增强内容创新能力。从2007年起，我们大幅度地压缩教辅图书，2010年出版的400多种新书中，除60种由我们自主开发的作文书等助学读物外，其余都是大众图书。二是整合出版资源，实现书刊互动。中少总社有13种期刊，2010年累计发行量超过7000万册，其中月发行量超过100万册的有3种。利用期刊的品牌、作者、读者、渠道和编辑资

源出版图书，是我们的特有优势。2007 年 11 月，我们以《幼儿画报》为基础，组建了低幼读物出版中心。该中心除了出版 0—9 岁年龄段的 4 种报刊外，还出版图书。2011 年一季度，低幼中心图书发行码洋近 3000 万元。2009 年 12 月，我们又以《儿童文学》杂志为基础，组建了儿童文学读物出版中心。一年多来，《儿童文学》月发行量保持在 110 万册左右，儿童文学原创图书 2010 年仅长篇小说新书就出版了 21 种，每种发行量至少在 3 万册（套）以上。2011 年一季度，儿童文学中心出版图书 65 种，其中再版书 50 种。

三、不断深化改革，切实加强管理

近几年来，我们牢牢把握出版体制改革的大好机遇，在观念更新、体制机制创新、管理创新等方面采取了一系列举措。特别是我们在 2010 年 10 月顺利完成了转企改制，全员签订了劳动合同。员工对企业的关切度进一步增强，企业的凝聚力更强了。在转企改制过程中，我们在内部组织结构、发行体制、员工考核奖励机制等方面进行了一系列改革，分别出台了财务预算管理、选题管理、出版流程管理、印务管理等制度，使企业运行机制得到优化。通过深化改革，加强管理，使员工特别是编辑、发行人员的积极性和创造力得到进一步激发。

“十二五”时期是少儿出版的黄金期，也是我国由少儿出版大国向少儿出版强国迈进的关键时期。在“十二五”期间，中少总社将牢牢抓住出版体制转变和出版业态转型这两个关键，继续深化改革，转变发展方式，完成由传统出版事业单位向现代出版传媒企业的转变，由传统出版商向现代少儿阅读服务商的转变，成为国内一流、国际上有影响力的少儿传媒集团。

（在新闻出版总署 2011 年（第八次）向全国青少年推荐百种优秀图书新闻发布会暨出版座谈会上的发言，2011 年 5 月 28 日）

低幼读物出版前景广阔

中国少年儿童新闻出版总社 2007 年 11 月组建了低幼读物出版中心，以加强低幼读物的出版。我们之所以这样做，是基于以下考虑：

一、早期阅读在婴幼儿成长中具有至关重要的作用。0 至 6 岁的婴幼儿时期，是人的品德养成和智慧潜能开发的关键期，所谓“三岁看大”就是这个意思。教育学、心理学的研究证明：早期阅读和计算能力是影响儿童日后智力发展的两个最为重要的因素。出于对早期阅读在婴幼儿成长中的作用的科学认知，发达国家无不把早期阅读作为早期教育的重点。而我国早期阅读的状况却难以令人满意。在阅读的起始年龄上，发达国家一般为 6 至 9 个月，儿童从 4 岁起进入自主阅读阶段，我国儿童则一般要 8 岁后才进入自主阅读阶段。因此，我们有责任提供更多的婴幼儿读物以推动早期阅读的开展。

二、婴幼儿读物在少儿传统出版中具有良好的稳定性和巨大的成长性。毋庸讳言，互联网技术令人瞠目结舌的发展给阅读方式带来了革命性的变化，传统出版正在经受数字化浪潮的强劲挑战。但婴幼儿由于在阅读能力、技术操作能力、信息识别能力等方面的诸多局限，还难以成为网络阅读的主体。问 100 个家长，估计至少有 99 个不赞成把上网作为宝宝的基本阅读方式，哪怕仅仅是基于视力保护的简单理由。在相当长的时间内，纸质读物仍然会是婴幼儿阅读的首选。况且，还有这么多的婴幼儿没有进入早期阅读的行列呢！所以，我们不能不把婴幼儿读物作为少儿出版的基础花大力气夯实。

三、中少总社有丰厚的优质低幼读物出版资源。《幼儿画报》以教育部颁发的《幼儿园教育指导纲要》为基本办刊依据，所有选题来自读者调查，由一流的作家、教育专家和画家完成内容制作，质量上乘，有良好的口碑，2007 年月发行量已达到 100 万册。除了《幼儿画报》，我们还有《婴儿画报》《嘟嘟熊画报》《中国儿童画报》3 种低幼报刊。这些报刊所拥有的品牌影响力、内容制作能力、销售能力和读者群，足以构建一个强大的低幼读物出版平台。

基于上述考虑，新组建的低幼读物出版中心以 0 至 9 岁的婴幼儿和小学低年级学生为读者对象，出版发行各种介质的低幼读物。除了办好“三刊一报”和出版低幼图书外，还负责相关动画片、网站内容的制作以及衍生产品的开发，是一个跨媒体的出版部门。

低幼读物出版中心组建以来，《幼儿画报》月发行量由 2007 年的 100 万册左右增长到目前的 150 万册；《婴儿画报》成功地进行了改版，发行量增长了 30% 以上；《嘟嘟熊画报》改版为玩具刊，发行码洋增长了 50% 以上；《中国儿童画报》改版为以学前、小学一至三年级学生为读者对象的助学读物，优化了我社低幼读物的出版结构，发行量也有较大幅度的增长。同时，低幼读物出版中心还形成了每年出版 150 种新书的能力，拥有红袋鼠网站和动画部。目前，语音读物进入开发阶段，不久后将与喜爱“红袋鼠”“跳跳蛙”“火帽子”等形象的小朋友见面。

我社主持低幼读物出版中心工作的张晓楠副总编辑提出了构建中少大低幼出版平台的构想。我为她提出这个构想而感到欣喜，也相信在她的主持下这个构想一定能实现。我们已经有了这么好的基础，低幼读物出版市场又有这么好的稳定性和成长性，这个构想怎么就不能实现呢？我想，这是我的期待，也是作家、画家、教育专家和孩子们以及他们的家长的共同期待。

（在“幼儿文学 60 年研讨会”上的致辞，2009 年 10 月 25 日）

引导青少年做有根的中国人

《伟大也要有人懂：一起来读毛泽东》2016年2月出版发行以来，累计发行量已近20万册，版权先后输出到美国、荷兰、尼泊尔、意大利，获得了第四届中国出版政府奖图书奖等奖项。这次，又被授予第十四届“五个一工程”奖这一崇高荣誉，我和我的同事们深感荣耀，备受鼓舞。下面，我汇报出版本书的几点体会和做法。

一、少儿出版要引导青少年做有根的中国人。习近平总书记指出：“文化自信，是更基础、更广泛、更深厚的自信，是更基本、更深沉、更持久的力量。坚定文化自信，是事关国运兴衰、事关文化安全、事关民族精神独立性的大问题。”青少年是祖国的未来，向他们传播好中华优秀传统文化、革命文化和社会主义先进文化，帮助他们建立并不断增强文化自信，做一个有根的中国人，是在当前文化背景和信息环境下出版人的重大责任。毛泽东是中国的一代伟人和民族英雄，他的思想和实践至今仍在深刻地影响着中国和世界。没有毛泽东，就没有现在的中国。由于种种原因，不少青少年对毛泽东还比较陌生，引导他们走近毛泽东，了解毛泽东，学习毛泽东，是出版工作者帮助他们建立文化自信必须直面的重大课题。为此，我们决定策划出版《伟大也要有人懂：一起来读毛泽东》一书。

二、选好为青少年讲述毛泽东的切入点。研究、讲述毛泽东生平和思想的著作很多，但是为青少年量身打造的不多。我们设想中的《伟大也要有人懂：一起来读毛泽东》，要让青少年感兴趣，能读进去；同时，还要让他们读了有收获，对毛泽东这个人和他的思想有所了解，引起情感共鸣，获得心灵感悟。因此，这本书与一般的人物传记或通俗理论读物有所不同，既要求有较强的故事性、文学性，又要求有较强的理论性、逻辑性。我们了解到北京大学中文系教授韩毓海开设的公共理论课在学生中反响很好，他出版的《一篇读罢头飞雪，重读马克思》等著作广受欢迎，决定邀请他为本书作者。作者确定后，我们在一起经过反复讨论，确定聚焦毛泽东把马克思主义中国化的理论创新实践，向青少年讲清楚毛泽东思想为什么能够形成和确立，成为中国革命和建设的行动指南。在写作上，作者紧扣历史背景和毛泽东的革命实践活动，做到了见人、见事、见思想；既注重语言的生动性，又注重事实的准确性，观点的正确性。这种写法，得到了青少年读者的认可，一位北大医学院的学生说："这本书我几乎是一口气读完的，作者深入浅出地把一代伟人毛主席的生平和思想娓娓道来，给了我很大的震撼，也带给我许多思考。"

三、以工匠精神做好编辑工作。一是精心打磨文稿。我们最初收到的文稿有 20 余万字，出版后，将是一本大部头著作，容易使青少年读者望而生畏。我们商请作者对书稿的叙述方式进行调整，改为青少年读者更易于接受的问答式，根据问题对内容进行提炼，反复修改了 10 多次，最终形成可以让青少年读者一口气读完的 5 万字书稿。二是精心挑选插画。编辑团队先后约请多名国内一流画家为本书创作插画，曾一个月之内换了 3 位画家，最终决定选用老画家陈承齐的作品。他擅长以油画表现革命题材和领袖人物，画风细腻典雅又大气厚重。书中插画与文字相得益彰，可读性得到进一步增强。三是用多媒体手段丰富本书内容呈现方式。读者用手机或其他移动设备扫描相关二维码，即可浏览精美的图片，进入与伟人面对面的场景；还可以听著名配音演员吴俊全为自己朗读整本书。这些，增加了读者的获得感，进一步增强了本书的吸引力。特别是，本书立项、编辑、出版得到了中宣部、国家新闻出版广电总局的有力指导和支持，中宣部出版局全程关注本书的编辑工作，给予了精心细致的具体指导。

四、面向国内国际两个市场大力宣传推广。在国内，一是联合媒体与经销商，面向读者举行多场推介活动。二是派专人陪同作者在北京、天津、云南、海南等地走进中学校园，举办"追寻伟人足迹 树立高远理想"的主题讲座。三是积极推荐该书参评年度中国好书、年度"大众喜爱的 50 种图书"

等公信力强、读者参与度高的评选活动，扩大该书的影响力。在国外，一是以国际书展为平台，积极推介该书。我们在参加2015年美国纽约国际书展期间，向美国奔驰教育出版公司介绍了《伟大也要有人懂：一起来读毛泽东》的内容梗概和出版计划，达成英文版权输出意向；2017年在参加博洛尼亚国际童书展期间，我们联系博洛尼亚大学出版社，谈妥了《伟大也要有人懂：一起来读毛泽东》意大利文的版权输出合同。二是约请在国际出版界有影响力的外国专家为本书代言。2016年北京国际图书博览会期间，我们约请多名外国专家参加《伟大也要有人懂：一起来读毛泽东》版权输出美国发布会，他们均对本书给予高度评价。国际安徒生奖评委会主席、中华图书特殊贡献奖获得者帕奇·亚当娜说："了解毛泽东就是了解今日中国的历史和发展。本书信息量巨大且非常有趣，饱含发人深思的内容。"三是推动版权引进方在本土市场做好推广。美国奔驰教育出版公司将本书列入该公司校园推广书目，使本书进入美国中小学校园，直接面对老师、学生。荷兰雷奥诺出版公司也做了类似工作。以上工作，有利于中国化了的马克思主义实现国际传播。

《伟大也要有人懂》是一个开放系列，党的十九大召开前，中少总社将推出《伟大也要有人懂：小目标　大目标　中国共产党一路走来》。这是一本面向青少年的党史读本，作者是著名党史专家陈晋。我们将认真贯彻这次会议精神，把为民族未来铸魂的事业进行到底。

（2017年8月27日）

辑 二

关键词

创新出版业态与创新服务价值

目前诚信体系当中的很多问题都与我们的业态紧密联系在一起，我谨从“创新出版业态与创新服务价值”入手，以少儿出版的视角切入，谈一谈我的体会。

为什么要创新出版业态？是因为传统的出版业态已经穷途末路了吗？从少儿出版的角度看，显然不是。据开卷最新统计，2007 年 1—11 月，少儿图书市场的同比增长率达到了 23.78%，1—11 月少儿类图书在图书整体市场的码洋比重为 11.15%，而欧美发达国家的这一比重在 20% 以上。可以预期的是，少儿图书市场的增长仍然有很大的空间。我国少年儿童人均图书拥有量在世界排名居第 68 位，是以色列的 1/5，日本的 1/4，美国的 1/3。

以上数据和事实说明，即使以传统业态的标准来衡量，我国少儿出版业与发达国家相比仍然有很大差距，仍然不能满足少年儿童对阅读的渴求。因此，我们不能离开传统业态去谈少儿出版的创新，仍然要想方设法为孩子们多出书，出好书。如果我们对此认识不清醒，那么有朝一日，中国孩子们手里捧着的可能全是引进图书。

之所以说我国少儿出版仍有很大发展空间，根据之一是与发达国家进行比较。但是，人家的今天未必就一定是我们的明天。如果不找到差距存在的原因，不找到消除差距的办法，我们发展少儿出版的努力很可能事倍功半。

撇开经济、文化、教育发展水平还有体制上的因素不谈，就出版业态而言，发达国家少儿图书出版的产业成熟度要比我们高得多。欧美少儿出版机构有一个共同特点，就是十分注重品牌形象的塑造和推广，以品牌形象为核心，打造少儿出版的产业链。比利时的蓝精灵出版社以蓝精灵图书为基础，衍生出一系列产品，有动画片、玩具、学习用品、生活用品等，蓝精灵的形象几乎渗透到儿童生活的一切领域。完整的产业链经营不仅扩大了出版社的收入来源，而且培养了少儿读者的品牌忠诚度，使产业链的各个环节相互促进，形成良性循环。更重要的是，精心打造的品牌形象凝聚了一代又一代少年儿童的审美取向和价值追求并经久不衰，成为一个国家的精神财富，影响几代、几十代少年儿童。而我们国家从事少儿图书出版的机构，无论是专业少儿出版社还是非专业出版社，拥有称得上自己的品牌形象并自觉进行产业链经营的，几乎没有。

因此，创新少儿出版业态和服务价值第一个要考虑的，就是要以品牌形象开发为核心，以图书出版为基础，高度重视衍生产品的开发，打造完整的少儿图书出版产业链，形成少儿文化创意产业。

其次，创新少儿出版业态和服务价值，应该考虑把少儿出版和少儿阅读推广结合起来。从总体上看，我国少儿阅读水平与发达国家相比，还有很大差距。在阅读起始年龄上，发达国家的儿童 6—9 个月就开始阅读，我国儿童普遍从 2—3 岁开始阅读；在阅读量上，美国一年级儿童平均每年阅读 3 万字，我国一年级儿童平均阅读 4900 字；在阅读方式上，美国儿童 4 岁以后就进入自主阅读阶段，我国儿童 8 岁以后才能进入这种阅读阶段。由此可见，我国少年儿童阅读水平与发达国家差距很大。不缩小这个差距，从总体上提高我国少年儿童的阅读水平，少儿图书出版业的发展和繁荣必然要受到极大制约。把少儿图书出版和少儿阅读推广更好地结合起来，在少儿阅读推广方面发挥更大的作用，是少儿出版业不可回避的责任。

再者，创新少儿出版业态和服务价值，还应高度重视新媒体对少年儿童的深刻影响，实现传统出版与数字出版的融合。据中国青少年研究中心 2005 年的抽样调查，50.4% 的城市少年儿童、12.8% 的农村少年儿童家庭拥有电脑；15% 的城市少年儿童、9.3% 的农村少年儿童拥有手机。另一项最新调查显示，我国 18 岁以下未成年人上网人数已达 2400 万。由此可见，少年儿童正在成为新媒体的活跃使用者。

新媒体对少年儿童的影响还不至于直接把少年儿童造就成新媒体的使用

者。由于新媒体提供的信息环境并不完全适合处在成长过程中的少年儿童，因而少年儿童对新媒体的使用必然会受到来自成人世界的干预，这就决定了新媒体在少年儿童中的普及和应用程度不可能达到成人世界的水平。来自中国互联网中心2007年的调查显示，我国年龄在18岁以下的网民每周上网时间仅为7小时，大大低于16.9小时的网民平均上网时间。美国、加拿大的调查也显示了同样的结果。这对传统业态下的少儿出版工作者来说，也许是个好消息。但问题在于，新媒体的不断精进和普及，必然会导致少年儿童读者阅读口味的变化，他们在阅读中更加追求平等、互动、参与，追求更能满足自己的个性化需求的读物。来自中国青少年研究中心的调查表明，70%以上的少年儿童认为在电脑和互联网的知识方面，父母比自己懂得少。基于这一点，父母甚至学校都不再是少年儿童心目中不可替代的信息源，家庭关系、师生关系向着更加民主化的方向发展。

作为少儿出版工作者，我们要高度重视新媒体对少年儿童的影响，努力实现传统出版与数字出版的融合。我们应当充分考虑对新媒体的广泛接触和使用从而对少年儿童阅读趋势产生的影响，大胆借鉴新媒体的一些做法，积极采用新材料、新工艺，增强少儿读者在阅读过程中的参与性、互动性，提高图书对少年儿童的吸引力。我们应当积极搭建能够与传统出版实现互动的网络平台，提升传统出版与读者的互动能力，利用网络加强传统出版物的营销，促进传统出版业的发展。我们应当与技术运营商、网络运营商加强合作，积极探索出版适合少年儿童阅读的新介质读物。

传统业态下的少儿出版仍有很大发展空间，实现这个发展，既是少儿出版人为满足广大少年儿童阅读需求应尽的文化责任，也是我们创新业态和服务价值，实现更大发展的基础。在做好传统业态下的少儿出版工作的同时，我们必须增强紧迫感，刻不容缓地在打造少儿出版产业链、加强少年儿童阅读推广活动、实现与数字出版融合这三个方面进行业态的创新，在变革环境的过程中实现少儿出版的发展与繁荣。

（原文载于《中国图书商报》，2008年1月11日）

把“百万之巅”作为起点

我有一个心愿：把《儿童文学》打造成各类儿童文学作品的重要生产基地。

《儿童文学》编辑部不仅要出好期刊，而且要成为中少总社原创儿童文学读物出版的骨干力量。更长远的打算是，《儿童文学》还应当参与到影视、动漫、网络、移动媒体等领域的作品的制作中去，成为我国原创儿童文学内容最重要的提供者之一。

有什么理由不这样做呢？46年的历史铸就了《儿童文学》的辉煌品牌。在这面旗帜下，聚集了我国儿童文学的几代作家，聚集了几百万读者，聚集了数以千计的经销商。还有谁像《儿童文学》这样，拥有如此厚实的出版资源？作者、读者、渠道，几乎是万事俱备。当然，还欠点东风，这个“东风”就是我们自己对《儿童文学》新的发展目标的追求。月均发行量超过100万册是个沉甸甸的数字，其分量，其间甘苦，只有过来人知道，只有这本杂志的主编徐德霞和她的团队最清楚。但是，我们宁愿把跃上百万之巅作为一个新的起点，朝着各类儿童文学作品的重要生产基地和原创儿童文学内容最重要提供者的目标前进。

我相信这个目标能够实现。徐德霞和她的团队有成熟稳定的出版理念和文学观念，是一支勇于坚守的队伍；有十分敏锐的读者需求把握能力和市场判断能力，是一支善于创新的队伍。这支队伍的办刊业绩和在图书出版方面所做的初步努力，已经证明了这一点。我们有理由期待更大的惊喜。

我有一个祝福：把《儿童文学》打造成各类儿童文学作品的重要生产基地。同样一句话，怎么一会儿是心愿，一会儿是祝福呢？心愿是从社长的角度出发的。作为中少总社社长，我自然希望麾下的出版资源得到更加充分的开发利用，创造更大的效益。而把这句话作为祝福，则是一个少儿出版人对儿童文学更加繁荣的期盼。

儿童文学正在走向繁荣，一个重要标志是本土原创作品的市场份额越来越大，开始与引进作品平分秋色。少儿出版人当然有责任为孩子们引进外来优秀文化成果，未来的中国公民应当具有更加开阔的国际文化视野。但是，如果孩子们只喝"洋奶"不喝"母奶"或者偏食"洋奶"，则肯定是少儿出版人的失职。

《儿童文学》创刊以来坚持纯文学路线，坚守高品位、高格调、高质量的办刊特色，"曲高"而不"和寡"，在市场的锤炼下走出了一条面向少年儿童推广纯文学的路子。《儿童文学》的实践证明，孩子们对纯文学有着旺盛的需求，他们需要"搞笑""找乐"，也需要感动和思考。希望通过《儿童文学》的新发展，使更多的纯文学作品走进少年儿童的生活，陪伴他们成长。如此，儿童文学"多元共生"的局面将在孩子们的阅读中进一步成为现实，我国儿童文学将更加繁荣。

（《儿童文学》百万纪念文集序言，2009年）

中国少儿出版的机会和挑战

中国少儿出版机遇远远大于挑战。我认为对于少儿出版从业者来说有几个重要的机遇需要我们认识和把握：第一个机遇是文化产业的发展上升为国家战略。

总体判断：中国少儿出版机遇远远大于挑战。我认为对于少儿出版从业者来说有几个重要的机遇需要我们认识和把握：第一个机遇是文化产业的发展上升为国家战略。2009年9月26日，新华社受权发布了国务院常务会议通过的《文化产业振兴规划》，这个规划里面不管是认识还是措施都真正把文化产业发展提升到了国家战略层面。它明确了文化产业是市场经济条件下发展社会主义文化的重要载体，是满足人民群众多样化、多层次、多方面精神文化需求的重要途径，同时也是推动经济结构调整，促进经济发展方式转变的重要着力点。这说明我们国家的的确确是把文化产业的振兴提升到了国家战略的层面上。如果我国的文化产业占有量达到国内生产总值的5%，那么文化产业将会成为我国的支柱产业之一。国家出台的这一系列优惠政策意味着过去少儿出版界自己想做的，但是迫于资金压力和市场风险不敢做的事情，将在国家的资助下实现。因此《文化产业振兴规划》的出台对少儿出版是一个非常大的机遇。

第二个机遇是出版社转企改制，由事业法人改为企业法人，由行政附庸改为市场主体。如果实现了这样的转变，新的劳动制度、收入分配制度和人事制度也会随之建立，这对出版从业人员的积极性必然是极大的激励。另外随着转企改制的深入，宏观管理体制的调整，出版社的市场主体地位也将得到进一步的落实，这对于出版社也是一个很大的机遇。

第三个机遇，数字出版迅猛发展，出版业正在面临非常重要的转型，即由传统出版商向现代出版商转型，实现内容多介质、多渠道传播，从而实现利润的最大化，做大做强少儿出版产业链。比如，《哈利·波特》从 1997 年出版到 2007 年图书销售收入 64 亿美元，但是《哈利·波特》拉动的产业链达到 2000 亿。这就说明在技术进步的推动下，少儿出版产业化会进一步提高，因此出版业态转型对少儿出版来说也是一个非常重要的机遇。

第四个机遇，全民阅读的推广程度，尽管速度比较缓慢，但我们仍能感觉到它正在由一种口号、一种理念、一种倡导变为实实在在的行动。

通过以上分析与判断，我认为中国少儿出版正在进入发展的黄金时期。我认为，2009 年金融风暴对少儿出版产业并没有多大影响，因为我们没有资格受到影响，一场风暴来临的时候，有谁见过小草被刮倒？被刮倒的只是大树。我们资本化、国际化程度并不高，因此正处于初级阶段的中国少儿出版产业在风暴来临时就像小草一样，几乎没有受到影响。现在，重大宏观机遇的来临，为少儿出版带来了很大的发展空间。

那么，少儿出版的挑战是什么呢？当然有来自外部的挑战，但更大的挑战来自我们自身。少儿出版从业者是否对少儿出版产业规律有一个深刻的认识和把握，自觉按照少儿出版产业链和产业发展趋势来规划未来？从中少总社的情况来看，我们做得还不够。好的出版社首先需要好的品牌形象，然后才能延伸产业链。而国内的出版产业差距很大，产品链很短，更没有形成产业。面对市场竞争的压力，我们是不是仍然执着于少儿出版业的文化使命和教育使命？我们有没有在竞争面前迷失？比如说少儿出版物品种比较多，但是不管是参加书展，还是在书店，一些新书都是老内容新包装，并不是研发的新产品。现在很多经典作品已经在过度出版，少儿出版的创意能力不够强，真正在文化的积累、传播和少儿成长方面起到不可替代作用的产品还是不够。还有，我们的管理手段、管理方式和人力资源状况，都还不足以支撑少儿出版完成体制转型和业态转型。

（原文载于《中国图书商报》，2009 年 12 月 11 日）

向数字化战略目标转型

随着以3G网络为代表的核心技术的推广应用，现有的新闻出版发行业、广播电影电视业、网络文化服务业、娱乐业、广告业等多种产业类型可能会被整合为一种新型的文化产业。传媒深度融合将成为未来传媒业发展的一道亮丽风景线，即实现报纸、广播、电视、杂志、音像、电影、出版、网络、电信、卫星通信等媒介信息跨媒共享、资源跨行配置、文化跨域交流，并且凸显以传媒为核心的关联产业涟漪式发展。传统新闻出版单位只有顺势而为，乘势而上，全面向生产数字化、产品数字化、管理数字化和经营数字化转变，才能在未来的竞争中立于不败之地。

产品战略

作为现代信息服务商，“十二五”期间，中少总社将着力建设四大产品群，努力进行转型改革。

纸质读物产品群。未来5年，由书报刊形成的纸质读物产品群依然是中少总社支柱性和基础性产业，书报刊产品要进一步整合形成中少书系、中少报系和中少刊系3个系列。

电子介质读物产品群。中少总社要加大对数字出版的投入，增加数字出版对中少总社利润的贡献份额；要全力开发建设以互联网为基础、以各种新阅读终端为载体的电子介质读物，建立数字出版中心。

衍生产品群。依靠和利用现有的品牌形象和版权资源，借助阅读大世界的推广优势和发行渠道的销售优势，大力开发衍生产品。

教育产品群。要围绕知心姐姐品牌，根据少年儿童的成长规律，提供高质量的教育产品和服务，努力把中少总社打造成为先进教育思想的集散地，在推动新闻出版主业发展的同时，力争销售利润达到主业利润的8%—10%。

市场战略

整体营销战略。实施品牌战略，跳出具体产品的范畴，明确中少总社和各子品牌的市场定位和形象。要重视品牌营销工作，建立统一的营销平台，在中少总社旗帜下，开展宣传推广、市场调研和分析预测，利用品牌的影响力开拓和占领新市场，强化读者和受众的品牌忠诚度。

科学发展战略。把科学发展贯穿于经营管理工作的始终，应用于工作实践，使之成为制定决策、组织实施的指导思想和工作方法。要采用成立专门的研究发展部门或者与专业研究机构合作的方式，科学地关注和分析国内外的行业动态、市场前景、营销行为以及受众的消费行为和消费习惯。

产品销售战略。一方面，继续加强传统销售渠道的开发、维护和优化；另一方面，积极开发新兴渠道。要大力开发和建设中少总社数据库和客户关系管理系统（CRM），或称之为数据库营销系统。着重于给客户提供全方位的持续的服务，从而和市场建立长期稳定的关系。

管理战略

面对以新闻出版业为主体的文化产业的大变局，中少总社要高度重视战略发展和管控体系方面的建设，有必要时可聘请国内外知名的咨询公司，全面梳理完善未来保障和支持发展战略的保证措施，并建立与发展目标、发展战略和管控体系相适应的人才工程、品牌工程、技术升级工程和中少和谐文化等支撑体系。

完善法人治理结构，建立健全现代企业制度。法人治理结构关系到企业正常的生产运营。建立良好的治理结构是一个企业树立市场信心、吸引投资的重要手段，也是企业长期稳定发展的制度基础。中少总社要根据转企改制的进度，完善法人治理结构，建立和健全符合现代企业要求的组织架构、规章制度，要进行管理升级，建立 ERP 信息系统，大幅提升信息化管理水平，整合各项资源，推动管理变革，提高总社的运营水平。

加强财务管理，建立健全现代企业财务制度。要按照“规范、科学、有效”的原则，建立健全中少总社财务运行机制，明确财务决策的要求、财务控制的方法，完善激励分配政策，建立财务监督机制，明确财务管理的法律责任。要建立财务决策制度、财务风险管理制度、财务预算管理制度等，通过制度建设，切实加强财务信息的集成和分析工作，增强财务的预警能力；切实加强总社内部财务控制，提高总社的经营管理水平；切实加强资金管理，发挥资金的整体效益；切实加强成本管理，降低总社的运营成本。

加强员工管理，建立健全现代企业人力资源管理制度。要从职务分析与职务设计、员工招聘与选拔、员工培训、绩效评价和员工激励等方面入手，做好在职员工的人才开发、保持和利用，做到以人为本，人尽其才，才尽其用，促进中少总社效率和效益的提高。要构建学习型组织。通过对员工的系统培训，强调员工的自我学习，不断学习，终身学习，开发员工的潜能，提高中少总社的竞争力。

（原文载于《中国新闻出版报》，2010 年 6 月 21 日）

现在是怎么来的

每个人有每个人的“现在”，每个人都生活在“现在”里。我们在“现在”里生活着的时候，有没有想过：我的“现在”是怎么来的，为什么会是这个样子？

思绪把我带到了2008年10月。这一年的国庆节期间，中山大学中文系1978级的同学聚集在深圳，举行入校30周年纪念活动。我们这一届中大中文系毕业生有97人，入学时年龄最大的32岁，是1966年的高中毕业生；最小的16岁，是1978年的应届高中毕业生。同学中工、农、兵、干部、教师，干什么的都有，几乎覆盖了各个行业。我同寝室的一位同学，入学时女儿已经11岁，说他和16岁的同学是两代人，一点也不夸张。是什么力量把这些年龄相差悬殊、经历完全不同的男男女女聚集在一起，成为同学？是邓小平的改革开放政策，是邓小平1977年8月果断决策恢复的高考制度。正是由于有了改革开放，有了高考制度的恢复，才有了1977、1978这两届生源最为奇特的大学生，才有了我们的“现在”。

30年后再聚首，年龄最大的同学已经退休，在家含饴弄孙，安享人生的晚年；更多的则正当壮年，仍在各自的岗位上奋斗着并享受着。他们当中，有主政一方的领导，有卓有建树的学者，有声名远播的音乐人，有商海弄潮的老板，有记录时代的传媒人，有朝九晚五的公务员。按社会一般的评价标准，我和我的同学们都有了或大或小的成就，都有着高于社会平均水平的生活。但如果不是在1978年10月跨入了中大校园，我们这97人的“现在”不会是这个样子。一个人的“现在”，原来就是他的历史；而一个人的历史，又如此紧密地和他的国家、他的民族的命运联系在一起！我们是七八级，我们属于改革开放的时代，这个时代在我们身上烙下了共同的印记，铸就了我们的"现在"。听起来像大道理一样的话，却成了我和我的同学们的共同经历和体验。于是，怀着深深的感恩之情，我们在10月初一个阳光明媚的早晨，登上了深圳莲花山，在邓小平的塑像前合影，留下了不再年轻却依然灿烂的笑脸，以缅怀这位改变我们这一代人的命运的改革开放总设计师。

一个人的现在是他的历史，一个国家的现在同样也是这个国家的历史。如果没有1978年以来所发生的一系列重大历史事件，就不会有今天的中国。举个例子来说，如果不是当初农村实行了家庭联产承包责任制，就不会有农村劳动力的解放和富余劳动力的流动，就不会有今天的农民工，就不会有乡镇工业的兴起和城乡二元结构的逐步被打破。我们今天所看到的一切，几乎都可以从中国最近这30年的历史中寻找到它们的由来。今日中国是新中国60年特别是改革开放30年历史发展的必然结果，这也是编、著者为什么把这本讲述当代中国历史的书起名为《今日中国》的缘由。

年轻人的"现在"不一样了。我们这一代人经历的往事，不会也不应该在今天重演；我们这一代人走过的道路，不会也不应该让现在的年轻人重走。那么，所有生活在今日中国的"现在"中的几代中国人，是不是应当对"现在"拥有一些共同的理解呢？答案是肯定的。新中国成立以来的60年，中华民族的主旋律就是现代化。在实现现代化的道路上，中国共产党和中国人民经历了艰难曲折的探索，直到1978年邓小平开启了改革开放的新时代，开辟了建设中国特色社会主义的道路，中华民族才真正在现代化的征程上扬帆起航。回顾这30年的现代化进程，有一些词语是不应该被遗忘的，比如："解放思想，实事求是""党的基本路线""改革开放""市场经济""全面、协调、可持续发展""以人为本""和谐社会"等。正是这些理论和思想的实践，构成了这30年中国现代化的进程，成就了中国的现在。这应当成为几代人对今日中国的"现在"的共同理解，成为中华民族的永恒记忆。

现在是一个价值多元、选择多样、需求多层次的时代，每个人都可以做出自己的选择。但是，一个13亿人口的大国，她的公民对自己的国家终究要有一些共同的理解、共同的记忆，这样才能凝聚起来，形成建设国家的强大的文化软实力。就个体而言，谁都不能离开时代的局限和现实的约束，这就需要我们在做出选择的时候，对“现在”理解得尽可能多一点，深入一点。正如本书作者在开篇中就对读者提出的：“你是谁？你从哪里来？你的父辈、祖辈曾经生活在怎样的年代里？他们怎样书写历史？这些历史又怎样成为你们今天的生活进而塑造着你们？你们又怎样把我们民族的历史写下去呢？”基于上述目的，在纪念新中国成立60周年的日子里，编、著者有了为中学生们编写一本《今日中国》读本的想法。

本书力图接近中学生的生活实际和思想实际，努力做到思想性、知识性、可读性的相统一，逻辑和历史的相统一。在结构上，作者首先对不同时期中学生的生活做了对比，使读者真实地感受到改革就在自己身边，继而进一步讲述农业、工业、教育、科技、文化等各个领域的改革。《思想的解放》一章，可以看作是作者对改革的一个总括性认识：没有实事求是和思想的不断解放，就没有改革。在写法上，作者精心选择标志性事件来叙述改革的背景、进程和结果，把道理寓于事实之中。对一些不能回避的重要概念，作者制作了“小贴士”，既不影响阅读的流畅性，又增强了本书的知识性。相信通过阅读本书，中学生读者对自己的“现在”是怎么来的，会获得一个生动、具体、完整的认识。因为有着这些特点，所以，本书虽然是在纪念新中国成立60周年的日子里着手编写的，但不会是一本应时应景之作。毕竟，“现在”是什么是每一个中学生都要面对的问题。

（《今日中国》序，2009年）

推广儿童分级阅读要有远见和耐心

近三四年间，儿童分级阅读的研究与推广热了起来，这是我国少儿出版的繁荣和全民阅读活动深入发展的必然结果。我国已成为名副其实的少儿出版大国，每年出版的少儿读物三四万种，儿童作为全民阅读的基础和重点，如何在海量出版物中进行选择？不同年龄段的儿童处于智力和心理发展的不同阶段，具有不同的阅读能力，因而应当为不同年龄段的儿童选择不同的读物。这是我国儿童分级阅读主张产生的现实根源和理论依据。

看起来很有道理的主张，实践起来却并不那么容易。

第一个问题是怎样分级，能否把年龄作为制定儿童分级阅读标准的唯一依据？欧美发达国家国土面积小，儿童人口数量少，经济、文化、教育发展比较均衡，阅读受到民众的自觉推崇和认可，相同年龄段的儿童，面临大抵相同的阅读环境。而我国是个发展中的大国，城镇化率还不到50%，城乡之间、区域之间经济、文化、教育发展水平差异很大，城市与农村、不同地区的儿童面临不同的阅读环境，同一年龄段的儿童在实际阅读能力方面往往有较大差异。用一种标准来指导一个发展中大国的3亿多儿童的阅读，能否行得通？如果再考虑到早期阅读的起始年龄，儿童个体之间阅读能力的差异恐怕就更大了。据中国少年儿童新闻出版总社低幼读物出版中心调查，中等以上城市中等收入家庭儿童阅读起始年龄已经提前到2岁，许多孩子5岁左右就已经初步具备自主阅读能力，开始由亲子阅读转向自主阅读。显然，不能简单地把年龄作为制定儿童分级阅读标准的唯一依据。年龄固然是制定儿童分级阅读标准最为重要的参考因素，但同时还应当建立科学的儿童阅读能力测试系统，根据儿童的阅读能力来确定儿童分级阅读的标准。这样，儿童分级阅读推广起来可能会更容易。

第二个问题是谁来分级，儿童分级阅读标准应当由谁来制定？儿童分级阅读标准应当具有公益性、科学性，有公益性才有公信力，有科学性才有权威性。只有这样，儿童分级阅读标准才能被广泛接受，从而指导出版和阅读实践。因此，儿童分级阅读标准应该由独立、公正的阅读研究机构组织儿童教育专家、儿童心理学家、作家等相关领域的专家和教师、家长研究制定并公布。2011年4月21日，由著名教育家朱永新主持的新阅读研究所公布了“中国小学生基础阅读书目”。这个书目立意高远，着眼于构建中华民族的共同核心价值和思想基础；视野开阔，从古今中外6万多种图书中选出；立场独立，没有任何商业利益相关方参与其中；方法科学，是先进教育理论和历时十几年阅读推广实践相结合的成果。这是近几年来儿童阅读推广方面包括儿童分级阅读研究最为重要的开创性成果，为儿童分级阅读的研究和拓展提供了十分宝贵的借鉴。

第三个问题是谁来执行，儿童分级阅读应当由谁来推广？近几年儿童分级阅读开始热了起来，但更多的还是停留在研讨、呼吁和局部性的探索实验上。造成这种状况的原因，除了没有共同认可的儿童分级阅读标准，推广什么不明确外，推广力量薄弱也不容忽视。目前儿童分级阅读主要由出版机构、民间机构、阅读推广人和媒体来推动，力量远远不够。即便是建立起了有公信力和权威性的儿童分级阅读标准，解决了推广什么的问题，没有教育部门和教育机构的普遍参与，儿童分级阅读推广也是十分困难的。因此，应当结合语文教学的改革，考虑阅读进校园，进课堂，使学校成为阅读推广最重要的基地，使教师成为阅读推广最重要的力量。反过来，教育部门和教育机构的参与，也会完善儿童分级阅读标准的制定和推广。

我国儿童分级阅读的研究与推广还处于起步阶段，怎样分级、谁来分级、谁来执行，这一系列基础性的工作都需要扎扎实实地做好。对于儿童分级阅读，我们要有远见和热情，还要有耐心和韧劲。

（原文载于《出版广角》，2011年6月1日）

尊重儿童：网游图书的秘密

互联网时代的少儿出版人是不幸的。我们呼吁给孩子们更多的闲暇时间，我们幻想阅读成为孩子们闲暇消费的首选，那样，我们的书就会拥有更多的读者，“书香童年”也许真的会成为现实。但是互联网的力量实在是太强大了，我们不得不一次又一次地面对互联网把孩子们的闲暇时间夺走的现实。我们不得不思考：互联网时代的少儿出版怎么做？怎样与网络游戏争夺孩子的闲暇时间？

于是，出版人学会了与网络游戏合作。《摩尔庄园》《洛克王国》《赛尔号》《穿越奥比岛》等接踵问世，儿童网络游戏衍生图书成为少儿图书家族中的耀眼新宠，为少儿出版带来新的商机。从这个意义上说，互联网时代的少儿出版人又是幸运的。

少儿网游图书畅销的秘密是什么？

游戏自身的品牌影响力自然是最为直接的原因。游戏《植物大战僵尸》2009 年上市后很快风靡全球，中少总社为创作“植物大战僵尸”系列图书举办的征文活动，吸引了上千万“僵粉”的关注，一个月内收到来稿 2000 多件。《愤怒的小鸟》在国内也有上亿的玩家。游戏自身的品牌影响力，为衍生图书准备了庞大的读者群。

从游戏到图书毕竟要经过作家的再创作，能否准确把握和表达玩家的游戏体验，在玩家中唤起广泛的情感共鸣，是游戏衍生图书能否成功的关键。金波、高洪波、白冰等作家接受了创作故事书“植物大战僵尸”的邀请后，首先扮演的角色是“游戏菜鸟”，捧着 iPad 玩了个不亦乐乎。在经历了由“菜鸟”到“高手”的转变后，他们也领悟了一款小小的游戏何以风靡全球的奥秘，从而成为众多玩家的代言人。

仅仅是把握和表达了玩家的游戏体验还不足以说明少儿网游图书畅销的原因。少儿图书尤其是低幼图书是由大人为孩子挑选的，低幼图书还要满足亲子共读的要求。而大人为孩子选择图书的首要标准是对孩子成长有帮助。因此，创作少儿网游图书，还要升华玩家的游戏体验，使图书富有教益，成功地引领孩子完成从线上到线下，从游戏到阅读的转变。图书“植物大战僵尸”结合游戏中的人物、场景、攻略，在故事中巧妙地植入做人做事的道理，使孩子们在趣味盎然的阅读中受到潜移默化的教育，经受住了家长最为严苛的检验。

在探寻了少儿网游图书畅销的秘密之后，我们再回到互联网时代的少儿出版怎样做的话题。网络游戏之所以风行，毫不客气地夺走孩子的眼球，有这样一些因素值得我们关注：

一是体贴入微地尊重儿童。游戏是儿童的天性，儿童本来就是在游戏中开始学习和探究的，但要使游戏真正吸引儿童，就要体贴入微地尊重儿童，充分关照儿童的特点。《植物大战僵尸》游戏中的人物形象生动丰富，人物动作奇趣夸张，场景色彩斑斓，氛围充满悬念。一进入游戏页面，就宛如来到了童话世界，不用玩游戏，光是画面，就足以吸引儿童了。这款游戏秉承“一切为了情感体验”的设计理念，精心提供了50个等级的冒险模式、循环的生存模式、20种各异的小游戏、禅境花园和解谜模式，照顾到不同人群的体验，更是让人乐而忘返。

二是牢牢抓住了儿童的心理。游戏太简单了留不住人，太复杂了让人望而却步。《植物大战僵尸》游戏中有许多战略性因素，但上手极其简单，任何人不需要阅读教程和说明书，拿起来就能玩。但是，一关一关地玩下去，越玩就越考验玩家的智慧与策略，几乎没有人能够完成全部游戏。这种以简单制造惊艳，在“复杂”和“简单”之间取得平衡的匠心，体现了游戏设计者对学习规律的深刻理解和把握，牢牢抓住了儿童的心理。

三是全方位的产业化开发。《植物大战僵尸》《愤怒的小鸟》等游戏都从线上走到了线下，图书、玩偶等衍生产品纷纷上市。《愤怒的小鸟》在芬兰还建成了第一个主题公园。这些游戏今后还能衍生出什么产品我们不得而知，但开发商的勃勃雄心我们已经见识了，出现任何新的衍生产品都不足为奇。

在欣悦于抓住了网络游戏提供的商机的同时，少儿出版人是否还可以向网络游戏开发商、运营商学习点什么，从中探究互联网时代少儿出版的新逻辑？那样，我们就不仅能够抓住网络游戏提供的商机，还能自己为自己创造商机。

（原文载于《中国新闻出版报》，2012 年 7 月 9 日）

由加工商到制造商，出版比拼专业化

比拼专业化

近两三年来，包括2012年的少儿出版正真正回归出版。首先，原创的势头比较好，开卷排行榜上明天出版社、浙江少年儿童出版社都以原创作品登榜，我们的“植物大战僵尸”也是原创图书。过去，少儿出版更注重引进版权，注重教辅出版。重视原创说明少儿出版正逐步完成由加工商到制造商的转变。

跟往年相比，2012年的市场竞争更考较实力。教辅新政出台后，竞争主体的增加，更考较真功夫，谁的编辑队伍更强，谁的发行渠道更通畅，谁积累了品牌资源，谁就能在2012年的市场竞争中占据先机。从市场竞争的角度来看，专业少儿社在少儿出版当中仍然是中坚，这个位置短时间内很难被替代。同时，专业少儿出版社里有一些品牌出版社也在逐渐形成。一些非专业少儿社进军少儿图书市场也更理性了，比如外语教学与研究出版社的少儿图书与其出版定位结合得比较紧，在幼儿教育的有些方面进入得比较深，做得比较专业，如布奇乐乐园系列。再次，社会上的教育机构现在也进入到少儿出版中，比如新东方，他们有教育方面的优势，有上市公司资本方面的优势。过去做教育图书做得比较好的出版社，进入少儿图书领域会有自己独特的优势。

目前国内少儿出版社的产品结构当中，主要有两类，一是大众读物，二是教辅读物，但还有一类也是非常重要的，就是对孩子学习有帮助的这一类书，或说学习书。我2012年6月份的时候到韩国最大的少儿出版机构——天才教育出版社访问，该社一共是1700人，其中编辑有700多人，2011年的销售收入是4000亿韩元，折合成人民币是22亿元。他们的英语教材市场占有率很高，但还有一个品种，即学习书，值得我们关注。学习书不是教辅，也不是简单地根据课程标准编写出来的图书，而是根据孩子不同年龄段的特点开发的学习书产品。比如亲子方面的学习书，培养孩子的学习习惯，拓宽孩子的学习视野，包括训练孩子掌握好的学习方法。我看到一本数学方面的学习书，用动漫形式表现，里头有故事，也有数学。

所以，我觉得韩国这个少儿出版社的专业化程度比我们高。今后再进一步发展，有教育背景的一些出版机构会在少儿出版领域中占有优势。我们现在正在逐步往这方面靠。教育部颁布了0到6岁儿童发展指南，我们的低幼中心组织所有的编辑考试，掌握指南内容，努力按照发展指南的要求来规划我们的低幼产品。

2012年的产品新亮点不多，畅销热点主要还是根据网游改编的书，比如我们的“植物大战僵尸”，再就是有一些一线畅销书作家的作品，比如杨红樱的新品。我们购买《植物大战僵尸》的形象使用权，购买素材，自己组织团队创作，拥有《植物大战僵尸》的中文版权。渠道方面，大家现在对电商更加重视，并开始投入开发二、三线城市的销售渠道。图书电商渠道还是需要有一定的专业性，而不是简单地把图书当成噱头。一些特种渠道还不足以成为主要的销售渠道，比较成熟的还是电子商务这一块。我们也在尝试新的渠道，如邮局、报刊亭，但读者没有在报刊亭买书的习惯。营销领域也感觉没有什么太大变化，目前大家投入比较多的还是在地面实体店做促销活动，还有作家进校园，或在书店签售，比谁做得实。

开卷的数据显示，2012年前半年少儿图书市场同比增长4.66%，但并没有非常全面地反映少儿出版的情况。比如，当当网少儿频道2012年1—6月同比增长50%以上，而当当网2012年定的少儿图书的销售目标是15亿码洋。按照现有数据统计，少儿图书一年的销售码洋在60亿左右，如果当当网真做到了15亿的话，就相当于整体市场的25%了。而我们社里的数据显示，在当当网的销售增长50%以上。

总体来说，少儿出版在产业链的开发上有了实际行动。如，二十一世纪出版社在上海参股了一家网游公司，安徽少儿社对打通产业链也有实质性的做法，少儿出版人在数字出版上开始了实质性的探索、努力，不是像过去一样停留在概念上。

核心是建设出版能力

对于中少而言，要把正确的事情坚持到底，核心是把出版能力真正建设起来，最重要的是内容创新能力。再一个就是产品销售能力。现在，我们低幼产品的销售渠道有七八条，2012 年低幼图书的发行渠道也不仅仅局限于网络和地面店，邮局也是很重要的一条渠道。2011 年，他们通过大礼包的形式销售低幼图书，码洋近两千万。第三就是管理能力。以岗位和绩效工资为核心，中少社一套新的薪酬和绩效考核制度已经建立。我们现在的工资包括四方面的内容。第一项是基础工资，按照最低生活保障线来确定合同制员工的基础工资，过去事业编制的职工则是把过去的事业单位的基础工资，还有工龄工资等都保留下来作为基础工资。还有就是岗位工资，差别比较大，从一到十二级，每级里还有十二档。第三部分是绩效工资，根据经营情况，一个季度发放一次，不同岗位的绩效工资权重不一样。行政后勤部门的绩效工资比例就比较小，一线部门，如编辑、发行的绩效工资占的权重就会比较大一些，这一块有效益系数，拿多拿少全靠他们自己。最后一块工资就是年终业绩工资。

我们这次工资改革的目标首先是公平，实现内外公平。过去我们的员工分 A、B、C 三类，事业编制的职工跟合同制职工尽管同在一个岗位上，但薪酬待遇差距比较大，这次全部同工同酬，一线的员工，如编辑发行人员，特别是年轻的骨干工资大幅提高了。推进这个方案也没有遇到反对的声音，因为我们没有在存量上做文章，做的是增量，没有一个人收入下降，只是涨多涨少的问题。

2012 年 1—6 月，中少社完成的销售码洋一共是 4.4 亿，全年我估计在八到九个亿，这不包括过去合作出版的教辅的码洋。我们从 2007 年开始减少合作出版，但因为惯性的原因有些书还在继续出，到2012年底，我们会中断、终止所有过去合作出版的教辅，完全是自主出版。当然，不排除在产业链延伸方面会有新的合作。

2012年上半年增长主要还是靠图书拉动，但报刊继续保持了稳定发展的水平，低幼期刊涨幅在10%左右。2012年，我们的重点板块图书在低幼、儿童文学和历史及世界经典图书中引进。中少的历史书板块积累的资源比较多，作者都是名家大家，而且花很长时间来写，现在的人比较浮躁，很难再组织编写出来这样的书稿了。2012年历史书能卖到三四千万码洋，包括《中国通史故事》《世界名人传记》《中华人物故事全书》《中国历史小故事》等。

低幼领域，"植物大战僵尸"已经发到500万册了，估计有7000万以上的码洋，包括曹文轩的"丁丁当当"，引进版的"巴布工程师""开心的米粒茉莉"，也都是畅销书。

儿童文学原创领域，我们2012年已推出23部幻想文学作品。现在，中少准备在动漫板块发力，2013年推出中少的原创动漫书。2012年1月，我们把《中国卡通》并入儿童文学中心，希望基于儿童文学的原创内容来开发漫画书。动漫的经营是产业链经营，动漫杂志的消费特点是小学中高年级学生、初中生自己到报刊亭买，定价一般是5块钱左右，而《中国卡通》过去定价8块。所以第一步，我们把《中国卡通》从原来的8块降到5块钱，价格上更有竞争力。渠道上，我们把《中国卡通》的发行由原来的以校网为主变为以零售为主，更符合卡通杂志的发行规律。两三年内，我们根本不指望这本杂志赚钱，但亏损的背后是市场份额的扩大，品牌影响力的增强，在此基础上靠图书、靠衍生产品赚钱。过去我们玩不起，现在实力强了，我们也可以这么玩。进军动漫图书，有出版社是跟网络游戏合作，有的是高价拿下电视台播出的动画片的版权，但我们的策略是，改版后的《中国卡通》的定位是儿童文学的漫画版或者漫画版的儿童文学，这是一种儿童文学原创资源，提供风格又纯又美的原创漫画故事，没有血腥、暴力和暧昧。

儿童文学在少儿图书市场中占有40%左右的市场份额，但卡通、科普、低幼的市场份额都太小，在11%、12%左右，还有很大的空间。总体来说，2011年少儿图书总印数是3.7亿册左右，平均一个孩子一年一本书。所以，不管从品种构成还是从绝对需求来看，少儿图书市场的空间都还很大。

在销售渠道这块，我们还是会把地面实体店作为重要的渠道对待，同时考虑加大对二、三线城市渠道开发的力度，包括选择重点地方设立分支机构，在当地招聘销售员工。我们现在已经在河南和湖南两个地方试点，目前主要是报刊发行，下一步图书也准备这么做。规模小的时候可能不需要这么做，也养不起这么多人，规模大了就需要这样做了。

三个“毫不动摇”

在数字出版领域，我们首先做的还是内容资源的数字化，这方面我们做得比较扎实，目前已将1951年《中国少年报》创刊以来所有的报纸内容，1956年中国少年儿童出版社建社以来所有的期刊，加上目前有版权、有传播价值的4000种图书内容，全部放在出版资产库里。

在资产库的基础上，自然就形成了中少的数字图书馆，我们向各地的图书馆销售中少数字图书馆，2012年的收入在200万元左右。这还只是B2B的市场，接下来会开发B2C的市场。关键在于，会员数据还没有完全积累起来，否则，B2C市场就可以打开了。下一步，我们在青少年阅读体验大世界会做一个数字体验区，把B2C这块业务逐步做起来。接下来，我们要建设一个少儿数字出版平台。有些少儿报刊出版机构自己独立建设平台会有困难，但是它的资源可以放到我们这上面来，也欢迎其他的少儿出版机构和我们合作开发这个平台。不同渠道不同用户会有不同的定价、不同的产品，我们现在在当当网销售的电子书定价是三块五一本。

总而言之，电子书的定价不会太便宜，一是对纸质出版做适当的保护，再一个是得让内容值钱。在数字出版领域，中少的定位不是简单的内容资源提供商，我们自己做数字出版商，这与跟我们内容服务供应商的定位也是相符的。资源拿在手里自己开发，我们也可以跟别人合作，跟其他品牌合作，如果我们没有技术加工能力，也可以跟别人合作。我们的资质比较全，有全网SP的资质，电信增值服务的资质，包括互联网出版、视频制作的资质。

年中工作总结会议的时候，我们明确了一点，就是，以三个毫不动摇来推动两个转变的实现。所谓三个毫不动摇，就是毫不动摇地做好传统出版，毫不动摇地推进业态转型，毫不动摇地推进产业升级，最终实现由传统出版单位向现代少儿出版传媒集团的转变，实现由现代少儿出版传媒集团向少儿文化产业集团的转变。所以，产业升级肯定也是我们考虑的一个方向。不是所有图书产品都可以做少儿产业链的，第一，内容必须是原创，第二，要有自己的品牌形象。我们2012年已经建立了衍生产品部，主要是低幼产品。当当网的少儿频道在销售中少的多种衍生产品，包括蜡笔、红袋鼠语音智能玩具、叮当狗、儿童靠枕，2012年上半年，我们衍生产品的销售收入有100多万元。与图书相比，衍生品的利润相对高一些。下一步，我们会结合《中国卡通》的发展，做自己的动漫书和动画片。今后，我们会加大衍生产品的开发力度，进入儿童用品、儿童服装、儿童玩具领域。关键是我们现在还没有那么强势，所以，下一步如果进一步要开发衍生产品，动画片是很重要的，要靠它来推广形象。

（原文载于《中华读书报》，2012年9月5日）

从指尖游戏到心灵阅读

“植物大战僵尸”系列图书2012年1月上市以来，累计发行量已超过500万册。从当当网图书五星榜的评论可以看出，这套图书的读者不少是同名网络游戏的爱好者，这意味着至少有数以百万计的小“僵粉”完成了从线上到线下、从游戏到阅读的转变。

游戏是儿童的天性，没有不爱玩的孩子。对于儿童来说，游戏不仅仅是“玩”，更重要的，还是他们学习、成长的方式和途径。在游戏中，儿童发展了语言能力、思维能力和社会认知能力；对于儿童的身体发展、人格发展，游戏也有不可替代的作用。正因为如此，游戏精神成了儿童文学不可或缺的重要元素。缺乏游戏精神的儿童文学，不属于儿童的文学，不可能为儿童所接受。我们所熟知的《长袜子皮皮》《绿野仙踪》等世界级的儿童文学名著，无一不是充满游戏精神的。儿童文学在少儿出版中具有基础性地位，是少儿出版最为重要的门类，关注游戏，善于运用游戏元素，是少儿出版的题中应有之义。

在互联网时代，网络游戏已经成为在少年儿童中受众面最广、影响力最大的娱乐元素。少儿出版关注和运用游戏元素，毫无疑问应当正视网络游戏的存在，把目光更多地投向网络游戏，在网络游戏中开拓少儿出版的新领域。但网络游戏一方面由于其类型多样，内容丰富，参与便捷，给少年儿童提供了极其丰富的娱乐和教育资源；另一方面，由于网络游戏互动性、自主性、虚拟性强，容易使少年儿童沉溺其中，从而影响少年儿童的身心健康。因此，对少年儿童接触网络游戏，成人社会鲜有无保留的支持者，最多是有限度的宽容。尤其是家长、教师，质疑和反对者众多。

少儿图书的消费特点是大人买书给孩子看，哪怕仅仅从商业的角度考虑，家长和教师的接受程度也是少儿出版必须考虑的因素。因此，在出版中关注和运用网络游戏元素，少儿出版人在充分考虑挖掘网络游戏的娱乐和教育内容的同时，还要最大限度地避免负面影响。“植物大战僵尸”系列图书成功地做到了这一点。

有了好的创意，还要有好的执行。“植物大战僵尸”系列图书成功的关键，是请到了高洪波、金波、白冰、葛冰、刘炳钧等国内顶尖的儿童文学作家作为故事的执笔者。这几位作家长期从事儿童文学创作，是中少总社低幼读物的骨干作者，深得读者的喜爱和敬重，在孩子们和家长、教师中具有广泛的号召力。他们的名字，本身就是图书品质的保证。值得称道的是，以网络游戏为题材进行创作，对这几位作家也是前所未有的挑战，甚至是冒险，所幸这几位作家不为名望所累，从熟悉游戏开始，进而调动自己的深厚积累，成功地完成了创作。

富有创意的营销策划是“植物大战僵尸”系列图书成功的另一个关键。在这套书的所有营销策划中，最值得称道的是网络营销。刚和美国宝开公司签下版权引进合同，出版方就开展了声势浩大的网上征文活动，吸引了近千万“僵粉”的眼球，收到来稿2000多篇。征文活动的成功举办，使“植物大战僵尸”系列图书“未见其人，先闻其声”，引起读者强烈的阅读期待，起到了先声夺人的作用，成功地为图书上市做了预热。出版方在当当网上开展的图书预售活动，也吊足了读者的胃口。

最后，不能不提的是出版方与《植物大战僵尸》游戏开发商宝开公司的合作。宝开公司在众多竞争者中选定中少总社，是看中了中少低幼读物产品具有绝对优势的市场占有率、强大的发行渠道和一流的编辑团队。基于信任，宝开公司把《植物大战僵尸》游戏的图书出版权独家授予中少总社，中少总社拥有中文图书的版权。这种信任，使出版方能够放心地调动全部资源来投入到系列图书的出版中去，这也是“植物大战僵尸”系列图书成功的重要原因。

从指尖游戏到心灵阅读是一个艰难的过程，需要把握住若干关键，很庆幸中少总社把握住了这些关键。

（原文载于《出版广角》，2012年11月1日）

产业化发展的光明大道

《幼儿画报》创刊30周年了。刚创刊的时候，《幼儿画报》是季刊，每期有十来篇故事和儿歌，定价二角四分钱。30年过去，当初这朵小小的彩云，竟然发展为蔚为大观的一片灿烂红霞：每月发行量180万册；以《幼儿画报》为基础组建的中少总社低幼读物出版中心，2012年1—9月发行码洋为2.9亿元，其中期刊1.8亿元，图书1.1亿元；形成了涵盖书、报、刊、动画、电子书刊、网站等多种介质的全媒体出版态势；衍生产品开发旗开得胜，2012年1—9月玩具、文具、儿童用品销售收入近600万元。

我深深知道这份收获的难能可贵，灿烂红霞是我的同事们用心血点燃的。低幼读物出版中心的同事们喜欢把自己的中心叫作“中少大低幼”，在他们心中，“中少大低幼”不仅意味着出版规模大，产品覆盖面宽，更意味着低幼读物出版是一项大事业。因为低幼出版是一项大事业，所以他们始终以做功德的敬畏之心来为婴幼儿办刊、出书：以教育部印发的《幼儿园教育指导纲要（试行）》和《3—6岁儿童学习与发展指南》为出版的基本依据；刊物所有选题来自随刊发送的读者调查表；以高洪波、金波、白冰等顶尖儿童文学作家和画家为骨干团队来完成创作；每期刊物和重点图书付印前都要到幼儿园试读；执行到位、赏罚分明的编辑流程管理……

在“中少大低幼”精神的引领下，低幼中心的同事们实现了一个又一个的“不可能”：他们可以在离敲响新年钟声还不到12个小时的时候，追到版权方中国代表的家中，让人既无奈又感动地签下出版合同；“植物大战僵尸”

系列图书从形象授权谈判到第一批12本故事书出版，只用了两个月的时间。类似的事情，在“中少大低幼”几乎成为常态。一个又一个“不可能”的不断实现，铸就了“中少大低幼”的辉煌：2006年组建低幼读物出版中心的当年，中少总社所有低幼读物销售码洋不足7000万元，销售利润仅为几百万元；而2011年这两方面的数字分别是2.7亿元、2800万元。2012年等待“中少大低幼”的，当然是更大的丰收和更大的喜悦。

出版是小行业，文化是大产业，文化产业可以成为一个国家的支柱性产业，世界500强企业中，迄今为止还没有一个出版企业。然而，出版虽然是小行业，在文化产业中却具有基础性的地位，没有出版提供内容和创意基础，文化产业的发展将失去精神引领和内容支撑。这就启示我们，做大做强出版，要走与文化产业相融合的路子。这是出版产业化的必由之路。这条道路的起点是内容创新，没有具有自主知识产权的内容和在内容推广基础上形成的自有品牌，谈论出版的产业化是一件让人很难理解的事情。“中少大低幼”的高速发展，还在于遵循出版产业化的规律，走出了一条以内容创新和品牌建设引领的产业化发展道路。

原创内容在“中少大低幼”产品群中居于绝对主导地位。《幼儿画报》《婴儿画报》《嘟嘟熊画报》《中国儿童画报》的所有内容都是原创的。在期刊积累的大量原创内容的基础上，“中少大低幼”近5年来陆续开发了“红袋鼠”“乐悠悠”“嘟嘟熊”等系列原创图书。2012年畅销的“植物大战僵尸”系列图书，虽然穿了件洋马甲，但就其内容而言，是原汁原味的国产货，其中文版权也为中少总社所拥有，是地地道道的“洋为中用”。

好的内容要有好的传播方式，“中少大低幼”精研婴幼儿的信息接受方式，悉心打造了“红袋鼠”“火帽子”“跳跳蛙”“乐乐”“悠悠”“嘟嘟熊”“草莓兔”“叮当狗”“呼噜猪”等系列形象。这些形象深受婴幼儿的喜爱，已经融入他们的生活，成为他们的伙伴，随着出版物发行量的不断增长，自然而然地成为“中少大低幼”的品牌形象。出版做到这一步，产业化就成了水到渠成的事情，不做都不行，因为你不做，别人找上门来谈合作。“中少大低幼”近几年来陆续开发了动画、语音智能玩具、点读笔、文具、电子书等产品，已经初步形成一条较为完整的出版产业链。也许在两三年内，还可以看到“中少大低幼”的室内主题公园。

从一朵彩云到一片红霞，中少总社低幼读物出版中心在“大低幼”精神的引领下，走上了一条产业化发展的光明大道，我相信她的明天将彩霞满天。

（原文载于《中国新闻出版报》，2012 年 11 月 14 日）

传统出版会不会边缘化

当数字阅读已经成为新的阅读方式，我们所熟悉的阅读正在发生革命性的变化，无论你是否喜欢，数字出版都会到来。在数字出版潮流冲击下，传统出版不会边缘化，这是值得出版人深思的问题。

出版的核心价值在于编辑，编辑的实质是对有价值的信息发现、整理、制作和传播。在精神产品制作当中，它不是简单的复制出版过程，而是需要编辑人员主导的专业化的劳动。编辑人员的作用不仅仅是对稿件写作过程提出建议，对稿件后期的制作，更代表一种读者。编辑可以直接为作者确定选题，也可以为作者策划选题。

好书由作者和编辑共同完成，中国编辑职业和中国学术文化一样源远流长。数字出版创造新的传播介质和传播渠道，但是数字出版并不排斥编辑，相反，信息越是海量越是需要对信息进行选择和整理、加工，越是需要对信息进行编辑。对特定受众群体提供管家式的服务，恰恰是出版社作为传统出版单位的作用所在；在信息方面的品牌影响力和公信力，也是出版社避免在数字出版和数字阅读大趋势下被边缘化的自信源泉，之所以有这样的自信，也来源于我们对自身优势的发现。

首先，作为出版社，要把提升内容创新能力，加强原创出版放在首要位置。国内出版和国外出版最大的差距在于内容创新不足，原创出版不强。数字出版最终还是要建立在内容的基础上，没有好的内容，传统出版谈不上，数字出版同样如此。虽然近几年原创作品出版有很大加强，但出版结构不完全合理的状况依然存在。同时，出版社对教辅出版依赖过度，精品力作不强，但数字出版的最大问题还是内容，因此，不能拿教辅填补数字出版的空缺，也不能拿老祖宗留下来的作品做数字出版，更不能引进国外作品做数字出版，出版社要想做数字出版，必须要把内容做好，使优质内容得到更广泛的出版。

第二，要发展数字出版，实现业态转型。数字出版就是数字技术、互联网技术等一些新技术在出版各个环节当中的应用。所以，对于出版社来说，新技术的出现并不是对出版社的末日宣判，而是提供新的机遇，关键在于我们有没有驾驭新技术的自觉性和能力。

出版社需要在数字出版中定位，把握话语权，要和技术供应商、网络运营商合作，在合作当中定位。在这个过程中做数字出版内容提供商，而不是简单地定位数字出版，也不是廉价资源供应商。从队伍建设到出版资源库的建立，从产品开始到资源投入要有系统的规划，要有清晰的商业模式，根据市场需求开发产品。

第三，我们要构建服务体系，完成从提供产品到提供服务的转变。身处信息时代，海量的信息让人不得不忍受信息污染的烦恼。面对极大丰富的供给，出版社仅仅把书生产出来交给书店是不够的，我们要有信息管辖的意识，为受众量身打造出版物。美国《华尔街日报》网络版在20世纪90年代刚问世时就收费运行了，发行量超过纸质媒体，包括实时股票的服务，还扩展到各个专家定制服务；《纽约时报》2012年发行收入达23亿美元，初次超过广告收入。“网络版在发行提供内容的同时，造成受众对媒体深度的依赖”，我非常赞成这个观点。我们如果想造成用户对媒体依赖，仅提供内容取得的成效永远是有限的，今天的传播机构要深入思考自身服务体系建设，这关系到市场空间的深度开辟。因此，我们需要通过构建服务体系来实现传统出版机构对市场的开拓。

（原文载于《文化月刊》，2013年2月25日）

少儿出版文化使命的实现路径

“走出去”是近几年来我国出版界的一个热词。不过，在世界出版强国的出版人的字典里，似乎没有这个词，在他们看来，出版走出国门是不言而喻的。如果就这个话题与他们交流，我们得到的回答很可能是这样的：“难道还有不走出去的出版吗？”

2013年3月下旬，在第50届博洛尼亚儿童书展英国DK出版公司（以下简称DK）的展位上，我们看到了这样的场景：该公司的版权经理拿着列入2014年出版规划的样书，热情周到又不失矜持地向接踵而来的客户介绍内容、封面、开本、版式，最后，十分谦虚友好地询问：“你会购买这本书的版权吗？”如果得到的回答多数是否定的，这名版权经理说，这个选题十有八九会被否决。DK公司成立于1974年，1982年才自己出书，短短三四十年已经发展为世界知名出版公司，坚持为国际市场出版图书是其成功的重要秘诀。DK公司的出版理念是：把每一本书卖给十个以上的国家。为此，他们坚持选题开发，注重全球市场调研，坚持所做图书的内容对世界各地具有普适性，坚持与世界一流的出版机构合作，甚至坚持把美国作为图书的首发市场。DK公司用自己的出版实践告诉我们，以世界为市场原本是出版的题中应有之义。

其实，何止是DK公司，欧美哪一家有实力的出版社不把版权输出作为最重要的一项经营内容呢？问世80余年依然畅销全球的《丁丁历险记》是比利时卡斯特曼出版社的产品，据不完全统计，全球已有77种语言出版《丁丁历险记》。卡斯特曼的版权经理这样说道：“《丁丁历险记》有些语种的版权卖到了多个国家和地区，所以版权输出以语种来统计。”由于中国少年儿童新闻出版总社引进了《丁丁历险记》，卡斯特曼出版社的CEO与我多次见面，每一次都是斤斤计较地谈生意，从未听他提到过“使命”之类的宏大叙述。但我看到，《丁丁历险记》正是在一次又一次出版生意的成交中，实实在在地成为全球知晓的比利时国家文化符号。

说了这些，是想说明一点，“走出去”本来就是出版的一部分，它的具体实现形式，就是国际出版市场中的完成的每一笔交易。不错，出版“走出去”是提升我国文化软实力、增强中华文化国际竞争力的必然要求，是时代赋予当下中国出版人的文化使命，是一件很可以让人自豪的事情。但是，“走出去”真正落实到微观层面，落实到出版企业的时候，却实实在在地成了生意。一般的生意经可能会是这样的：先是通过国际书展等平台输出版权；版权输出达到一定规模，就要在版权的主要输出地设立办事处；版权输出的生意再做大了，就要考虑在主要市场所在地寻找战略合作伙伴或者以并购、建立分社等方式设立出版机构。生意若做到这种程度，“走出去”就成了现实，我国文化软实力自然就得到了提升，中华文化的国际影响力自然就得到了增强，中国出版人的文化使命自然也就得以实现。

说起来让人有些不甘，一个很文化的目标要用很商业的手段来实现。但是没有办法，文化使命真的要靠市场行为来完成。出版“走出去”的核心是内容的国际传播，实施这种传播的主体只能是内容的生产者即出版企业，进行这种传播的主要渠道只能是国际出版市场，实现这种传播的主要方式是一个个合同的签订。离开出版企业、国际出版市场和具体的出版交易行为，真不知道还有什么办法能够实现“走出去”，完成“文化使命”的宏愿，大概也只能停留在口头上了。

“走出去”是文化使命，但要符合出版规律、文化传播规律和市场经济规律。其实用不着总把“软实力”“文化使命”这些大词挂在嘴边，只要像DK、卡斯特曼那样，认认真真地把每一本书做好，千方百计地把好书的版权卖出去就可以了。如果有朝一日中国少儿出版也有像《丁丁历险记》那样用几十种文字出版的作品，也像DK那样每一本书的版权卖给十个以上国家，少儿出版对提升中国文化软实力的贡献，自然就“桃李不言，下自成蹊”，实至名归了。“喊破嗓子不如甩开膀子”，让中国童书“走出去”，少儿出版人要按规律办事，善于把“文化使命”转化为具体的出版实践和市场行为，使童书“走出去”回归到出版上来。

不过，说来容易做起来难，中国童书“走出去”回归出版，有许多事情要做，有很长的路要走。

第一件事情是要扩大对出版内涵的理解，完成由“卖产品”到“卖品牌和版权”的观念转变。出版是内容产业，出版企业应当把内容价值最大化作为自己的经营目标，不仅应当卖产品，还应当卖品牌和知识产权，开发衍生产品。出版物发行、版权输出、品牌授权、衍生产品开发等，都应当包括在出版社经营的范畴内。

发达国家的出版社，特别是大社、强社在这方面的意识很强，版权输出是他们商业模式中不可或缺的组成部分，历来是他们收入的重要来源。反观我国的少儿出版，我们一直以为出版就是“做书”和“卖书”，基本还处于产品经营阶段，出版物发行收入几乎是唯一的收入来源。要想做大做强少儿出版，在世界少儿出版格局中占有一席之地，仅靠在国内市场卖产品是不够的，还要学会在国际市场上卖版权。我们要像 DK 那样，着眼于国际和国内两个市场策划选题，开发产品，建立版权输出的常备书目和工作计划，使版权输出成为我们的日常工作，逐步完成由卖书到卖品牌和产权的转变。

第二件事情是加强原创出版，为版权输出打好基础。版权输出是原创出版发展的必然结果，国际市场是国内市场的自然延伸，不能孤立地强调版权输出和国际市场。增强内容创新能力，加强原创出版，是版权输出的前提和基础。原创出版受到少儿出版界的重视，但总体上看，品牌作家和品牌作品还不多。同时，没有自主品牌和版权的教辅及引进版图书在我国少儿出版中仍占很大比重。版权资源积累不足，是制约我国少儿出版“走出去”的最大瓶颈。应当从源头抓起，进一步调整、优化少儿出版的品种结构，真正把原创图书作为出版重点，以夯实“走出去”的版权基础。中少总社从酝酿“走出去”到 2013 年 3 月独立组团参加博洛尼亚书展，历时 5 年，其间所做的主要工作是调整图书出版结构，以儿童文学和低幼图书为重点，加强原创图书出版。截至 2012 年底，中少总社一共出版原创低幼图书、儿童文学图书近千种，初步具备了“走出去”的版权基础。这次博洛尼亚书展，虽然中少总社输出版权 57 种，但是仍然深感版权资源不足，特别是国际市场看好的儿童文学、图画书、漫画书、功能性婴幼儿图书等，我们拿得出手的产品不多。为此，中少总社决定建立出版基金，加大对图画书等长线产品的开发力度。

第三件事情是以国际书展为平台，搭建版权输出通道。中国童书“走出去”还处于探索和起步阶段，在今后五到十年内，版权输出将是“走出去”的主要形式。国际书展是世界各国出版商展示、营销出版物的主要平台，特别是博洛尼亚书展，作为最大的儿童国际书展，是全世界儿童读物一年一度的盛大节日，2013 年有 75 个国家或地区的 1200 多家参展商参加。参展商中不仅有出版社、版权代理商，还有作家、画家、印刷商、技术供应商等，几乎所有的少儿出版资源都汇聚于此。遗憾的是，中国少儿出版对博洛尼亚国际童书展的参与度很低，几乎不设展位，以洽谈引进版权为主。第 50 届博洛尼亚国际童书展中少总社独立参展，竟然被称作“破冰之旅”。我们应当深度参与博洛尼亚国际童书展，利用国际少儿出版各路豪杰风云际会之机，展示中国少儿出版形象，营销中国童书，以此为平台，搭建起版权输出的通道。中少总社从 2013 年起，将每年在博洛尼亚书展独立设展。为此，我们将在产品开发、机构设置、人员配备等方面进行一系列的调整。我们希望，在积极参与国际出版市场竞争的同时，从整体上提高自身的出版能力和出版水平。

让童书“走出去”回归出版，按出版规律把该做的事情一件一件做到位，中国少儿出版就一定能像中国经济推动世界经济发展那样，成为推动世界少儿出版前行的重要力量。

（原文载于《出版广角》，2013 年 6 月 1 日）

植根于中国文学的沃土

《儿童文学》创刊已经50周年了。50年是一段不算短的时光，当年的小读者，现在大多已成花甲老人；当年散发油墨清香的创刊号，现在纸页已经发黄；当年参与创刊的叶圣陶、谢冰心、严文井、张天翼、金近等前辈作家已驾鹤西去，留下了他们不朽的名字和作品陪伴我们。回首《儿童文学》50年的历史，有说不尽的故事，道不尽的怀念。

半个世纪的岁月可以使儿童成为老者，可以使一本新刊墨香散尽，但《儿童文学》经历了半个世纪的时光雕刻之后，却变得更加容光焕发，更加年轻时尚，更加生机勃勃了。

《儿童文学》在创刊后的前几年中，是不定期出版的丛刊，从1963年10月创刊到1966上半年因“文化大革命”爆发而被迫停刊，两年半的时间里，只出版了10期。而现在，《儿童文学》已经成为名副其实的我国原创儿童文学作品生产基地。当年不定期出版的丛刊，已经成为定期出版的旬刊，每月发行量超过100万册；当年的杂志编辑部，已经升格为中少总社儿童文学中心，不仅出版杂志，而且出版图书。2012年，儿童文学中心出版新书66种，再版图书88种，新书再版率100%。若按品种计算，儿童文学中心图书单品种平均销量超过5万册。时下少儿图书出版参与过度，选题过剩，单品种销量下降，儿童文学中心原创图书的强势崛起，不能不说是一个奇迹。

2012年3月，《中国卡通》杂志并入儿童文学中心，同年10月全新改版，成为《儿童文学》杂志的漫画版。此举表明，中少总社将依托儿童文学原创图书，以丰厚的内容资源为基础，打造原创动漫产业链。目前，改版后的《中国卡通》月发行量已由原来的10多万册跃升至40余万册；根据幻想小说《萝玲的魔力》创编的同名漫画书一个月内加印到6万册。我们完全可以期待，儿童文学中心丰厚的内容资源，将衍生成更多的文化产品，《儿童文学》将完成产品生产向产业经营的华丽转身。

50年过去，《儿童文学》从一本杂志发展成为儿童文学原创作品生产基地，从一棵树苗衍生成了一片森林，这期间有许多经验值得总结。我从出版人的角度看，有这样几点弥足珍贵。

一是始终高举纯文学的旗帜。到底什么是纯正的儿童文学，我不敢妄下判断。不过，有一点我敢肯定：关于儿童文学本质和功能的认识，恐怕可以回到儿童文学起源、发展的历史中寻找参考答案。无论是在外国还是在中国，儿童文学作为文学的一个独立分支出现，都与启蒙运动和社会变革紧密相连，离开了儿童作为独立群体而不是成人附庸这个发现，离开了现代儿童观，离开了一个国家和民族对自己未来的美好期盼，就不会有儿童文学的出现和发展。在19世纪末中国儿童文学刚刚萌芽的时候，我们就听到了梁启超的呼吁："欲新一国之民，不可不新一国之小说"；在叶圣陶开中国童话创作之先河的《稻草人》中，我们也不难看到20世纪20年代，儿童在黑暗现实中深感自身弱小的无助与无奈。儿童文学出现与发展的历史表明，真正意义上的儿童文学总是要对儿童成长和社会进步有些担当的，总是要为儿童精神世界的发育提供一些认识和审美上的帮助的。

《儿童文学》的发展，在于她坚守了这份担当。20世纪90年代初，纯文学面临商业化的严峻挑战，《儿童文学》月发行量也从57万份锐减到6万份。以徐德霞为主编的《儿童文学》编辑部在那个艰难时刻选择了坚守。关于读者定位，他们坚信，《儿童文学》是办给爱读书的孩子看的。靠什么吸引这部分读者？他们坚信，《儿童文学》的最大优势就是纯文学、纯艺术，要坚持高品位、高格调、高质量。在喧嚣的商业化浪潮面前，徐德霞和她的团队保持了清醒和自信。因为有了这份坚守，《儿童文学》一路走来凯歌高奏，从月刊变为旬刊，从杂志扩展为儿童文学原创作品生产基地。

二是在开放中创新发展。文学来源于生活，没有一成不变的生活，也不会有一成不变的纯文学。改革开放30多年来，我国社会生活发生了翻天覆地的变化。在我看来，有这样几点变化对儿童文学的发展十分重要。首先是儿童群体自身的变化。市场经济是对人的解放，随着市场经济的发展，对人的束缚不断被打破，人的自立性和自主意识不断增强。与此相适应，儿童的权利和尊严受到进一步的尊重，童年的独立价值被进一步认可，现代儿童观得以进一步确立，儿童的独立性和自主性进一步增强，儿童对社会生活的参与度进一步提高。在这种背景下，“儿童本位”已经成为儿童文学的主流价值观。其次是信息社会的到来。信息技术的广泛运用和信息产业的不断发展，使信息社会已经成为我国不可逆转的发展进程。在这一进程中，除非受到成人管束，儿童分享信息的机会与成人是平等的。事实上，对于初中以上的少年，在接触信息方面，成人对他们的管束往往是徒劳的，成人由于信息占有优势而拥有的话语权受到极大挑战，平等对话成为儿童对作家和作品的内在要求。第三，随着对外开放的不断深入，国外优秀儿童文学作品被大量引进，不仅在创作理念、创作题材、创作手法和文本样式等方面对作家创作产生了重大影响，而且对儿童的阅读品味、阅读兴趣和欣赏水平产生了重大影响。第四，数字出版的出现，使儿童的阅读方式和阅读习惯发生了变化，以碎片化、娱乐性为主要特点的“轻阅读”在儿童中占有很大市场份额。

在高举纯文学旗帜的同时，《儿童文学》以开放的胸襟应对变化，坚守而不僵化，与时俱进而不故步自封，遵循文学和出版产业的发展规律，拓展了出版范围。在这一大家族中，既有《儿童文学》杂志的“经典”版，也有“选粹”和“时尚”版；既有以成熟作家为主、凸显纯文学风格的“金牌作家书系”，也有以青年作家为主、适合儿童“轻阅读”需求的“淘·乐·酷书系”，还有为少年作者量身打造的“阳光书吧”；既有现实主义题材的作品，也有幻想题材的作品；既有适合经典阅读的文字书，也有适合“读图时代”的漫画书。在一次又一次的创新中，《儿童文学》不断地发展着自己，始终引领着儿童文学的潮流。

三是在与作者、读者的交流互动中保持活力。一本好的刊物不会是编辑部关门办刊的产物，必定是各种出版资源优化配置的结果。其中，作者和读者是最重要的资源，经营好作者、读者两种资源，比在办公室里做好案头编辑工作更为重要。作者是原创儿童文学的播种者，读者是原创儿童文学生长的土壤，只有悉心耕耘，才能培育出欣欣向荣的原创儿童文学之林。

在作者队伍建设上，《儿童文学》不遗余力，他们坚持在稿件面前人人平等。对于来稿，无论作者是已经成名的大作家，还是初出茅庐的业余作者，编辑一律以稿件的内容和艺术品质作为取舍标准。《儿童文学》十分注重发现文学新人。对于有潜质的新人新作，编辑指导作者反复打磨修改，力求精益求精。《萝玲的魔力》是编辑在大量的投稿中发现的，作者陈柳环在此之前从未发表过任何作品。经过多次修改，《萝玲的魔力》一炮打响，到 2013 年 3 月，同名系列图书销量已超过 200 万册。《儿童文学》先后举办了 3 期青年作家讲习班，两期短训班，还定期组织评选“十大青年金作家”。《儿童文学》还十分注重培养小作家，在中国少年儿童报刊工作者协会中建立了小作家分会，组织他们开展活动，在刊物上为他们发表作品开设栏目。几十年如一日，《儿童文学》团结和打造了一个多达 500 余人、“老中青少”四代同堂的作家作者集群。

在读者群的维护上，《儿童文学》匠心独运，除了在刊物上开设与读者互动的“读编往来”“三地书”“你来我往”等栏目外，他们还在百度网上组建了“儿童文学吧”。在这个虚拟世界里，《儿童文学》的读者交流读书体会，相互推荐图书，对杂志评头品足，也不时“拍砖”。截至 2013 年 3 月中旬，“儿童文学吧”发帖数已超过 65 万篇。所有编辑都会羡慕这样一种与读者交流互动的机制，有了这种机制，《儿童文学》人气想不旺盛都难。

《儿童文学》创刊已经 50 周年了，几代编辑和出版人坚守纯文学理念，在开放中创新发展，使《儿童文学》从一本杂志发展成为原创儿童文学作品生产基地。但《儿童文学》的发展成果并不仅仅属于编辑和出版人，没有几代作家和读者的倾力扶持，无从成就《儿童文学》今天的辉煌。从这个意义上说，《儿童文学》属于所有为她写作的作家，属于一代又一代精心呵护她的读者。所以在《儿童文学》创刊 50 周年之际，我们编辑出版了“儿童文学·头条”这套丛书，将 50 年来的最精华之作结集出版，以飨读者。

在这篇文章即将付梓之际，《儿童文学》编辑部除了做好日常出版工作外，还紧锣密鼓地投入到了改版工程中。经北京市新闻出版局批准，从 2014 年起，《儿童文学》将从旬刊改为周刊。改版后的《儿童文学》，定位将更加精准，内容会更加精彩，形态也将更符合小读者的审美口味和阅读需求。创刊50周年是大庆的日子，但《儿童文学》的编辑团队没有沉湎于过去的辉煌，而是以更加决绝的姿态去开创未来。

让我们一起祝福这本刊物吧：永远把读者放在心上、深深植根于中国文学沃土的《儿童文学》，将永远枝繁叶茂，生机勃勃！

（“儿童文学·头条”丛书序言，2013年8月）

突破瓶颈，实现少儿出版的新发展

少儿出版正酝酿着新的突破。从 2004 年到 2011 年，少儿图书零售市场保持两位数的增长，成为拉动图书整体零售市场的重要力量，少儿图书在整体零售市场的份额也从 2003 年的不到 10% 跃升至 2012 年的 15.29%。但 2012 年以来，少儿出版高歌猛进的势头似乎出现了停顿，开卷发布的少儿图书零售市场增长率由 2011 年的 11.63% 跌至 4.71%。

怎样看待这一现象？有人认为少儿出版出现了拐点，将从此进入一个徘徊期。我认为，正确看待这一现象，至少要弄清以下几个问题。

第一，4.71% 的增长率是否全面反映了 2012 年少儿图书增长的真实情况？ 2012 年当当网少儿图书销售码洋比 2011 年增长了近 6 亿元，增幅超过 50%。因此，4.7% 的增长只反映了实体店的情况，并不能全面反映 2012 年少儿图书的总体增长情况。

第二，拉动实体店少儿图书销售持续增长的原因是什么？据原新闻出版总署的选题分析报告，2013 年 515 家出版社共上报少儿图书选题 47000 多种，其中 31 家专业少儿社上报的选题不到 10000 种，仅占 19%。另一个数据是，在少儿图书零售市场上，专业少儿社所占市场份额仅为 28% 左右。这说明，非专业少儿社的普遍加入，是拉动少儿图书零售市场持续增长的不可忽视的关键因素。

第三，推动少儿图书市场稳定增长的根本动力是什么？少儿阅读需求是少儿出版存在的基础，少儿阅读需求的不断增长，是少儿出版稳定增长的根本动力。我国少儿人均拥有图书城乡之间、地区之间存在着巨大差距，与出版强国、阅读大国存在着巨大差距。这说明，我国少儿阅读需求从总体上看，远未得到满足。

弄清以上事实后，我们可以得出以下结论：1. 电子商务的兴起使少儿图书的市场格局发生了革命性的变化，实体书店在竞争中处于不利地位，需要减负、输血，同时，更需要自救即实现自身的转型升级。2. 少儿出版 10 年高歌猛进，在很大程度上是出版全行业参与竞争的结果。换句话说，是出版资源的大量投入换来的，实质上是一种粗放型的增长。3. 我国少儿阅读需求远未得到满足的状况，将为少儿出版的持续发展提供长期动力，是少儿图书市场继续保持稳定性、成长性的根本保证。

基于以上判断，少儿出版在面临发展瓶颈的同时，也正酝酿着新的突破和发展。新一轮的发展，应当是以内容为基础，以创新为动力，以秩序为保障的集约型发展。应当把内容生产放在少儿出版的核心位置，特别注重原创图书出版，选题宁愿少些，但要好些，讲求单品种效益；应当加大出版与新技术融合的力度，尽早实现以数字技术、互联网技术引领的业态转型和产业升级；应当遏制花样翻新愈演愈烈的图书价格战，坚决打击盗版市场，创造图书供应商与经销商、电商与实体店公平竞争、和谐共生的出版产业环境。

（原文载于《中国出版传媒商报》，2013 年 8 月 27 日）

时空压缩背景下中国少儿出版的困境与突破

“时空压缩”是20世纪80年代末，美国著名的全球化和现代化研究代表人物戴维·哈维（David Harvey）在《后现代的状况》[①]一书中提出的一个概念。哈维这部著作的副标题是“对文化变迁之缘起的探究”，他认为空间和时间是人类存在的基本范畴，有其客观性，但时间和空间的概念是通过社会生活再生产的物质实践活动与过程创造出来的，其客观品质和意义也必然随着社会再生产物质实践过程的变化而变化。资本主义生产方式的出现，使社会生活步伐加快，我们花费在跨越空间上的时间急剧缩短，同时又克服了空间上的障碍，世界成为一个“地球村”。因此，时间和空间的客观品质发生了革命性的变化，人们对时间和空间的体验也发生了变化，感受到了在时空方面面临的各种挑战和焦虑，并由此产生了一系列社会矛盾和问题。“时空压缩”就是指时间和空间的客观品质发生革命性的变化以及人们被迫适应这种变化的过程。这是现代主义和后现代主义兴起的缘起。

哈维分析的对象是西方发达国家，我们不能简单地套用他的观点，但他从时空压缩的角度分析社会生活变迁的方法，对我们认识当下中国和当下中国的少儿出版很有借鉴意义。

改革开放以来，我国用30多年的时间，走过了西方发达国家用近300年时间经历的蒸汽技术革命、电力技术革命、电子技术革命和信息技术革命四次技术革命的历程；人均GDP从1978年不足200美元到了2012年的6100

① 商务印书馆，2003年版。

美元，而欧美主要发达国家实现相应的过程则经过了大约 150 年。这 30 多年的发展，把西方发达国家在不同时间和空间内经历的现代化历程都压缩在当下中国这样一个时空中，由此也带来了时空压缩的双重效应：一方面，中国实现了跨越式的发展，一跃成为世界第二大经济体，离全面建成小康社会和达到中等发达国家水平的目标越来越近；另一方面，欧美发达国家在近 300 年的现代化历程中不同阶段产生、不断解决的一些问题，在我国也都集中到了同一时空当中。“发展成就巨大，机遇前所未有”“发展问题严峻，挑战前所未有”，当下中国不得不面对时空压缩带来的双重效应，这是中国改革开放 30 多年后出现的阶段性发展特征。

中国少儿出版的发展，是伴随着中国现代化的进程展开的，同样面临着时空压缩带来的双重效应。

中国少儿出版萌芽于 19 世纪末 20 世纪初的中国资产阶级改良运动。改良运动的启蒙思想家梁启超认为：“欲新一国之民，不可不新一国之小说。”他创办了《新小说》杂志，还创作发表了儿童诗歌。少儿出版在中国作为一个独立的出版门类出现，则是 1919 年五四运动以后的事。现代儿童观的倡导和儿童文学作为文学独立分支的出现，为少儿出版的诞生准备了条件。1922 年，叶圣陶发表了中国的第一篇童话《稻草人》。此后，商务印书馆的《儿童世界》《儿童画报》，中华书局的《小朋友》《小朋友画报》，开明书店的《开明少年》《中学生》等儿童报刊陆续出现了。一般认为，英国出版家纽伯瑞是第一个从事少儿出版的人，1744 年，他编写并出版了世界上第一本专门的儿童书《美丽小书》，开办了世界上第一家儿童读物印刷厂、第一家专门的儿童书店。以此推论，中国少儿出版的出现比西方发达国家至少晚了 150 年。

中国少儿出版不仅起步晚，而且在很长时间里发展缓慢。1950 年全国出版的少儿读物仅有 466 种，总印数 573 万余册，而当时全国 6—15 岁的少年儿童有 1 亿多人，平均 17 个少年儿童读者才有 1 册少儿读物。

新中国成立后，党和政府系统规划少儿出版，为少儿出版的发展奠定了基础。1951 年 11 月，《中国少年报》在北京创刊；1952 年 12 月，少年儿童出版社在上海成立；1956 年，中国少年儿童出版社在北京成立。从此，中国少儿出版作为一个专业出版门类迎来了第一个稳定发展时期。从 1949 年 10

月到 1965 年 12 月，将近 17 年间，全国共出版少年儿童读物 19671 种，其中新版 10723 种，总印数 6.71 亿册，总印张 10.48 亿。这个时期，还涌现出一批深受少年儿童读者欢迎的优秀儿童读物和作家。张天翼的《罗文应的故事》《宝葫芦的秘密》，徐光耀的《小兵张嘎》，华山、刘继卤的《鸡毛信》，秦兆阳的《小燕子万里飞行记》，贺宜的《小公鸡历险记》，洪汛涛的《神笔马良》，孙幼军的《小布头奇遇记》等都是这个时期的代表作家和代表作品。

但是很可惜，这一发展进程由于“文化大革命”的爆发而被中断。从 1966 年到“文化大革命”结束的 1976 年，10 年中全国共计出版少儿读物 4591 种，总印数 17.42 亿册。这些少儿读物大多是“红小兵”读物，极端政治化和单一化。这 10 年，少儿出版处于瘫痪状态。

1978 年以来，中国在改革开放的历史进程中实现了跨越式发展。同整个国家一样，中国少儿出版也完成了自身的体制改革，在改革中实现了跨越式发展，使中国在 30 多年的时间里发展成为世界少儿出版大国。

2010 年 1 月 15 日，《光明日报》发布消息称，我国已当之无愧地进入世界出版大国。报道公布了一组来自新闻出版总署的数据：到 2009 年底，我国日报年出版总量达到 440 亿份，连续 9 年居世界首位；图书出版品种 27.57 万种，销售额 1456 亿元，仅次于美国；包括印刷复制业和数字出版在内，我国新闻出版业总产值突破 1 万亿元。2010 年 8 月，新闻出版总署副署长蒋建国在一次新闻发布会上再次确认，无论生产规模和总量都表明，我国已成为名副其实的出版大国。

少儿出版是我国出版行业中成长性最好、稳定性最强的门类，无论是品种还是在图书零售市场上的份额，增长率都高于其他门类。根据开卷公司的监测数据，2003 年以来，少儿图书市场零售额增幅持续高于图书零售市场的平均增幅，成为拉动图书零售市场增长的主要力量；全国少儿图书选题 2010 年为 36417 种，2013 年达到 47258 种，3 年间增加 1 万种以上。联系我国已进入世界出版大国的事实和少儿出版在我国出版业的表现，同样可以确认，我国已进入世界少儿出版大国的行列。

西方发达国家少儿出版迄今已有 200 多年时间，我国还不到 100 年时间，而真正实现稳定发展、进入世界少儿出版大国的时间，只用了短短的 30 年。

我国少儿出版在30年中实现跨越式发展有其必然性。首先，改革开放后，党和政府对少儿出版给予了前所未有的重视，邓小平、江泽民、胡锦涛等党和国家领导人多次批示或题词，对发展少儿出版提出要求；党的十六大后，进一步明确了文化建设在国家发展中的战略地位，启动了文化体制改革，出台了扶持文化产业发展的多项政策；政府主管部门专门对少儿出版进行规划。这些，为少儿出版的发展提供了强大的政府支持和良好的政策环境。其次，少年儿童日益增长的阅读需求为少儿出版的发展提供了广阔的市场，是少儿出版实现跨越式发展的又一个重要原因。我国少儿出版有世界上任何国家不可比拟的巨大读者群，目前0—18岁的未成年人有3.67亿。随着生活和教育水平的提高，他们的阅读需求也不断被释放，成为驱动少儿出版发展的不竭动力。最后，出版业的自身改革是少儿出版发展的内在动力。30年来少儿出版实现跨越式发展的过程，也是出版业适应市场经济的发展，不断改革的过程。30年间，少儿出版在体制改革方面，经历了恢复重建、"事业单位企业化管理""转企改制"这样几个阶段，最终确立了市场主体地位。改革的不断推进，使少儿出版生产力不断被解放出来，为少儿出版的发展提供了强大的内在动力。

但是，我们也要看到，少儿出版在实现跨越式发展的同时，也显现出了在"时空压缩"背景下难以避免的负面症候。

一是竞争无序，出版资源开发过度。我国少儿出版几乎是全行业参与竞争的领域。2013年全国581家出版社中，有515家向政府主管部门报送了少儿图书选题，市场参与度高达88.64%。全行业参与竞争的结果，在提高少儿出版行业地位，推动少儿出版增长的同时，也导致竞争激化和对出版资源的过度开发。比如，竞相出版畅销书作家的作品，甚至出现一个作家的作品有几十家出版社出版的怪事；跟风出版甚至是重复出版，同质化图书充斥市场；不计成本地提高版税，争夺作家和版权资源，等等。这种由于过度参与导致的无序竞争，扭曲了出版各个利益链条的关系，恶化了出版的生态环境。

二是原创乏力，对教材辅助图书和引进国外版权过度依赖。教材辅助图书不同于学习书，是在中国应试教育体制下特有的出版物。这类图书大多与课程同步，以巩固和强化课堂知识，提高应试技巧为目的。在很长时间里，这类图书是多数少儿出版社的主要产品。2000 年，教材辅助图书与少儿大众图书的比例，甚至达到了 9 : 1。近几年教材辅助图书在少儿图书出版结构中的比例逐年下降，现在已经接近 5 : 5。下降的原因有可能是非专业少儿出版社参与竞争的结果，对于许多少儿出版社，教材辅助读物仍然是主要产品。从国外引进版权是一些少儿出版社赖以生存的另一个基础，有的少儿出版社甚至所有图书选题都来自引进版权。

三是供需脱节，出版大国面临阅读尴尬。2011 年 4 月 11 日《人民日报》报道，我国在成为世界第一出版大国的同时，面临阅读尴尬。2009 年，扣除教材、教辅图书外，我国人均图书消费量为 5.6 册，而 1990 年这一数字为 5.2 册。类似尴尬在少儿出版中同样存在。我国少儿图书除教材、教辅图书外，近几年每年销售额不到 60 亿元，按每册图书平均定价 15 元这一数值保守计算，3.67 亿未成年人人均不到 1.1 本。从少儿出版的角度看，造成这种尴尬的原因在于供需脱节。从供给看，出版社盲目出版、跟风出版、重复出版，使得大量图书脱离读者的阅读需求，根本卖不出去；从销售看，实体书店萎缩，网络书店又难以覆盖原有读者群，连接供给和需求的渠道并不通畅；从市场终端看，阅读服务缺失，使得读者在茫茫书海中不知所措，选书、购书困难。

四是转型缓慢，商业模式陈旧单一。数字出版虽然已经倡导多年，但少儿出版社普遍处于探索阶段，缺乏成熟可靠的商业模式和盈利模式。产业升级这两年正在成为少儿出版的新热点，但缺乏原创内容和自有品牌的支持，缺乏力度足够的知识产权保护，在短期内难以形成气候，见到成效。就现状而言，我国少儿出版总体上还处于“卖书”即产品经营阶段，商业模式陈旧单一。

由于这些问题的存在，在经过 30 年跨越式发展后，少儿出版有可能将很快面临传统出版增速放缓、业态转型推进缓慢、产业升级远水难解近渴的发展瓶颈。据开卷公司提供的数据，2012 年少儿图书零售市场增长率为 4.7%，是 10 年来增幅最低的一年。这是一个值得高度重视的信号，有可能是时空压缩背景下我国少儿出版发展负面效应的叠加作用所致。

上述问题，对于发达国家来说已经不存在了，他们在走向少儿出版大国的过程中，已经陆续解决了这些问题。这样，在由出版大国走向出版强国的进程中，中国少儿出版人就面临着多重压力：在世界范围内，我们要参与由比我们成熟得多、强大得多的对手主导的国际少儿出版市场竞争，增加中国少儿出版在国际市场的份额；在国内，我们要埋头解决面临的各种问题，努力克服时空压缩带来的各种负面效应，实现可持续发展；放眼未来，我们还要积极应对互联网技术和移动通信技术给知识和信息生产、传播和阅读方式带来的一系列革命性变化，尽快实现业态转型和产业升级。这三重压力，是当下中国少儿出版人不得不面对的现实，也是我们应当担负起来的历史责任。

在我看来，应对各种挑战，担负起各项历史责任的关键，是要老老实实回归到出版的根本上来。近几年人们说起出版来热闹非凡，新概念、新提法层出不穷，颇让人有些“刚刚学会了，又说不对了”的尴尬。其实，热闹些也无妨，就是别忘了说来说去，说的还是出版。既然说的还是出版，就要回到出版的根本上来。无论载体怎样变化，出版归根结底还是对内容的选择、整理、加工、复制、传播的社会性活动；内容为王，编辑为本，是出版人应当认的“死理”。数字出版也是出版，传播的也是内容；产业升级是在内容基础上的升级，没有自主知识产权和自有品牌，产业升级无异于空中楼阁；国际出版竞争说到底还是内容和品牌的竞争。有了这份对出版根本的坚守，就能够在各种挑战下保持清醒和坚定。

本着对出版根本的坚守，中国少儿出版想要在时空压缩的背景下实现突破和发展，应当毫不动摇地抓好传统出版，毫不动摇地推进业态转型，毫不动摇地实现产业升级。

应当毫不动摇地抓好传统出版。传统出版对于少年儿童读者特别是对0—9岁的儿童，具有相对的稳定性。某些针对婴幼儿读者的手工、涂色、拼插等功能性图书，相对于其他介质的出版物，还有着不可替代性。尤其是在中国市场，由于读者群巨大，城乡、区域发展不平衡，纸介质少儿读物还有难以想象的市场空间。关键是要抓好原创出版，提高少儿出版的水平和质量。目前，儿童文学、人文知识、科普、动漫、图画书等类别的原创出版都有较大空间，都可以成为少儿原创图书出版的重要着力点。

应当毫不动摇地推进数字出版。数字出版是新的传播技术与出版的高度融合，是新技术在出版过程中的普遍运用，并不排斥纸介质读物。由新技术催生的新的出版业态，应当是多介质共生、多渠道并存、满足读者多元阅读需求的复合出版。传统出版单位实现向数字出版的转型，关键是要把握好自己的定位。不能简单地把自己定位于内容提供商，把提供内容作为参与数字出版的主要甚至是唯一方式，而应当把自己定位于数字出版商和信息服务供应商，熟悉各种新技术，掌握数字出版的本领，以我为主与技术服务商、网络运营商进行平等合作。特别是要加强原创出版，积累版权资源，培育自有品牌，夯实数字出版的内容基础。

应当毫不动摇地实现产业升级。出版是小行业，就出版论出版，内容和品牌的价值没有实现最大化，很难真正把出版做大做强。但文化是大产业，而出版在文化产业中具有基础性地位，在为文化产业做出直接经济贡献的同时，为文化产业提供内容基础、品牌支持和精神引领。据《中国新闻出版报》2013 年 6 月的一篇报道，美国大片票房收入只占总收入的 20%，其余收入来自品牌授权、衍生产品开发等。这对我们是一个极有教益的启示。我们应当找准出版在文化产业中的定位，自觉把做大做强少儿出版融合到文化产业的发展中去。在出版物的策划阶段就应当考虑衍生产品开发的可能性。比如，有没有适宜传播的卡通形象？有没有适合开发成游戏产品的人物和故事？等等。还应当避免对作者资源的过度竞争和开发，以利于培育品牌作家和品牌作品，为少儿出版的产业升级打好版权基础。

上述三个“毫不动摇”，说到底是要与时俱进地坚守出版的根本，坚持内容为王，编辑为本，同时，把新技术、发展文化产业的新要求与出版更好地融为一体。少儿出版人应当有这份自信和清醒。

（原文载于《出版发行研究》，2013 年 10 月）

在“家门口”搭建提升国际传播力的专业平台

中国上海国际童书展的设立，充分表明中国少儿出版具备了国际传播的诉求和能力，这是中国少儿出版近十年发展的必然结果。

最近十年，中国少儿出版出现了一些标志性转变。比如，从产品层面讲，对原创图书出版的重视度和原创出版能力不断提升。在不断增强的原创意识的驱动下，经过近十年的出版结构调整等各种努力，原创图书品种实现了初步的积累，一个直接表现是，在少儿图书排行榜上，相当数量的原创品种占据了榜单。原创多了，自然衍生出国际传播的需求。在加强原创出版的同时，国内少儿出版物的质量逐步实现了与国际接轨，内容、印刷、装帧等各方面都开始接近、达到国际水准，可以在国际少儿出版舞台上“立”起来了，具备了实现国际传播的可能性。另外，进行国际传播，也是少儿出版单位自身发展的需要。少儿社在转型升级的产业环境下，需要拓新拓宽经营思路，扩大收入来源，其中通过版权贸易提升经营能力成为切实可行的途径之一。

另一方面，中国这些年快速发展，经济实力和国际地位不断提高，国外出版商对中国的兴趣不断提升，他们看到了中国少儿出版巨大的发展潜能和市场空间，愿意带着自己的产品参与到中国市场的竞争中来。各种因素共同作用，使得中国上海国际童书展的举办成为一种必然。

从首届、专门化的层面上看，中国上海国际童书展的一些活动设计很有新意和特色，如“2013 国际超级畅销童书选题策划与编辑”等多场专业论坛、“上海国际儿童文学作家节”以及“2013CCBF 金风车最佳童书奖”等活动设计。这对我们很有吸引力。虽然目前国内已经有北京国际图书博览会、北京图书订货会等各种平台，但是中国上海国际童书展仍将以其专业性而别具价值，它在“家门口”为少儿出版搭建起了提升国际传播力的专业平台，也将因此值得国内相关机构给予更多重视。中少总社以较大投入参与了此次书展，特装展位近百平方米，人员投入十余人，设计了聘请国外出版家做驻京顾问等签约活动，为高洪波的《快乐小猪波波飞》、曹文轩与巴西插画家合作推出的《羽毛》等做足版权输出准备，同时还帮助书展组委会邀请了国际儿童读物联盟主席、国际儿童读物联盟前任主席、国际安徒生奖评委会主席等国外专家参与进书展中来，这些国外专家也将继续在2013年博洛尼亚国际童书展之后助力中少社在书展现场的相关活动。

当然，国内少儿社不仅要充分利用“家门口”的优势，还需要不断提升自己的核心竞争力。国内少儿出版通过资源投入已保持了十多年的高速发展，但是未来还有多少出版资源来继续支撑这种高速发展？目前，国内出版机构在少儿出版领域的参与度已经达到了90%以上，这一方面为不断增强的少儿阅读需求提供了丰富、多样的选择，但另一方面也引发了一系列出版问题，比如，是否有足够的出版资源支持如此大规模的少儿出版？如果部分出版、策划机构在作者、编辑、渠道资源等储备有限的情况下，一味依靠公版书或者网络资源来做文章，最终结果也只能是难以为继。未来的少儿出版若想真正成为拉动中国出版业可持续发展的生力军，就需要优化发展方式，老老实实加强出版能力的建设，特别是注重原创出版能力的提升，从粗放型增长向集约型增长转变，在资源的有效配置中实现可持续、健康发展。

在未来，我们期待中国上海国际童书展真正成长为东方的博洛尼亚国际童书展，但是这个目标在短时间内不可能一蹴而就。毕竟博洛尼亚国际童书展已经走过了50年的发展历程，它已经成为包括出版人士、插画家、作家、印刷商、衍生品设计制造者、多媒体等几乎所有少儿出版相关资源的汇聚、交融平台，这也正是中国上海国际童书展的努力目标。

（原文载于《中国出版传媒商报》，2013年11月5日）

少儿出版的转型升级之路

中国少年儿童新闻出版总社近几年来坚持“真做出版，真办企业”的办社理念，以出版能力建设为核心，在转变观念、改革体制、转换机制、整合资源、加强管理方面采取了一系列措施，使企业持续快速发展。2013 年，总社发货码洋 10 亿元，销售收入 4 亿多元，利润总额近 6000 万元。但是，我们也清醒地认识到，中少总社的发展依然是建立在传统体制特别是传统业态、传统市场的基础上，是量的增长而不是质的升华，纸介质读物的生产、销售仍然是主要的商业模式，数字产品销售收入、版权贸易收入、服务收入在总收入中占比很小。要实现新的更大发展，就必须加大改革力度，加快业态转型，实现产业升级，参与国际竞争。

改革——2010 年，按照中央的统一部署，中少总社完成了由事业单位向企业的转变。近三年来，我们着力推动企业运营机制的转变。从 2010 年下半年起，我们用一年半时间，完成了工资制度的改革；从 2012 年 1 月起，实行包括基础工资、岗位工资、绩效工资和年终业绩工资的结构工资制。全社员工，无论原来是否拥有事业编制身份，一律实行新的工资制度，同工同酬，不搞老人老办法、新人新办法。同时，我们建立了与结构工资制相适应的绩效考核制度。通过改革，总社初步建立起员工总体收入水平与企业效益同步增长，员工个人收入与能力、贡献相挂钩的收入分配制度，极大地调动了员工劳动创造的积极性，焕发了企业活力。我们还建立了全员劳动合同制、员工录用培养晋升办法、企业年金制度等多项人力资源管理，实行了全面预算管理制度。通过一系列配套改革，中少总社从运营机制上初步完成了由事业单位向企业的转变。

2014 年，我们要进一步深化内部运营机制改革。完善结构工资制和绩效考核制度。同时，按照编辑、发行、管理、服务等不同类别岗位，建立覆盖全体员工的职业发展道路，彻底打破原有行政层级，使所有员工都能根据企业发展目标和自身能力水平，合理规划个人职业发展路径，最大限度地优化人力资源配置，最大限度地激发员工创造活力。

转型——转型是出版业态的转型。从传统出版到数字出版是出版业态转型的必由之路。从 2009 年起，中少总社把数字出版纳入总社发展总体战略，系统规划，分步实施。目前，我们已建成了包括 1951 年《中国少年报》创刊以来、1956 年中国少年儿童出版社成立以来所有报纸、期刊和部分图书的出版资源管理平台，完成了具有较强阅读功能的少儿快乐阅读平台一期工程，完成了全媒体出版平台的建设并开始试运行，开发了数字图书馆、电子书，语音智能玩具等产品。2013 年，数字产品实现销售收入 1200 万元。2014 年，我们要加快业态转型的步伐，在 2015 年基本完成从传统出版到数字出版的业态转型，实现传统媒体与新兴媒体的融合发展。一是实现全媒体出版。目前中少总社全媒体出版平台已在低幼读物出版中心试运行，内容采集、编辑、制作、传播、存储都在该平台上完成，可以完成纸质书报刊、电子书刊、动画、影片等各种介质产品的制作和推送，实现一种内容，多种介质出版。计划 2014 年下半年在全社范围内推广运用。二是建成可以面向各种终端推送产品的数字传播平台。将实施包括阅读、学习、娱乐、社交、活动推广等功能的少儿快乐阅读平台二期工程，面向不同终端、不同用户推送阅读服务产品。三是运用信息技术从根本上改进、优化对传统渠道的管理，使传统渠道升级。通过数字传播平台的建设和传统渠道的升级，实现线上线下对读者的全方位、立体化、个性化服务。同时，要进一步加强总社信息化建设，提高信息及时应用水平，夯实数字出版的技术基础。

升级——升级是出版产业的升级。近几年来，中少总社在延伸出版产业链方面做了一些尝试，开办了以提供体验式阅读服务为主要特色的青少年阅读体验大世界，开发了红袋鼠系列语音智能玩具。2014 年，我们要进一步推进产业升级，加快由阅读产品供应商向阅读服务供应商的转变，由少儿出版传媒集团向少儿文化产业集团的转变。一是坚持编辑为本、内容为王，加强原创出版，打造精品力作，培育品牌产品和品牌形象。内容是出版产业升级的基础，没有具有自主知识产权的内容资源，没有自主品牌产品和形象，少儿出版的产业升级就失去了基础。2014 年，我们要进一步加大原创出版的力度，夯实数字出版的内容基础，继续发展儿童文学、低幼、历史读物等优势板块，重点开发动漫、科普读物。2014 年，已列入年度生产计划的动漫新书近百种，科普新书 40 余种。二是实施青少年阅读体验大世界二期建设工程，进一步开发阅读体验产品，丰富青少年阅读体验大世界的阅读体验功能。三是依托低幼读物中红袋鼠系列品牌形象，开发玩具、动画、游戏、儿童用品、微型主题公园等衍生产品，并拓宽销售渠道，使衍生产品成为我社新的经济增长点。在推进产业升级过程中，充分重视文化生产要素市场的作用，积极实现文化资源和金融资本、社会资本的融合。

国际化——“走出去”参与国际竞争，走国际化的发展道路，既是满足增强中华文化国际影响力对少儿出版的要求，也是少儿出版发展的内在需求。

中少总社在加强原创出版、积累版权资源的基础上，以实现实质性的版权输出为目标，于 2013 年 3 月独立组团参加博洛尼亚国际童书展并与国际少儿出版主流圈子开展交流活动，成效明显，实现版权输出 57 项。之后，我们及时总结经验，在国家新闻出版广电总局有关部门的指导、支持下，对中少总社“走出去”参与国际竞争做了系统规划，拟定了中国少年儿童国际出版创意贸易联盟项目。这个项目包括策划创意平台、版权贸易平台、书展平台、交流与合作平台、数字出版与衍生产品交易平台。2014 年，我们将以实施项目为重点，加快“走出去”的步伐。一是通过召开研讨会、策划会等形式，积极引进国外优秀儿童出版人、策划人、作家、插画家等，建立融合中外优质出版资源的策划创作团队，推出一批以世界视角讲述中国故事的儿童读物，成功进入西方主流社会。二是建立中少总社版权输出常备书目。重点选择一批儿童文学图书、图画书，组织一流译者并制作样张、样书，有计划地向国外出版商推介，使版权输出成为一项经常性工作。三是通过参加书展、参与国际少儿阅读联盟活动、聘请外国专家为国际合作顾问等形式，扩大和加深与国外特别是欧美少儿出版界的交流，建立稳定的合作关系，畅通版权输出的渠道。四是邀请国际著名少儿出版人、作家、插画家对我社编辑、版权贸易人员进行培训，与中国作家、插画家进行交流，增进他们对国外少儿出版和国外儿童阅读习惯的了解，增强针对国内国际两个市场进行策划和创作的能力。五是建设面向国际的少儿数字出版传播平台，加大数字产品的输出力度。

（原文载于《中国出版传媒商报》，2014 年 1 月 14 日）

少儿出版要让天下父母放心

中国少年儿童新闻出版总社是由中国少年报社和中国少年儿童出版社合并组建的，是共和国少儿出版的“长子”。为孩子提供优质精神食粮，让天下父母放心，是我们的责任。我们认为，越是快速发展，越要重视质量管理，不仅要有规范的管理制度作保障，还要有严格的管理措施来落实。

坚持不懈抓好编辑队伍建设。总社规定，新入职编辑必须在规定时间里通过国家编辑资格考试，所有编辑持证上岗。总社每年定期和不定期举行编校业务讲座；各中心、各编辑部也经常举行业务研讨和岗位培训。总社每年还举行编校人员语文基础知识和编校基础知识考试。此外，还注意对主任、主编的培养和培训。除轮流选派他们参加国家新闻出版广电总局培训中心举办的培训班学习外，在社内还建立了主任、主编考核上岗制度。同时，注重校对人员培养。社里不仅有一支完备的专职校对队伍，近年来还招聘扩充了校对人员，以进一步充实校对力量，切实加强校对队伍建设。

建立科学高效的出版制度和流程管理。总社根据总局有关出版规定和质量保证规程，结合出版工作的新特点，于 2012 年 10 月重新修订了总社《编校质量检查评比办法及流程》《编校质量检查说明暨编校质量差错率计算方法》等规定。总社还以信息化建设为契机，在“ERP 出版管理系统”“OA 系统”以及全媒体编辑系统中严格规范并优化编辑业务流程，使编辑业务流程运行更科学，更严密，更高效，更可控。

严格执行质量管理各项制度。总社图书选题论证工作每年从 9 月开始，由编辑提出，经部门、中心反复论证后，提交总编室审核，再由总社选题论证会审定。分管出版业务的社领导和中心总监不断强化编校工作，除坚持出版物终审外，还在各出版中心建立了审读部，由有高级职称的资深编辑重点审查出版物的内容质量。

为加强出版物的质量管理，总社制定了严明的奖惩办法，并依据质检结果向人力资源部提交绩效考核报表。总编室对出现不按时提交《质量检查结果记录表》、少报品种等现象，每一次或每少报一个品种，将逐级减掉绩效权重分；对自检工作不认真者，提请相关中心或部门对责任人提出批评，并对其进行帮助改进。

总社还明确规定，对经查实确有内容质量、编校质量、设计质量、印装质量问题的本社出版物，将主动无条件下架、收回、封存及销毁。

切实抓好质量检查工作。总社总编室建立了质量管理科，还组建了质检专家小组，负责经常性质检工作。为了调动读者对图书质量监督的积极性，总社在每本书上都刊登了总编室电话和电子邮箱，随时倾听读者的呼声和意见，及时解决有关问题。对提出意见和建议的读者，我们不仅应立即回复，表示感谢，还要给予物质奖励。

（原文载于《中国新闻出版报》，2014 年 4 月 14 日）

努力建设一流原创儿童文学出版基地

开卷数据报告显示，2013 年，儿童文学类图书占少儿类图书销售总额的 40% 以上。少儿文学读物的出版质量和出版规模，直接决定一个少儿出版机构的社会效益和经济效益。

中少总社高度重视少儿文学读物的出版，坚持把“传承经典，引领时尚”作为自己的使命。近十年来，我们先后出版了《红楼梦》《三国演义》《水浒传》《西游记》等中国古典名著美绘版；出版了鲁迅、茅盾、巴金、冰心、叶圣陶、张天翼等中国现当代儿童文学大师的系列图书；我们还引进了 16 个套系的世界经典儿童文学作品，其中包括《丁丁历险记》《长袜子皮皮》《洋葱头历险记》等。

少儿文学读物出版要重视传承和引进，更要重视内容创新和原创出版。最近五年，我社以建设一流原创儿童文学出版基地为目标，不断加大原创儿童文学读物的出版力度。初步统计，2009—2013 年，我社出版原创儿童文学新书 879 种，平均每年约 176 种，每种平均印数超过 5 万册，再版率达到 100%。2013 年，由中国作协举办的第九届全国优秀儿童文学奖共评出 20 部优秀作品，我社占 5 部。

在建设一流原创儿童文学出版基地方面，中少总社的主要做法是：

一、坚持艺术性和思想性相统一的选题标准

中少总社是共和国少儿出版的“长子”，负有在少年儿童中传承主流文化、

传播社会主义核心价值体系的使命。在选题规划中，总社党组、社委会始终强调，要重视图书的商品属性，尊重市场规律，但绝不能盲目跟从市场，更不能用低俗的东西去迎合市场。我们认为，儿童文学既然是文学，就必须具有审美功能、认知功能、教育功能、娱乐功能，不能片面强调、夸大儿童文学的娱乐功能，使出版过度商业化、娱乐化甚至低俗化。我们明确要求，儿童文学图书选题应当坚持艺术性和思想性相统一、可读性和教育性相统一，所有选题都要经过编辑部、出版中心和总社三级论证。

二、通过书刊互动来壮大儿童文学出版力量

中少总社有13种期刊，其中《幼儿画报》每月发行量超过200万册，《儿童文学》每月发行量超过100万册。这两种刊物有雄厚的作者资源、数以百万计的读者群、健全的发行渠道、训练有素的编辑队伍，是出版原创儿童图书的宝贵资源。

2007年11月，中少以《幼儿画报》为基础，组建低幼读物出版中心，实行书刊互动。2013年，该中心完成图书发货码洋1.9亿元，实现销售收入近8000万元。该中心出版的曹文轩的系列小说“丁丁当当”，累计发行量已近120万册，入选2012年“大众喜爱的50种图书”，被中央电视台和中国图书评论学会评为“2013年中国好书”；高洪波创作的图画书《快乐小猪波波飞》荣获第三届中国出版政府奖图书提名奖，入选“经典中国出版工程”，版权已输出到法国、韩国等国家。

2009年12月，中少又以《儿童文学》杂志为基础，组建了儿童文学读物出版中心。自成立以来，该中心累计出版原创儿童文学新书171种，平均印数5万册以上，总印数在10万册以上的有25种。其中，《萝铃的魔力》印数近230万册。该中心出版的多种原创图书获得全国优秀儿童文学奖，入选“大众最喜爱的50种图书”“三个一百”原创图书出版工程等，共20余项。

三、不断建设发展中少作家群

我们认为，作者资源是培育出来的，作家队伍是建设出来的。一个好的

出版社，要有发现、培养新作者的能力，要有扶持、造就名作家的能力，要有与成名作家长期合作的能力。

我们十分注重发现、培养文学新人，不定期举行青年作家讲习班、儿童文学创作研讨会、长篇小说创作深度交流会等活动，定期组织评选“十大青年金作家”。对爱好文学创作的少年作者，我们在中国少年儿童报刊工作者协会中建立了小作家分会，分级进行培养。我们十分尊重老作家和成名作家，与他们保持了良好的沟通与合作。

我们还十分重视对优秀儿童文学作品进行深度开发，通过开发数字产品、视频音频产品、衍生产品等方式，使内容价值最大化，作家利益最大化。《萝铃的魔力》《夜色玛奇莲》等畅销书均已打造了同名漫画书、电子书。

经过持之以恒、不遗余力的培育和建设，中少总社打造了一支多达500余人、“老中青少”四代同堂的作者队伍，保证了原创儿童文学图书出版事业的可持续发展。

四、打造高素质的文学编辑队伍

编辑工作水平的高低决定图书质量的优劣。我们始终把建设高素质的文学编辑队伍作为抓好原创少儿文学读物出版的基础。

一是搭建好编辑成长的平台。对于政治强、业务精，同时具有管理能力的编辑，我们及时提拔到各级管理岗位上来；对于有业务专长，但不适合担任管理职务的编辑，我们建立了从见习编辑到专家级编辑的6级职业发展通道，专家级编辑岗位工资相当于副社级领导。二是把好入口。对于文学编辑的招聘，我们组织专门的笔试、面试，重点考查招聘对象的思想品德、文学素养、艺术修养、文字能力、沟通能力等。三是建立年轻编辑培训培养制度。除了要参加定期培训和每年举行的语文基础知识、编校技能考试外，还安排老编辑通过选题策划、论证、稿件复审、终审等方式，在实践中对年轻编辑进行传、帮、带。

（2014年5月16日）

三重挑战下中国少儿出版的突破与发展

1978 年实行改革开放以来，我国少儿出版实现了跨越式发展。1977 年我国出版的少儿图书只有 192 种，2013 年全国计划出版少儿图书 47000 多种，图书市场监测机构开卷公司统计已经出版的有 30598 种。2014 年全国各家出版社列入出版计划的少儿图书选题再次刷新纪录，超过了 57000 种。从品种和出版规模看，中国已经是世界少儿出版大国。

中国成为世界少儿出版大国是通过跨越式发展实现的。一般认为，英国出版家纽伯瑞是世界上第一个从事少儿出版的人，而中国少儿出版作为一个独立的出版门类出现，是 20 世纪 20 年代以后的事情。同西方出版强国比较，中国少儿出版的起步大约晚了 150 年。因此，中国成为世界少儿出版大国，是对西方少儿出版强国所经历的某些发展阶段实行超常规赶超的结果。在信息社会和经济全球化时代，中国少儿出版没有必要也不可能把西方少儿出版强国所走过的路亦步亦趋地再走一遍，选择跨越式的发展道路是必然的。但是，跨越式发展也带来了许多问题，最突出的问题是中国少儿出版的基础不够坚实。比如，我们没有足够多的优秀编辑和优秀作者来支持每年 5 万种新书的出版规模，没有足够强大的渠道来把每年生产的新书销售出去，等等。

这样，中国少儿出版在经历了跨越式的发展之后，不可避免地面临继续发展的困难。据开卷公司提供的数据，2013 年 1—11 月份，全国共出版新书近 2 万种，品种同比增加 14%，而零售市场只增长了 6%。对于传统出版来说，这意味着每种新书平均发行量下降，库存图书增加。继续靠增加品种、扩大规模来实现增长的风险越来越大，很可能是一条死路。这是中国少儿出版在传统出版方面的发展瓶颈。

在互联网和经济全球化时代，中国少儿出版还面临出版数字化进程加快和国际竞争加剧的压力。互联网正在改变少年儿童的学习和生活。对于少儿出版来说，互联网的发展不仅意味着少年儿童阅读方式的改变，也意味着少年儿童闲暇消费方式的改变，孩子们有更多的理由和机会选择其他方式而不是阅读来度过自己的闲暇时间。而经济全球化使我们不得不在国内国际两个市场上与众多强大的国际同行竞争。

在我看来，传统出版基础不够坚实、数字化的浪潮汹涌来袭、国际竞争不断加剧，是中国少儿出版面临的三重压力，而这三重压力的形成又离不开中国少儿出版发展的独特历史和独特道路。判断中国少儿出版的未来，选择中国少儿出版发展的方向、路径与动力，不能脱离中国少儿出版的历史来谈它的现实，不能脱离它的现实来谈它的未来。

从以上基本认识出发，我认为，在三重压力下，中国少儿出版要实现新的突破和发展，需要在历史、现实、未来三个维度上做出努力，打好传统出版的基础，推动出版与新技术的融合，实现业态转型、产业升级和国际化。

1. 加强内容创新，实现从“中国制造”到“中国品牌”的转变。10 年前，中国少儿出版在很大程度上依靠教辅图书、引进国外版权和开发公共版权图书发展，畅销书排行榜上的主角常常是引进版图书。从内容生产的角度看，这种出版实际上只是一种加工工作。现在，这种状况已经从根本上得到扭转，原创图书已经成为市场主角，中国少儿出版已经实现了从“中国加工”到“中国制造”的转变。但是，我们还缺乏有国际影响力的作家和作品，缺乏深刻反映当代少年儿童生活的优秀现实主义作品，科普图书、图画书的原创出版也比较薄弱。中国少儿出版需要进一步加强内容创新，实现从“中国制造”到“中国品牌”的转变。

2. 加快业态转型，实现从单一纸质出版向以纸质读物为基础的复合出版的转变。纸质少儿读物在中国仍然有难以想象的发展空间。这是因为：中国有 3.67 亿少年儿童，有世界上最大的少儿读物市场；中国城镇化率只有 51.3%，城镇化进程的加快将不断产生新的阅读需求；政府正在制定全民阅读方面的法规，阅读作为少年儿童的基本文化权利将受到更多的保护；纸质读物在少年儿童阅读中具有不可替代性，绝大多数父母和教师仍然首选纸质读物作为孩子的阅读材料。但是，电子读物可以使阅读内容变得更加直观，更加生动，从而提高孩子的阅读兴趣，丰富孩子的阅读体验。因此，未来中国少儿出版的形态是以纸质读物为基础、多种介质读物共生的复合出版。我们要尽快实现全媒体复合出版，更好地满足少年儿童的多元阅读需求。

3. 加快出版模式创新，实现由出版者单向传播向出版者与受众互动传播的转变。数字出版所改变的，不仅仅是内容传播介质和传播渠道，还改变了内容生产方式和接受方式。读者已经不满足于被动地接受内容，他们还希望参与到内容生产中来，会根据自己的阅读体验和阅读感受，对作者、出版者提出要求。这对出版者是一个挑战，我们可能需要转变自己的思维，创新出版模式，不再以出版者为中心，而是以读者为中心，从单向传播转变到互动传播上来。

4. 加快产业升级，实现由产品经营向品牌经营的转变。出版是个小行业，但出版的经济价值不仅在于出版物可以带来销售收入和版权贸易收入，更重要的是出版物还为电影、电视剧、动画片、游戏甚至是主题公园等多种文化产品提供题材、内容和品牌，在文化产业中具有基础性和支柱性的地位。与文化产业中的相关产业融合发展，实现产业升级，是做大做强出版的必由之路。中国少儿出版目前的商业模式还比较单一，以获取图书发行收入为主要盈利手段，还停留在产品经营的层面。应当在加强原创出版的基础上，打造具有自主知识产权的品牌产品，通过品牌运营实现产业升级。

5. 加快国际化进程，实现以国内市场为主向统筹运营国际国内两个市场的转变。中国少儿出版是在对外开放和国际合作中发展起来的，没有对世界经典儿童读物和当代国外优秀儿童读物的引进，就不会有中国少儿出版的今天。但是，这种以引进为主的国际合作模式已经不适应中国少儿出版的发展，也不能满足国际社会对中国少儿出版的期待。中国少儿出版正处在打造“中国品牌”的阶段，需要通过版权输出、品牌输出等形式与国际同行进行更加深入的合作来发展自己；中国对外开放不断扩大，在国际事务和经济全球化进程中发挥着重要作用，国际社会也需要通过包括儿童读物在内的中国出版物来了解中国。因此，走到国际市场上参与交流与合作，就成了中国少儿出版未来发展的必然选择。我们有信心完成由以经营国内市场为主到统筹运营国际国内两个市场的转变，同时，也希望得到更多国际同行的理解和支持。中国有全球最大、成长性最好、稳定性最强的儿童读物市场，中国少儿出版人愿意与国际同行携起手来，为世界少儿出版的发展和繁荣做出更大的贡献。

（原文载于《中国出版传媒商报》，2014 年 9 月 2 日）

如何实现超常规成长

出版企业的产品既有商品属性，又有文化属性，所以出版企业应当在市场与责任中寻求平衡，追求社会效益和经济效益的有机统一。回顾过去几年中少总社的发展，我们在“真做出版，真办企业”的实践中，实现了市场与责任的平衡。

真做出版

出版业的核心是内容，中少总社的“真做出版”就是始终坚持“内容为王，编辑为本”的理念，把内容创新和出版能力建设作为办社根本。

挺拔主业：砍掉“三产”，毫不手软

我们总说要挺拔主业，但如何来挺拔？这就要把那些跟主业没有关系的、妨碍主业发展的东西毫不手软地砍掉。

在“事业单位企业化经营”体制下，很多出版社可能都有类似的经历——办了不少“三产”企业。这些企业大都跟主业没什么太大关系，经常还会拖累主业，我上任后陆续关掉了4家公司。为什么要关掉这些公司？举个例子，我们原来有一家公司，以市场平均价格采购纸张，然后加价3%—5%卖给中少总社，对出版社来说，纸张的生产成本就毫无理由地比别的出版社高出3—5个点。

调整结构：压缩教辅，加强原创

2006年，中少总社当年出版新书500种，其中260种是教辅，这些教辅又全是合作出版的。合作出版给中少总社的经营秩序带来了很大的困扰，合作方把书发给新华书店，新华书店没卖掉，退货却回到了中少总社，中少总社不认账就不能结账，最后导致新华书店扣着中少总社其他书的回款。

因此，从2007年开始我们下决心调整图书出版结构，逐年压缩教辅出版品种，同时加强原创。当时的另一个问题是，每年500种新书中，除去合作的教辅，其他大都是引进版图书、公版图书和选编图书，真正属于内容创新的图书几乎没有。一个出版社没有出版原创图书的能力，没有内容生产能力，这太可怕了。

当然，为了避免财务风险，我们没有一下子把教辅图书全砍掉，而是逐年压缩其规模，调整出版结构的工作用了5年的时间，直到2012年才全部完成。可以说，现在中少总社没有一本书是合作出版的，2013年教辅图书6000多万元码洋全部是中少总社自己开发的产品实现的。

整合资源：打通通路，书刊互动

把不能做的事情舍掉了，接下来要解决做什么的问题。分析了中少总社的实际情况后，我们认为社里几本刊的实力还是比较强的，于是我们就选择了一条打通出版资源、书报刊互动发展的路径。

2007年6月，以《幼儿画报》为基础来组建低幼读物出版中心。当时《幼儿画报》每月发行量超过100万册，有几个形象在孩子中的号召力比较强，还有一支好的作者队伍和健全的发行网络，所以我们就以《幼儿画报》为基础，把所有的低幼期刊整合到一起，合并纳入低幼图书编辑部，把面向0—9岁年龄段的出版物（图书、报纸、期刊）全部交由这个中心出版。

2009年12月，以《儿童文学》为基础组建儿童文学出版中心，加强原创儿童文学作品的开发。《儿童文学》长年联系的作者有300多名，其中100

名左右是当前儿童文学创作当中比较活跃的骨干作家。当时《儿童文学》的发行量每期超过 107 万册，58% 是通过零售市场实现的。这么好的作者队伍、发行渠道和编辑团队，加上庞大的读者群，为什么只能做刊不能做书呢？所以，我们从 2009 年 5 月开始与《儿童文学》策划原创选题，到 12 月时机成熟，组建了儿童文学出版中心。现在儿童文学出版中心每年新出版中长篇小说 70 种左右，平均首印册数 5 万册以上。

2012 年 1 月，把《中国卡通》划到儿童文学出版中心。中国漫画书市场成长性非常好，但目前份额太小。中国的漫画卡通缺的是故事，我们把原创儿童文学做起来了，有很多幻想小说，最不缺的就是内容和故事，这些内容不仅可以出图书，还可以在刊物上发表，也可以改编成漫画故事。我印象最深的就是在《萝铃的魔力》发行量超过 200 万册的大型活动上，有小读者问作者什么时候出漫画书，可见读者有这个呼声。中少总社卡通动漫板块正在逐步做起来，《中国卡通》发行量由原来的 10 万册发展到目前的 70 万册。

改革发行：收回渠道，自建通路

过去，中少总社期刊发行比较强，但是采取的都是代理发行的模式，两个大的经销商分别负责中少期刊的发行，并每年给中少总社上交 8% 的利润，协议到 2008 年 12 月到期。

一个出版社的核心能力就是出版能力和发行能力，出版社出书靠合作，发行又交给了别人，怎么发展？所以 2008 年 5 月 12 日，我们中午开会决定收回渠道自己干，下午宣布这个决议时一片哗然。但我们组建报刊发行中心，负责报纸、期刊发行后，发行量大涨。

建设队伍：统一招考，注重成长

在以往一条龙的经营体制下，各部门对进人是享有决定权的，后来我们开始实行进人由人力资源部门统一招考，用人部门提出需求和条件后，经人力资源部门同意后，安排笔试、面试。

没有合格的编辑就没有办法做好出版物，因此我们每年要进行语文基础知识、编辑知识、编校知识的考试。考试成绩与考核挂钩，与职务进行挂钩，与岗位工资的提档挂钩。考试不合格的人要进行离岗培训，一直到最后解聘。

此外，中少总社基本建立起了编辑的职业发展通道，为每一个只愿意做编辑工作、不愿担任任何行政职务的员工提供发展机会。我们把编辑分为6级，从见习编辑、初级编辑、中级编辑、主任编辑、资深编辑，到专家编辑总共6级。员工可以不担任任何行政职务，只要能力够，业绩够，可以一直做到专家编辑，到专家编辑意味着岗位工资跟副社级领导是一样的。

数字出版：全面统筹，分步实施

做数字出版有两条，一是要像做传统出版一样，不能简单地把自己定位为内容或资源的提供商，而是要做出自己能卖出去的电子书刊。二是数字出版要统一规划，中少总社可以把自己当作一辆奔驰，这辆奔驰是一个整体，如果把书、报、刊分别授权，那等于是把车轱辘卖给一个人，方向盘卖给一个人，发动机卖给一个人，拆开来卖一点都不值钱。

“十二五”期间，中少总社要实现两个目标：一是对内形成全媒体的出版能力，就是要搭建起全媒体出版平台；二是形成全媒体出版的推送能力，搭建起少儿快乐阅读平台。

目前，全媒体出版平台已经建成，在低幼出版中心试运行了大概半年的时间，准备2015年在全市范围内推广。中少数字出版的顶层设计是：最基础的是资源层，接下来整合资源，建立中少资源库，再形成全媒体出版平台；到了产品层，可以形成互动电子书、中少数字图书馆、教育在线、中少视频及其他衍生产品；然后再到平台层、终端层、用户层。

中少数字出版“十二五”期间计划“四步走”，首先建立中少数字资产管理库，在此基础上形成中少数字图书馆，再推出中少数字产品，最后建立全媒体出版平台。目前，我们已经把1951年《中国少年报》创刊以来，1956年中国少年儿童出版社成立以来所有的报纸、期刊、图书进行了数字化、碎片化处理，进行各种标引，按作者名字、文章题目、文章刊期来进行查阅，权限对每个编辑开放，同时做到新书实时进入资产数据库。

资产平台建成后开发的第一款产品是中少数字图书馆，这个数字图书馆目前卖到了将近 50 家的公共图书馆，最高的一个产品价格卖到了 70 多万元——把中少所有书报刊的数字化产品的使用权打包卖给图书馆 3 年，我们负责维护和更新，但是只能在公共图书馆使用。

真办企业

坚持以建设市场主体为目标，以激发员工工作热情和创造潜能为根本，推进以人为核心的各项改革。

转企改制：提前启动，彻底转型

中少总社的企业化改革从 2007 年开始推动，在中央有了部署前，我们就已经提前开始启动。

首先是观念上要去机构化，去事业单位化，别把出版社当机关、事业单位，别把自己当官，出版社就是个企业，要到市场上跟其他企业平等竞争。中少总社合并成立后共 280 个事业编制，我们从 2007 年开始全部冻结事业编制，只出不进。到转企改制的时候，我们事业编制的员工总共才 210 位。其次，实行预算管理，所有开支纳入预算。另外还完善决策制度，建立了党组、社委会议事规则。最后，我们按照中央部署彻底完成转企改制。完成了单位身份的转变，核销事业编制，开始实行全员劳动合同制，完成员工身份的转变；办理事业单位法人注销登记；全员参加社保。

分配改革：激发活力，留住人才

中少总社进行了比较彻底的收入分配制度改革。首先是工资分配制度实行结构工资制。所有员工的工资都由 4 个部分构成：基本工资按照北京市最低工资收入水平确定；岗位工资分为1—12级，每个级别5档，为能力付酬；接下来是绩效工资和年终业绩，绩效工资为季度考核，每月发放，绩效工资差别比较大，年终发放业绩工资。

改革的目标是建立员工总体收入水平与企业效益同步增长，员工个人收入与能力、贡献相挂钩的收入分配制度。改革的原则是实现内部公平和外部公平，有利于激发企业活力，有利于吸引人才和留住人才。

职业通道：全员覆盖，合理规划

接下来，中少总社要继续深化以人为核心的人力资源改革，建立覆盖全体员工的职业发展通道。中少社的岗位分为编辑、发行、管理和服务四大类。我们的目标是让所有员工根据企业发展的目标和自身的能力水平来合理规划个人职业发展路径，最大限度地优化人力资源配置，最大限度地激发员工的创造活力。编辑的职业发展通道已经建立，接下来对发行、服务，尤其是专业技术性比较强的岗位也要建立起相应的职业发展通道。

（原文载于《出版商务周报》，2014年9月5日）

从“粗放型增长”到“质量效益型增长”

经历了2002年至2011年的“黄金十年”后，少儿出版增速放缓，低于两位数。但这未尝不是一件好事，因为“黄金十年”的出现，很大程度上是依赖于出版全行业的参与，是出版资源大量投入的结果，实际上是一种粗放型的增长。回顾前些年的少儿出版形势，跟风出版、同质化、盲目引进甚至出版一些内容低俗、质量低劣的少儿读物的现象仍然不少，这也是粗放型增长方式的必然结果。试想，少儿图书选题从2009年的1万多种增长到2013年的4万多种，有那么多的作者、编辑、渠道来支持如此大量的选题全部转换成精品童书吗？不搞点照抄照搬和粗制滥造又能怎么办？

2013年9月，中宣部等五部委对少儿出版市场进行专项整治，2014年结合“出版物质量专项年活动”，深化专项整治，在肃清少儿出版市场乱象的同时，也给粗放增长的少儿出版当头一棒，促使少儿出版向质量效益型增长转变。这种转变在2014年已经初见成效。在专业少儿社中，大社、名社原创出版势头依然强劲，一些原来相对沉寂的少儿社也纷纷发力原创出版，新蕾社、晨光社、新疆青少社等在市场上都有抢眼的表现。

展望2015年的少儿出版，由粗放型增长向质量效益型增长的转变还将继续，有可能会更多地体现在产品结构的进一步调整上。具体说来，在大众图书和教辅图书之间，教辅图书由于需求萎缩、渠道管控和受到正在勃兴的学习类网站的冲击，比例有可能进一步下降，大众图书比例会相对提高；在大众图书中，原创出版会进一步增强，引进版权图书和公共版权图书的数量会相对减少；在大众图书中，原创儿童文学出版方面的竞争会更加激烈，战火有可能进一步由名家向中青年作家蔓延。与此同时，社会主义核心价值观的主题出版，少儿人文、科普图书，图画书以及动漫图书的出版会被更加重视。

融合发展和“走出去”是延伸出版产业链、实现品牌和内容价值最大化的必由之路，也是向质量效益型转变的题中应有之义。但在2015年似乎还难有牵动业界的大突破，原因是目前融合发展还处在各社分散探索阶段，路径尚不清晰，项目小而散，新技术在出版中的新应用不充分，还谈不上“融合”，短期内难见成效。而“走出去”说到底是比拼原创实力，而比拼打造品牌作家和品牌作品的实力，也要有个过程。

中少总社2015年还是坚持既定的“改革、转型、升级、国际化”的发展道路，各项工作中最重要的，一是继续夯实传统出版的基础，二是在全社范围内推广应用全媒体出版平台。关于传统出版，我社列入出版计划的近700种新书中，原创比例达79%。同时，我们还要更加适应发行渠道变化的新趋势，做全、做细、做实、做深渠道。关于全媒体出版，在低幼中心试点成功的基础上，我们将在全社范围内推广，用一到两年的时间形成全媒体出版能力。

（原文载于《中国出版传媒商报》，2015年1月2日）

探索少儿出版融合发展的中国道路

由网络和数字技术迅猛发展带来的媒体格局深刻变革，是包括出版在内的传统媒体共同面临的严峻挑战。通过推动媒体融合发展，积极开拓媒体发展领域，把传统媒体的影响力向网络空间延伸，是包括出版在内的传统媒体生存发展、赢得未来的必由之路。少儿出版作为出版业中的一个重要板块，同样面临媒体格局深刻变革带来的严峻挑战，同样面临融合发展的历史性课题。

中央《关于推动传统媒体和新兴媒体融合发展的指导意见》指出，推动媒体融合发展要“遵循新闻传播规律和新兴媒体发展规律”。推动少儿出版实现融合发展，同样需要遵循少儿出版发展规律和新兴媒体发展规律。我们要立足当代中国少儿出版的实际，科学评价中国少儿出版的现状，准确把握中国少儿出版的特点和发展趋势，积极拓展新技术的新应用，走出一条少儿出版融合发展的中国道路。

我国是发展中的少儿出版大国

进入21世纪后，我国少儿出版迎来了发展的黄金期，整体规模持续扩大，产品结构逐渐优化，精品力作不断涌现，原创能力显著增强，教辅和引进版图书在少儿出版中唱主角的状况已经被根本改变，少儿出版已经完成由“中国加工”向“中国制造”的转变。但总体上看，我国少儿出版大而不强，还是一个发展中的少儿出版大国。

2013年我国出版少儿图书4万多种，其中新书近2万种。从品种数量看，我国是当之无愧的少儿出版大国。但如果以图书销售总额或总册数作为指标来衡量，恐怕这个“大”就要打一些折扣了。据尼尔森公司2013年8月在北京国际书展期间发布的数据，美国是世界上最大的出版市场，占全球市场的26%，销售总额为390亿美元，其中少儿图书占37%；中国是世界第二大出版市场，占全球市场的12%，销售总额为187亿美元，其中少儿图书占16.54%。按照以上数据计算，美国少儿图书年销售额为144亿美元，中国为31亿美元，而中国0—18岁未成年人比美国总人口还要多。

我国少儿出版大而不强还表现在质量效益方面。从这个角度看，少儿出版的原创能力虽然有很大提高，但同样是“有高原，缺高峰”。以儿童文学图书为例，校园文学、幻想文学和童话空前繁荣，但缺乏现实主义题材的精品力作。说到20世纪20年代的儿童形象或文学作品，我们会想到叶圣陶笔下的“稻草人”，张天翼的《大林和小林》；说到30年代，我们会想到张乐平的《三毛流浪记》；说到抗战时期，我们会想到徐光耀的《小兵张嘎》；说到社会主义革命和建设时期，我们会想到孙幼军的《小布头奇遇记》……这些形象和作品尽管有时代的烙印和局限，艺术上或有种种不足，但不管怎样，给我们留下了关于不同时代的儿童生活、儿童体验、儿童情感的永久记忆。但现在我们却很难有把握地说出哪一部作品中的哪一个人物是体现改革开放的时代特征的儿童典型形象，并能为后世留下关于改革开放时代儿童生活的永久记忆。此外，少儿出版产品结构不理想，原创科普图书、图画书依然是少儿出版的短板。从效益看，2013年我国少儿图书品种数比2009年增长208%，但总册数只增长了160%。总册数增幅低于品种增幅，说明少儿图书单品种效益下降。

我国少儿出版之所以大而不强，是由其独特的发展道路和发展模式所决定的。中国少儿出版起步于1919年五四运动以后，比西方出版强国晚了100多年。在旧中国，由于战乱不断，少儿出版发展十分缓慢。1950年全国出版的少儿读物仅有466种，总印数573万余册，平均17个少年儿童才有1册少儿读物。新中国成立后，少儿出版迎来了第一个稳定发展时期，形成了“北有中少，南有上少”的出版格局。但这一进程很快由于“文革”而中断，十年间少儿出版处于瘫痪状态。中国少儿出版实现跨越式发展，成为世界少儿出版大国，是1978年以后，特别是进入21世纪以后的事情。也就是说，我国少儿出版用30多年的时间，走完了西方出版强国用200多年走完的路。底子薄，基础差，发展快，这就不可避免地带来出版资源短缺、总体阅读水平不高、市场发育不健全等问题。

从发展方式看，我国少儿出版的跨越式发展，是出版资源实行扩张性投入的结果。1978年以前少儿出版的格局是“北有中少，南有上少”；到20世纪90年代，专业少儿出版社发展到33家；到21世纪前十年，少儿出版已经发展为出版全行业共同参与的出版门类，几乎是“村村点火，户户冒烟”。据新闻出版总署发布的2012年图书选题分析报告，当年上报少儿图书选题的出版社有515家，占出版社总数的88%以上；47000多种选题中，来自专业少儿社的不足20%。从少儿出版格局的变化我们可以得出这样一个结论：少儿出版的跨越式发展，是出版全行业共同参与的结果，是依赖出版资源大量投入换取的粗放型增长。这种增长方式，必然带来出版资源的高消耗和出版的低效益，跟风出版、同质化和盲目引进等现象以及一些少儿图书内容低俗，质量低劣，是粗放型增长方式的必然结果。

考虑少儿出版的融合发展，要联系中国少儿出版独特的发展道路和发展方式，看到我国在跻身世界少儿出版大国的同时，还是一个发展中的少儿出版大国这个现实，“大而不强”，不回避少儿出版的面临的基础比较薄弱、资源积累不充分、少年儿童阅读率不高、图书市场发育不健全等问题。

纸质读物有利于实现少儿出版价值

少儿出版的根本使命是出书育人。老一辈少儿出版人对此有深刻的理解。中国少年儿童出版社首任社长叶至善说过，少儿读物的编辑工作实际上是一种教育工作。他说，少儿出版要“一不亏心，二不亏本”。“不亏心”，就是要有利于孩子的健康成长，对得起天下父母。“不亏本”，是为了把“不亏心”的事情做下去，做大做强。少儿出版的特点可以从不同角度去认识，从出版功能的角度看，具备教育价值是少儿出版的根本特点。

少儿出版的教育价值最终要通过阅读来实现。古今中外的教育家、作家、出版家对少儿阅读的意义多有论述，以下几点至关重要：阅读能帮助孩子建立健康的态度和情感，使他们能够逐步分辨什么是真、善、美，什么是假、恶、丑，为他们形成正确的价值观打好基础；阅读能帮助孩子正确认知自我、他人和社会、自然，促进孩子的社会性发展，为他们形成正确的世界观打好基础；阅读能帮助孩子发展语言能力，培养他们对读写的兴趣并使他们形成习惯，提高他们运用语言的技巧和能力，为完成学历教育和终身学习打好基础。

根据少儿阅读的需求特点，纸质读物更有利于实现少儿出版的教育价值，应当作为儿童阅读的主要载体。大量的研究证明，阅读习惯的养成和阅读能力的提高，与阅读习惯密切相关。在诸多不良阅读行为中，跳跃式阅读即浏览式阅读对少儿阅读能力的负面影响最大。电子读物具有海量信息、无限链接等特点，很容易诱发跳跃式的阅读行为，不利于天性好动、好奇心强、自控能力较差的少儿读者养成良好的阅读习惯。美国曾经有研究者做过实验，两组儿童分别通过纸质读物和电子读物阅读一篇内容相同的文章，结果，阅读纸质读物的一组儿童对文章内容的理解和记忆高于阅读电子读物一组儿童30%。上海市新闻出版局2013年8月11日发布的《上海市民阅读状况分析报告》提供了同样的证明，70.65%的人认为纸质读物具有最好的阅读效果，比电子读物高出了25%。还可以列出许多理由来证明纸质读物在互联网时代存在的理由，比如，有利于保护视力，可以随意翻阅，便于标记，等等。据尼尔森发布的数据，2013年1—8月少儿图书在美国、英国等多个市场同比增长，其中美国增长13.1%。可见，在这些出版强国，纸质图书依然是儿童阅读的首选，市场依然向好。

探索互联网时代少儿出版融合发展，要考虑提供什么形态的产品能够更好地满足儿童阅读需求，更有利于实现少儿出版的价值。基于对儿童阅读需求和少儿出版价值的认识，纸质读物依然是少儿阅读的主要载体，是今后一个时期内少儿出版物的基础形态。

少儿出版有巨大的发展空间

2013年，我国少儿图书总印数不到4.57亿册，少儿期刊总印数近4.1亿册。我国有 3.67 亿少年儿童，假设这些图书、期刊当年全部卖完，平均每个孩子仅拥有 1.25 本图书、1.12 本期刊，远远低于美国、德国、日本、以色列等阅读强国的人均书刊拥有量。况且，我国阅读资源分布极不均衡，曾经有研究者指出，30% 的城市孩子拥有近 90% 的图书。这个数字是否准确不必深究，书店、图书馆、图书等阅读资源在小城镇、农村极度匮乏是不争的事实，众多农村孩子除教材、教辅图书之外几乎无书可读。因此，阅读需求没有得到充分满足、发行渠道不畅通、供给与需求脱节，仍然是少儿出版面临的主要矛盾。从发展趋势看，我国少儿出版依然有巨大的发展空间。

推动少儿出版最重要最持久的动力来自城镇化。少儿出版发展的实践证明，城镇化对刺激文化消费、促进少年儿童阅读水平提升、发展和繁荣少儿图书市场具有巨大的引领作用。根据开卷提供的数据，2013 年，城镇化程度较高的广东、江苏、浙江、山东等省份，少儿图书销售码洋明显高于其他具有同等人口规模的省份，其中广东为 1.76 亿元，江苏为 1.45 亿元，浙江为 1.27 亿元，山东为 1.38 亿元。

2013 年 3 月，中共中央、国务院印发了《国家新型城镇化规划（2014—2020 年）》。规划要求，到 2020 年，我国常住人口城镇化率要由 2013 年的 53.7% 达到 60% 左右，努力实现 1 亿左右农村人口和其他常住人口在城镇落户。规划明确提出在城镇化进程中，要注重人文城市建设，培育和践行社会主义核心价值观，加快完善文化管理体制和文化生产经营体制，建立健全现代公共文化服务体系、现代文化市场体系，具体提出了建设城市公共图书馆、文化馆、博物馆、美术馆等文化设施的要求。可以预计，随着我国新型城镇化规划的实施，少儿出版将获得持续发展的难得机遇和巨大的增长空间。

少儿出版的发展离不开党和政府的引导、支持，离不开社会总体阅读水平的提高。全民阅读立法已列入 2013 年国家立法计划，我国国民平均阅读水平低于世界文化强国水平，未成年人阅读状况不容乐观，国民阅读公共资源和设施不足，不均衡，阅读内容良莠不齐，全民阅读缺乏统一规划、组织保障和经费支持等问题，将通过《全民阅读促进条例》的颁布和实施得以解决。毫无疑问，这对少儿出版将是一个极大地推动。另外，生育政策的放宽、全民阅读立法的推进和实施、教育改革的不断深化，也将极大地刺激少儿阅读需求的增长，为少儿出版的持续增长提供动力。

新型城镇化的进程和全民阅读的推进，需要少儿出版有新的更大发展，在纸质读物出版方面，中国少儿出版还有很长的路要走。这也是我国少儿出版融合发展应当加以考虑的因素。

互联网改变的是少年儿童的闲暇消费方式

互联网对社会和人们的生活、学习产生了深刻的影响，当然也对少年儿童的学习和生活产生了深刻的影响。但是，我们讨论少儿出版融合发展的时候，还必须进一步研究互联网究竟对少年儿童的阅读产生了什么样的影响。

2014 年 7 月，中国少先队事业发展中心发布了《第七次未成年人互联网运用状况调查报告》。该中心从 2006 年起每年发布一次未成年人互联网运用状况调查报告，这次发布的是 2013 年的状况。调查涉及 10 个省、直辖市、自治区，共向 130 所学校的 12300 名学生、3000 名家长、250 名少先队辅导员发放了问卷，问卷有效回收率在 60% 以上。

与少儿出版关系密切的主要有以下 3 组数据。一是有多少未成年人上网？报告显示，未成年人上网的比例，城市为 90.1%，农村为 80.2%，其中每周上网一次及一次以下的，城市为 64.9%，农村为 61.5%。二是未成年人上网干什么？报告显示，未成年人上网排在前三位的活动，城市是玩游戏（20.3%）、听音乐（17.5%）、QQ 聊天（16.7%），农村是玩游戏（19.9%）、听音乐（19.6%）、其他（14.5%）。与阅读有关的主要是上网看小说，但比例很低，城市为 2.5%，农村为 3.5%。三是成年人对未成年人上网的态度是什么？报告显示，家长对未成年人上网持保守态度，认为“弊大于利”的占 41.7%，认为“利大于弊”的只有 14%。家长对孩子上网的担心主要是怕影响学习以及网上不良信息影响孩子身心健康。

从以上数据可以看到，未成年人上网虽然已成普遍现象，但大多数上网频次并不高；未成年人上网主要是休闲娱乐，在网上阅读的微乎其微；多数家长并不赞成未成年人上网。因此，到目前为止，互联网对少儿出版的影响，主要是分流了未成年人的闲暇时间，并没有改变未成年人的阅读方式，数字阅读对于未成年人来说，至少现在还未成主流。这些，也是我们在考虑少儿出版融合发展时应当加以考虑的。

向以纸质为基础的全媒体复合出版转型

通过分析少儿出版的现状、特点、发展趋势以及互联网对少年儿童的影响，可以看到，作为一个发展中的少儿出版大国，无论是同世界文化强国相比还是同少年儿童不断增长的阅读需求相比，我国少儿图书市场发展空间还很大，有着良好的成长性。少儿出版还有其特有的阅读功能和教育价值。因而，在很长时期内，纸质读物依然是少儿阅读的主要载体，也是少儿出版的基础形态。

另一方面也要看到，互联网已经渗透到少年儿童的学习、生活、社会交往的各个方面，对他们产生了重大的影响。特别是少年儿童闲暇消费方式的改变，直接对少儿出版产生冲击。尼尔森图书市场研究总裁乔纳森·诺威尔根据对美国少年儿童业余爱好的调查，提出："我们会不会失去下一代读者？"他的忧虑不是空穴来风。我们要充分重视互联网对少年儿童的影响，积极运用新的传播技术、传播介质和传播渠道来丰富少儿读者的阅读体验，提高少儿读者的阅读兴趣，增强少儿读者的阅读效果。

综合考虑以上因素，我国少儿出版从现在起到"十三五"期间融合发展的可以努力的方向应当是：以内容建设为根本，以拓展新技术新应用为基本路径，改造传统出版，创新纸质读物的产品形态，延伸出版产业链，进而实现由单一纸质读物出版向以纸质读物为基础的全媒体复合出版的转变，实现由纸质读物供应向全媒体阅读服务供应的转变。

首先，要以内容建设为根本，提高原创出版能力。纸和互联网，对于出版而言，都是传播内容的介质，离开了内容，纸还是纸，互联网还是互联网，既不会有传统媒体，也不会有新媒体。融合发展必须以内容建设为根本。我国少儿出版已经完成了由"加工"到"制造"的转变，但总体而言内容创新能力还不够强，教辅图书和大众图书的比例各占一半，而大众图书中，还有相当部分是引进版和公共版权图书。特别是，我们还没有能够在世界上叫得响的作家和作品，还没有打造出少儿出版的“中国品牌”。我们要下决心转变发展方式，从追求品种规模转变到讲求质量效益上来，切实提高原创出版能力，推出更多无愧于时代的优秀作品。如果我们手中有一批像比利时的《丁丁历险记》、瑞典的《长袜子皮皮》、意大利的《洋葱头历险记》那样的世界经典，中国少儿出版就可以在融合发展中处于主动地位。

其次，要用数字技术改造传统出版，实现出版流程的再造。传统出版的数字化水平很低，编辑工作还离不开纸和笔，编辑、印务、发行、管理各个环节衔接不畅，“信息孤岛”的现象普遍存在，既不能实现管理的精细化、科学化，也制约着传统出版的转型升级。传统出版的数字化转型必须运用数字技术再造流程，实现纸质读物出版过程的数字化。中少总社在这方面已经取得了初步成效，我们已经建成了办公自动化系统、ERP 系统，全媒体出版平台也已经建成试运行，2016 年将在全社范围内运用。

第三，用数字技术丰富内容呈现方式，创新纸质读物的产品形态。各种新技术的产生为丰富纸质读物的内容呈现方式提供了新的可能。比如，借助点读笔，可以把原本只能看的纸质读物变成可以听的有声读物；利用现实增强技术，可以使原来静止的平面图画变成立体的动感图画。这些技术，可以使内容变得更加形象、逼真，对于少儿读者提高阅读兴趣，增强阅读效果具有很好的作用。

第四，实现全媒体出版，满足读者的多元阅读需求。这是少儿出版转型所要实现的目标。所谓全媒体出版，是将一个内容制作成多种介质的产品，通过多种渠道进行传播的过程。在全媒体出版条件下，纸质读物依然是基础产品，同时，可以根据读者需求，加工成适合数字化传播的电子书刊、视频、音频、网页、动画等各种产品，满足读者多元化、多层次的阅读需求。中少总社目前部分低幼读物已经着手进行全媒体出版的尝试并取得初步成效。比如，《幼儿画报》的内容，可以在刊物上看到，同时，也制作成视频节目、动画片等通过网络电视传播，还制作成了语音智能玩具。我们还将推出更多的全媒体产品。

最后，实现出版模式的再造，由现在以出版者为中心的单向传播转变为在出版者主导下的以用户为中心的互动传播。在新的出版模式下，读者对阅读产品和阅读服务拥有更多的选择权和参与权，可以选择纸质读物，也可以选择电子读物；可以选择批量生产的标准化阅读产品和阅读服务，也可以根据个人的兴趣爱好选择个性化的定制产品和服务。

作为传统媒体从业者，我们所有人都能感受到媒体格局变革带来的严峻挑战。但是，在挑战面前我们要保持清醒。在义不容辞地承担起融合发展这个历史性任务的同时，我们还应当看到，不一样的媒体面对挑战有不一样的应对之策，适合报纸的不一定适合图书，适合图书的也不一定适合报纸。就出版而言，大众出版和专业出版、教育出版，少儿出版与成人出版，融合发展的路径也不会是完全一样的。同样，中国少儿出版的融合发展也不能照搬西方出版强国的经验，我们所面临的国情、所处的发展阶段与他们不一样，只能走自己的路。我们应当有信心走出一条少儿出版融合发展的中国道路。

（原文载于《中国出版传媒商报》，2015 年 1 月 20 日）

最重要的是“不亏心”

我们的存在，植根于少年儿童的阅读需求；我们的价值，在于通过出书育人推动民族进步和社会发展；我们的生存发展，取决于我们对少年儿童阅读需求的满足程度和出书育人的贡献大小。中国少年儿童出版社首任社长叶至善说过，少儿出版要“一不亏心，二不亏本”。“不亏心”，就是要有利于孩子的健康成长，对得起天下父母；“不亏本”，就是要有经济效益，为做好“不亏心”的事业积累物质基础。

少儿出版之所以存在，是因为少年儿童需要通过阅读实现自我的进步与发展。比如，阅读能够让少年儿童逐步分辨什么是真、善、美，什么是假、恶、丑；正确认知自我、他人和社会、自然；培养对读写的兴趣并形成习惯，提高语言运用能力，为完成学历教育和终身学习打好基础，等等。离开了对少年儿童健康成长的教育作用，少儿出版就失去了存在的意义。

在市场经济条件下，书稿、版权、人力资源、资金、纸张、印刷等各种出版资源都要通过市场来配置，出版物也要为读者所购买才能够产生阅读行为。可以说，没有市场就没有出版，也就没有出版物的传播。没有传播，少儿出版的社会效益当然也就无从实现。

那么，怎样做到社会效益与经济效益的统一呢？从中国少年儿童新闻出版总社的实践看，最重要的是要以孩子为中心，做到从孩子中来，到孩子中去，尽最大努力满足少年儿童成长中的阅读需求。市场不是抽象的，也不仅仅是书店、电子商务平台，更不是跟风出版，而是孩子们以及家长、教师的实实在在的阅读需求。读者需求才是真正的市场。少儿出版要实现经济效益，最重要的是着眼于孩子们的健康成长，提供能够满足孩子阅读需求的出版物。

中少总社主办的《幼儿画报》每月发行量超过200万册，之所以能够获得如此销量，在于坚持以孩子为中心。《幼儿画报》依据教育部提出的教育目标设置内容，所有选题均来自读者调查。选题确定后，组织国内一流作家、画家和教育专家共同完成。样刊还要拿到幼儿园试读，根据孩子和幼儿园教师的反馈做进一步修改。由于刊物定位符合幼儿成长的规律，内容接近幼儿园和家庭教育的实际，再加上高质量的创作和编辑制作，《幼儿画报》畅销不衰，也带动了中少总社低幼产品群的发展，带来了可观的经济效益。

因此，我一直认为，作为少儿读物出版人，应当具有这样一种共识：我们的存在，植根于少年儿童成长过程中产生的阅读需求；我们存在的价值，在于通过出书育人来推动民族进步和社会发展；我们的生存发展，取决于我们对少年儿童阅读需求的满足程度和出书育人的贡献大小。我们还应当有这样的清醒和自觉：一个处在伟大复兴的历史进程中的民族，总是希望自己的下一代能够不断汲取正能量，好好学习，天天向上。因此，把社会效益放在首位是少儿出版的题中应有之义，社会效益和经济效益统一于出书育人、为少年儿童健康成长提供优质阅读服务的过程之中。只有这样，少儿出版才能持续健康发展，实现更大的繁荣。

（原文载于《人民日报》，2015年6月1日）

从引进借鉴到双向互动

今天我要分享的是我对中国少儿出版国际化进程的一些看法。我的主要观点是：国际化是推动中国少儿出版发展的重要力量；中国少儿出版的国际化水平与它自身发展程度是相一致的；十年前，中国少儿出版在国际化方面以引进借鉴为主，现在已经进入到“引进来”与“走出去”双向互动这样一个阶段。有关二者的双向互动，我有以下四个方面的看法：

一、引进外国儿童文学作品催生了中国少儿出版

故事要从100多年前讲起。1895年甲午战争后，当时中国一些优秀的知识分子发起了一场社会改良运动，思想启蒙是这场运动的一个重要方面。为了对儿童进行启蒙教育，他们陆续创办了一些儿童报刊。这些报刊上刊登的作品，不少是来自国外的儿童诗、童话。这类作品发表多了，为了更好地保存和传播，于是结集成图书出版。这可以看作是中国少儿出版的萌芽。

也许有人会说中国古代也有为少儿出版的读物，比如《弟子规》《三字经》等。这不错，但是，认识到儿童是与成人不一样的独立个体，并且自觉地为儿童创作、出版作品，使儿童文学从成人文学中分离出来，进而使少儿出版成为一个独立的出版门类，在中国，确实是从19世纪末20世纪初从引进外国儿童文学作品开始萌芽的。对外国儿童文学作品的引进催生了中国少儿出版。从另一个角度理解，可以说，中国少儿出版从萌芽那天起，就伴随着国际化进程。

二、引进借鉴是中国少儿出版发展的重要动力

1978 年实行改革开放后，中国少儿出版发展很快，2014 年出版少儿图书 5.67 万种。而 1977 年，全国出版少儿图书只有 192 种；1978 年，也只有 200 多种。

在中国少儿出版 30 多年的发展历程中，引进借鉴起到了十分重要的作用。有研究者对 1998 年到 2007 年少儿图书的版权引进情况做过统计：1998 年引进 144 种，到 2007 年，这个数字是 1949 种，平均每年增长 37.25%，而这期间全国少儿图书品种每年增幅只有 5.37%；1998 年引进版图书占少儿图书品种总量的 2.29%，2007 年达到了 20.5%。考虑到这个阶段少儿畅销书排行榜上引进版图书占多数的情况，引进的图书在少儿图书市场上所占的份额应当远远超过 20%。

从产业发展的角度看，国外少儿图书的大量引进，改变了我国少儿图书市场的竞争格局。一是一些原来不那么引人注目的少儿出版社，凭借引进国内市场短缺的国外少儿图书，迅速取代老牌少儿出版强社，占据了市场领先地位。比如，接力出版社引进的美国作家 R.L. 斯坦的系列图书“鸡皮疙瘩”、浙江少儿出版社引进的奥地利作家托马斯 · 布热齐纳的系列图书“冒险小虎队”，都成为超级畅销书。二是一些原来并不出版少儿图书的出版社，通过引进国外畅销童书，在少儿图书市场上异军突起。人民文学出版社引进的英国作家 J.K. 罗琳的《哈利·波特》长期在少儿图书畅销榜上名列前茅。《哈利·波特》的市场轰动效应，引起中国出版业的高度关注。许多成人图书出版社、教育出版社甚至专业出版社进入少儿出版领域，从而彻底改变了少儿出版的市场格局。根据《中国出版传媒商报》相关数据显示，全国 582 家出版社中，有 555 家参与少儿图书的出版。

我在许多场合都说过，21 世纪初到现在中国少儿出版的高速发展，是出版全行业共同创造的结果。今天我想补充的是，引进版图书是许多非专业少儿出版社敲开少儿图书市场的第一块砖。

三、中国少儿出版新阶段国际化进程的新特点

引进版图书在少儿图书市场唱主角的状况从2004年起开始发生变化。这一年，中国作家杨红樱的系列小说“淘气包马小跳”由接力出版社出版，52集国产动画片《哪吒传奇》的同名系列图书由童趣出版公司出版。这两套图书很快登上了畅销书排行榜。到2006年，由开卷公司发布的少儿畅销书排行榜前50名中，中国本土原创图书和引进版图书几乎是平分秋色。2016年1—6月，根据开卷公司监测数据，排名在前100种的少儿畅销书中，有81种是由中国作家创作的。

引进版图书和原创图书市场表现的逆转，是中国少儿出版发展的必然结果。国外少儿图书的大量引进，开阔了中国少儿出版人和作家的视野，他们在继承和发扬1919年五四运动以来形成的中国少儿出版和儿童文学优秀传统的同时，努力在题材、体裁、写作技巧、制作、营销等方面学习，借鉴国外经验，发展本土原创儿童文学的创作和出版，使本土原创成为少儿出版的主流。据国家新闻出版广电总局《2015年全国图书选题分析报告》，2015年少儿图书选题中，引进版图书只有2735种，仅占5.63%。本土原创图书成为少儿出版的主流，说明中国少儿出版已经完成了由“中国加工”到“中国制造”的转变，进入了发展的新阶段。

随着中国少儿出版进入发展新阶段，它的国际化进程也出现了一些新特点。

一是出版社对引进版权持更加谨慎的态度。目前中国少儿出版市场已经结束了品种短缺的时代。据开卷监测数据，2015年少儿类图书零售市场（实体+网店）动销品种接近22万种，多数引进版图书很难有好的市场表现。因此，出版社特别是有经验的专业少儿出版社在购买版权时更加谨慎，一般更倾向选择像《丁丁历险记》《长袜子皮皮》这类经典图书，或者是获得安徒生奖这样重要奖项的作品。有眼光的出版人还会选择国内缺乏类似题材的作品，比如接力出版社出版的少年生存小说“荒野求生”系列。

二是在版权输出方面更加活跃。以前中国的少儿出版社参加国外书展主要是为了购买版权，不需要设立独立展位。2013年中少总社在博洛尼亚书展

上独立设展，把图画书、小说作为重点向国外出版商推介，实现了 57 项版权输出。自 2014 年起，中少总社以 CBBY[①]的名义，组织少儿专业出版社和一些在少儿图书版权输出方面实力雄厚的大众出版社参加博洛尼亚书展，2014 年组织了 25 家，2015 年达到 33 家，2016 年是 34 家。版权输出也逐年增加，2014 年全团共输出版权 153 项，其中中少总社 63 项；2015 年全团 391 项，中少总社 70 项；2016 年全团 492 项，中少总社输出 166 项。在北京国际书展、上海国际童书展、法兰克福书展等国际书展上，中国出版社的版权输出活动也十分活跃。有的出版社还邀请外国作家、插画家和中国作家、插画家共同创作，出版适合在国际市场销售的图书。

三是建立合资公司。比如二十一世纪出版社和麦克米伦合作的世纪麦克米伦公司。这家公司引进了麦克米伦公司出版的许多图书，还邀请外国作家来中国采风，创作适合在国际市场销售的中国题材的作品。如果这项尝试成功，将创造一个中国少儿出版在国际合作方面的新的范例。

四是国际业务成为经常性工作。过去许多出版社的国际业务重点是通过参加国际书展引进版权，日常工作主要是管理引进版权。现在国际业务已经成为一项经常性工作。不少出版社设立了国际合作部这样的工作机构，不仅要管理版权，而且要针对目标市场，建立版权输出的常备书目。进入常备书目的图书，通常要翻译成英文或其他语种。国际合作部还要负责国际客户的开发和维护，建立国际合作渠道；甚至要为有些图书寻找合适的外国作家或插画家，等等。

从上面讲到的几个方面可以看出，中国少儿出版的国际化进程正在进入一个新阶段，由以引进借鉴为主到“引进来，走出去”双向互动。这是中国少儿出版发展的必然结果。

四、中国少儿出版国际化进程的发展趋势

最后，我想谈谈对中国少儿出版国际化进程未来发展趋势的一些看法。

---

① 国际儿童读物联盟中国分会。

1. 国外少儿图书进入中国市场的门槛将逐渐提高。过去国外少儿图书大量进入中国市场的一个重要原因，是许多非专业少儿出版社看到了少儿出版市场的巨大潜力，急于进入。由于缺乏作者和版权资源的积累，购买国外版权就成了进入少儿出版市场的一条捷径。现在少儿出版市场已经由品种短缺进入品种过剩，许多出版社面临图书单品种效益下降、库存增加的压力，如何提高图书质量，增加效益是所有出版社都面临的问题。在这种背景下，出版社对引进国外少儿图书会采取更加谨慎的态度，会更多地从品种的稀缺性方面来考虑是否引进。

2. 引进国外出版资源进行本土化开发会进一步受到重视。现代教育、儿童文学、少儿出版都发端于西方国家，中国少儿出版的出现至少比西方国家晚了 150 年，当代人类文明的许多创新成果也首先出现在西方，引进借鉴是推动中国少儿出版发展的长期战略。但是，由于历史、国情、文化、教育等方面的差异，有些书虽然很好，但如果原封不动地照搬引进，很难取得预期的市场效果，这就需要把这些书的品牌、内容和形象与中国元素更好地结合起来，进行本土化开发，而不是直接引进产品。中少总社与美国宝开公司合作开发的“植物大战僵尸”系列图书就是一个很好的例子。这套系列书主要是运用《植物大战僵尸》这款游戏的品牌、形象、场景和情节梗概，内容都是由中国作家创作的，同时还植入了中少总社自己的一些形象。这套书从 2012 年出版到现在，发行量已经超过了 3000 万册，版权销售的情况也很好。

3. 版权输出的数量会进一步增加。经历了由“中国加工”到“中国制造”的转变后，许多出版社形成了一批拥有知识产权和品牌的可供书目。如何使这些图书在中国市场销售的同时，取得更大的效益？一些出版社尝试输出版权。在探索中我们发现，世界上有很多国家、很多人非常关注中国的发展，而了解中国的一个很有效的办法是阅读来自中国的图书。2014 年 5 月在美国纽约书展期间，我见到一位负责中文图书采购的女士，她告诉我，纽约公立图书馆中文图书的借阅率已经超过了西班牙文图书，成为仅次于英文图书的第二大语种图书。而且，读者不仅是中国人，也有不少美国人。能够直接阅读中文图书的美国读者毕竟很少，更多地需要通过翻译介绍。我相信会有更多国家的出版商会引进中国少儿图书，来满足这些国家的孩子了解中国文化和中国孩子的需求。

4. 国际合作的形式将更加丰富多样。除了输出版权外，与外国出版社联合策划、出版适合在国际和国内两个市场销售的图书，与国外出版社成立合资公司，设立国外分支机构等，都是中国少儿出版今后几年有可能选择的国际合作形式。

中国少儿出版经历了十多年的高速发展，但中国少年儿童人均图书拥有量仍然很低。在未来 5 年内，中国少儿出版面临许多重要的发展机会，比如，城镇化进程将有效地刺激居民阅读消费，生育政策的调整会使少儿出版的目标读者群继续保持惊人的规模，中小学语文教学正在进行的改革需要增加学生课外阅读量，政府已经制定政策把阅读作为增加社会公共文化产品的重要方面，等等。在这些因素的综合作用下，中国少儿出版高速发展的态势有可能会继续保持下去。我们愿意继续推进中国少儿出版的国际化进程，通过更加有效的国际合作，在发展自己的同时，与国外同行分享发展的机会。

（原文载于《中国知识产权报》，2015 年 9 月 18 日）

童书出版的“脱胎换骨”

中国的少儿出版如果从2002年算起，经历了3个五年计划，将近15年的高速发展，2012年、2013年，增速跌破两位数，2014年又回到了10%以上的增速，可以说，少儿出版经历了辉煌的黄金年代。很多人都想知道未来的少儿出版会怎样，我的判断是，“十三五”期间，少儿出版依然会保持比较高的增速。

一是生育政策的调整。现在二孩政策已全面放开，是否生二孩是一对夫妻的个人意愿，但童书出版的目标读者群规模稳中有升是毋庸置疑的。

二是中国发展不平衡，城乡之间、地区之间阅读状况差异很大。一方面，中心城市、发达地区部分读者呈现分层次、多样化、个性化阅读需求；另一方面，广大农村和欠发达地区的儿童甚至连基本阅读需求还没有被满足，中国少儿出版的回旋余地和发展空间还很大。

三是新型城镇化的进程拉动阅读需求增长。按照2013年发布的新型城镇化建设规划，到2020年，中国的城镇化率由当时的53%提高到60%，7个百分点意味着将有一亿左右的人，由过去的农村人口转变为城镇人口。由于居住更加集中，加之在新型城镇化建设当中，公共文化服务设施将进一步健全，覆盖更多人口。在这样的背景下，阅读需求会进一步释放出来。

四是语文教学的改革。阅读在更深入地进入校园。眼下，不少学校开设了阅读课，这个趋势会随着语文教学的改革更为明显。

五是全民阅读的推广和深化。全民阅读推开，包括相关法律条例一旦通过，就意味着阅读作为一项基本的文化权益，将受法律保障。儿童阅读作为其中最为刚性的部分，理应得到国家战略层面的支持。

综合以上因素，少儿出版完全应当也有可能保持一个比较高的增长速度。

当然，即便如此，未来五年乃至十年，如果继续采取依赖投资和要素驱动的方式，不但完成不了少儿出版业质的转变，反而有可能掉进“增长的陷阱”。相关公开数据显示，2014 年涉足少儿出版的出版社达 546 家，还不算大量的民营出版商，可谓不计其数。出版要素大量投入导致的后果是，少儿图书单品印数下降，库存增加，有的出版社退货率达到 20% 以上。这样搞下去，崩盘也不是没有可能。因此，未来十年要铸就少儿出版“脱胎换骨”的“黄金时代”，必须依靠创新驱动。

内容创新。现在少儿出版一方面总量品种很多，一方面创新能力不强。很多出版商囤积了大量国外图书版权，就是先把预付金交了，什么时候出，不知道。还有很多在公版书上打转。现实题材的儿童文学、人文社科、少儿科普，还有图画书这些板块都是我们原创的短板。

渠道创新。眼下，甚至未来很长一段时间，市场对于少儿出版物的需求依然旺盛，但行业渠道在萎缩，而且传统的发行方式存在弊端，不能把产品有效地传递到读者手中。比如我们的报刊订阅，没有严密的市场调查和数据分析，飞播 + 盲投，发出去上千万份征订单，最后实际回收不超过 10%，也不知道谁订了杂志。另外，渠道的覆盖面也不够广。现在都说渠道下沉，但有些地方根本没有渠道，谈不上下沉。因此，渠道创新需要利用互联网技术和现代物流技术，将出版商、渠道商和读者联通起来，打破中间的隔阂。

业态创新。“十三五”对我们来说最大的挑战不是数字阅读，是儿童的数字化娱乐在分流阅读时间，数字化娱乐可能进一步成为儿童的主要消费方式。在这样的背景下，要根据儿童新的消费方式、兴趣偏好来调整产品形态。这就是所谓的复合出版。产品形态上，由单一纸质读物的出版，向以纸质读物为基础的全媒体出版转变。比如，有些孩子家庭经济条件不太好，只能读纸书；有些家庭条件较好的孩子需要复合型的，可以购买带点读笔的书，也可以看视频。我们要做的是，根据他们不同的需求，提供不同层次的产品。

此外，还需进行出版模式的创新，由以出版者为中心的单向传播模式向以读者为中心的渠道传播转变；体制机制创新，比如说融合发展，实现不同所有制主体之间的融合。

因此，总体上判断，“十三五”期间，少儿出版应该并有可能继续保持较高的增速，而这个增速能否实现，取决于我们能不能转变发展方式，由过去的要素驱动、投资驱动，转到创新驱动的增长方式上来。

（原文载于《中国出版传媒商报》，2015 年 11 月 10 日）

阅读服务助力书香校园建设

2011 年，中少总社在长安街上投资兴建了一个建筑面积达 5000 平方米的少儿主题书店——青少年阅读体验大世界。当时实体书店都不景气，于是有媒体报道“中少总社逆势打造书业神话”。现在，青少年阅读体验大世界开业已进入第五个年头，2015 年接近盈亏平衡，2016 年肯定可以实现盈利。

这个结果的出现不是“逆势”而是“顺势”。创新正在成为引领发展的第一动力，要求教育适应培养学生创新精神和创新型人才的要求，落实并深化考试招生制度改革和教育教学改革。由于将提高语文成绩在高考中的权重，随着基础教育新一轮课程改革的展开和深化，阅读进校园、进课堂已经成为现实，阅读服务成为学校的现实需求。我们在调研中发现，校长们普遍关心：如何提高学生的阅读兴趣和阅读能力？如何通过阅读帮助学生提升学习能力？如何通过阅读孕育学生的情感和价值观？如何研制校本书单，把书用足用好？如何培养提升教师的阅读指导能力？如何建立校园阅读综合评价体系，系统规划“书香校园”的建设？等等。

经过 4 年多的研发和探索，我们已经基本形成了为学校提供阅读服务综合解决方案的能力，服务产品包括学生阅读能力测评、学校阅读指数综合评估、校园书香环境建设（图书馆、书香长廊、班级图书角）、校本图书配备、阅读课程开发、阅读师资培训、促读教具提供、阅读效果评估和改进提高建议等。2015 年以来，我们已经先后向北京市 200 所小学提供了阅读服务综合解决方案服务，目前正在实施的项目是北京大兴区教委的精品阅读工程，参与小学有 23 所，合同总金额为 1400 万元。另外，青少年阅读体验大世界每周一至周五接待到场进行阅读体验活动的小学生，2016 年 3 月中旬以来，累计接待 4176 人次，涉及 12 所学校。

因此，青少年阅读体验大世界获得认可，是中少总社适应国家发展和教育改革的大趋势，顺势而为的结果；大世界在商业上的成功，是基础教育对阅读服务产品真实需求的反映，而不是“神话”。

在开展校园阅读服务的探索过程中我们深切地体会到，少年儿童阅读是全民阅读的基础和重点，校园开展少年儿童阅读活动，组织化程度最高，动员效果最好，保障最为有力，阅读成果最容易实现分享，是少年儿童阅读推广最为重要的阵地。作为专业少儿出版社，我们应当着眼于全面建成小康社会对文化建设提出的目标要求，着眼于新的发展理念对人才素质提出的新要求，着眼于深化教育改革背景下少年儿童新的阅读需求和服务需求，努力完成由阅读产品供应向阅读服务供应的转变，主动嵌入到基础教育的过程中去，以专业化的阅读服务助力书香校园建设。

（2016 年 4 月 7 日）

动听的中国故事才能获得国际认可

国际安徒生奖是世界公认的儿童文学最高奖项。曹文轩获得此项殊荣，是中国儿童文学迈进世界儿童文学最高殿堂的重要标志。国际安徒生奖候选人由国际儿童读物联盟（IBBY）各国国家分会提名，由国际安徒生奖评委会独立评出。中国少年儿童新闻出版总社是国际儿童读物联盟中国分会的主席单位，中国分会的秘书处也设在这里。因此，我经历了从酝酿提名人选到获奖者最终揭晓的全过程，进一步加深了对中国儿童文学走向世界的认识。

我认为，只有真实的、动听的中国故事才能得到广泛的国际传播和认可。在实践中，我们深深地感受到，随着中国的发展和强大，国外有越来越多的人希望通过图书来了解中国，中国出版的海外市场正在形成。在向国外输出版权的图书品种中，文学类图书具有较大的优势，而文学类图书又以文学性、艺术性较高的现实题材的作品为主。

曹文轩的作品，就是国外读者所需要的。对于国外读者而言，曹文轩的作品具有现实性、独特性、文学性、艺术性和世界性。曹文轩坚持写现实题材，讲述了一个又一个发生在中国的童年故事，故事情节和人物形象饱满生动，语言充满情感又细腻逼真，对儿童真挚深切的感情，在感动中国读者的同时也感动了国外读者。正是因为这样，曹文轩的作品为国际少儿出版界所青睐，以英、法、德、日、韩等 10 多种文字在世界上 50 多个国家和地区出版，并且获得了国外小读者和国际儿童文学界的高度认可。

同时，要充分发挥少儿出版在儿童文学走向世界中的渠道和桥梁作用。儿童文学走向世界的主要载体是图书，少儿出版是儿童文学走向世界的重要渠道。在推动中国儿童文学走向世界的进程中，中国少儿出版界使命光荣，责无旁贷。最近几年来，少儿出版加快了“走出去”的步伐。

中国少年儿童新闻出版总社从2014年起，每年受国家新闻出版广电总局委托，组团参加意大利博洛尼亚书展，版权输出屡创新高；我们以国际书展为舞台，每年组织中国作家与外国作家、插画家、出版人、阅读推广人在一起开展“好故事，一起讲”活动；多次邀请国际儿童读物联盟、国际安徒生奖评委会等组织的核心人物来华访问，与中国儿童文学界交流研讨；积极邀请国外著名插画家与中国作家合作，使中国作家作品更符合国外读者的阅读与欣赏习惯；我们还积极向相关国际组织推荐中国执委和中国评委，增强我国少儿出版界和儿童文学界在国际组织的话语权。

这些工作，为中国儿童文学走向世界起到了重要的推动作用。

曹文轩获得国际安徒生奖意味着中国儿童文学和少儿出版在走向世界的进程中，站在了一个新的起点上。少儿出版界在感到振奋的同时，也深深感受到了下一步工作的责任更加重大。总体上看，少儿出版引进大于输出的局面还没有改变，中国儿童文学在国际上有影响力的作家和作品还不多，走向世界的道路依然很长。

作为少儿出版人，我们要进一步深刻学习贯彻习近平总书记在文艺工作座谈会和党的新闻舆论工作座谈会上的重要讲话精神，坚持把社会效益放在首位、社会效益与经济效益相统一，坚持以社会主义核心价值观引领少儿出版，坚持以人民为中心的出版工作导向，努力推出更多中国孩子喜闻乐见、世界儿童广泛接受的精品力作。

我们要把原创出版的着力点放在现实题材的儿童文学作品上。中国已经进行了30多年的改革开放，现在正在进行的全面建成小康社会的历史征程，在给中国带来翻天覆地变化的同时，也在塑造着中国人和中国儿童的命运，少儿出版界愿与儿童文学界更加紧密地携手，推出更多无愧于伟大时代、成为历史永久记忆的精品力作。

同时，要推动儿童文学和少儿出版在更宽领域和更深层次上走向世界。中国将承办2018年博洛尼亚主宾国活动，我们将以这次主宾国活动为契机，在抓好原创出版的基础上，抓好优秀儿童作品的译介工作，优秀儿童文学作家、插画家的海外推广工作，力争在有影响力的相关国际舞台上，都能发出中国声音，展现中国形象。

最后，不断创新丰富“走出去”的形式和内容。继续做好版权输出工作，拓宽版权输出渠道；加强实体书、数字产品的输出；联合我驻外文化机构、海外华人社团等力量，壮大推动儿童文学和少儿出版走向世界的力量；有针对性地建立海外分支机构，使中国儿童文学和少儿出版更好地融入当地主流人群。

（原文载于《文艺报》，2016 年 4 月 13 日）

原创少儿出版：要畅销更要常销

总体上看，中国原创图书出版已经进入较为繁荣的阶段，各家专业少儿社都不约而同地加大了原创儿童文学、图画书、卡通漫画等儿童图书的出版力度，这种趋势从儿童畅销书排行榜就可以看出。

这种新的繁荣与变革有目共睹，但同时也要看到，中国原创童书出版仍存在不少问题。首先是反映儿童现实生活、情感和体验的现实题材作品少，在童书销售排行榜中，排行靠前的多为幻想、探险、校园类小说，厚重的现实主义文学作品较少。造成这种现象的原因是多方面的，从儿童作品创作上来说，现在能够驾驭重大现实题材、沉得下心来写作的作家不多；在经济压力的推动下，出版社时常“紧跟”市场，紧抓畅销书，厚重文学作品的出版自然就受“冷落”；从读者角度来说，碎片化阅读、娱乐化阅读越来越明显，不仅儿童，成年人也很难静下心读书。曹文轩的获奖与其一直坚持现实主义创作紧密相关，正如他自己所说，“我的背景是中国”。背景是在中国，情感却是能引起全世界共鸣的。中国有独特发展的路子和经历，是独一无二的，国外读者阅读中国作品就是想借助作品认识中国。另外，速成作品获奖的可能性不大，曹文轩为了写作“丁丁当当”，打腹稿就打了十年，觉得已经成熟，呼之欲出了，才开始动笔，因此笔下的人物形象、场景刻画才能非常细腻，每一页的内容都可以还原成画面。

其次，虽然不少出版社对原创图画书比较重视，但是可能因为起步时间短，在故事、绘画、图文结合等方面，跟国外优秀图画书相比还有很大差距。我们可能不太熟悉用图文结合的形式来讲故事，既能画也能写的图画书创作者较少。

此外，经典、常销的卡通漫画书打造也是出版社必须加强的。国外不少卡通漫画书常销品种一版再版，最典型的就是《丁丁历险记》。《丁丁历险记》从 1931 年正式出版到现在，目前已翻译成 77 种语言出版，80 多年常销不衰。反观中国的原创卡通漫画书，通常是首印量大，但是重印的机会很少，是一次性的畅销。卡通漫画书创作画得很快，卖得很快，死得也会很快，经得起时间考验的创作才是经典。中少总社近年来特意引进国外常销的漫画书，看看能否借鉴，也在尝试着把伍美珍的作品、沈石溪的动物小说等用漫画书的形式来表现。

少儿社在作者资源的培育上要树立一个观念：作者队伍是建设出来的，不是挖来的。在新生代作者的培育和挖掘上，中少总社独特的优势在于《儿童文学》等多本有影响力的刊物，这些刊物成为发现作者、培养作者的最主要阵地。《儿童文学》一直以来坚持"只看作品，不看名气"，有名作者的作品也刊发，初出茅庐的作者的作品也刊发，唯"作品质量"是瞻。这些作者不仅给杂志供稿，还写书，《儿童文学》每年出版的新书大概在 70 种左右，而且每种书的首印量大，书的印数高了，作者收入高了，吸引力就大了。

中少总社开始尝试通过举办比赛发现作者。2015 年与中国作家协会儿童文学委员会、深圳少年儿童图书馆合作，联合发起华语儿童文学中国故事短篇创作邀请赛，比赛设立成年组和青少年组，征集书写中国故事的现实题材短篇小说、呈现时代的面貌和中国的生活的作品，引导现实题材小说的创作。

建立完善发现作者的机制后，出版社应该切实保障作者的利益，对作者负责，开展多方面互动。中少总社会定期不定期举行青年作家讲习班、儿童文学创作研讨会、长篇小说创作深度交流会等活动，定期组织评选"十大青年金作家"，让编辑参与作者的创作过程。很遗憾的是，有些作者会厌倦这种烦琐的反复修改过程，转而投向其他出版社。中少总社还会邀请作者到国外考察国外童书创作情况，为作者提供学习交流机会。在抓好原创出版的基础上，抓好优秀儿童作品的译介工作，优秀儿童文学作家、插画家的海外推广工作也必不可少。

归根结底原创出版还是要靠编辑来落实。为了让好的编辑走专业发展道路，中少总社设有编辑职业发展通道，将编辑分成初级编辑、助理编辑、编辑、高级编辑、资深编辑、专家编辑 6 个档次，最高级的专家编辑岗位工资相当于副社级领导。编辑不一定要走行政管理岗位，好的编辑可以走专业发展的路子。中少总社还在社内进行“明日之星”评选，当选员工工资可以获得提档，连续两次被选，在编辑职业发展通道上可以破格提升。

当然，原创出版非一日之功，如果注重版权积累，注重品牌的培育，出版社就会愿意在培养作家上下些功夫。中少总社每年还会拿出 200 万元扶持原创，可用于预付经济困难的创作者的版税，也可扶持价值高、出版周期长的图书的出版。

（原文载于《中国出版传媒商报》，2016 年 4 月 29 日）

营造“双效”统一的出版生态环境

出版单位应该把社会效益放在首位，实现社会效益和经济效益相统一。但营造一个有利于贯彻“双效”相统一原则的出版生态环境是非常紧要的。

社会效益是少儿出版的刚性要求

在中少总社原来的绩效考核体系当中，社会效益考核大概占45%的比重，接下来会再做进一步的修订。

首先，作为少儿出版机构，该如何认识把社会效益放在首位？我认为，在少儿出版领域，社会效益是刚性要求。一般来说，在孩子9—10岁之前，都是大人买书给他看，而家长对书的内容是有要求的，没有哪一个家长希望自己的孩子从小读坏书，学坏人，长大了当坏人。所以说，把社会效益放在首位，是社会对少儿出版的刚性要求。如果不能守住这个底线，出版单位在未来或多或少都会遇到一些麻烦。

总体上看，目前的少儿出版在政治导向上出问题或明显违反《出版管理条例》第二十五条、二十六条规定的比较少，主要还是有些图书内容偏向低俗、惊悚；同时少儿出版中价值引领问题也需要注意，即该用什么样的价值观，什么样的生活方式来影响少年儿童。比如有段时间公主题材的图书比较多，有些年轻编辑就盲目跟风，忽视了少儿出版在价值引领方面的作用。

其次，社会效益跟经济效益是一定要统一的。没有经济效益，也不会有社会效益。少儿出版本质上是大众出版，不是专业出版。在专业出版领域，成本很高且比较小众的书，对科技积累、传承有很大作用。但少儿出版是大众出版，如果不传播，社会效益就无从实现，特别是在市场经济条件下，市场对出版资源的配置起到基础性、决定性的作用，比如作家、稿酬、版税、纸张、印务、物流等都需要市场配置，不考虑经济效益肯定不行。

更重要的是，出版物的社会效益是在传播过程中实现的，不是在编辑过程中实现的。编辑的想法再好，出的书如果读者不买来看的话，社会效益根本无从实现。因而，编出来的好书，只有卖得动，卖得多，传播范围才更广泛，社会效益也更大。所以说，把社会效益放在首位，社会效益与经济效益相统一，这本身就是少儿出版内在规律的要求。

如何落实把社会效益放在首位，经济效益和社会效益相统一的要求？我认为，重要的不是事后追责，主管主办单位在考核出版社时，可以用产品来衡量其社会效益。但出版企业不能只管结果不管过程，要把社会效益首位的原则落实到出版物生产过程的管理中。

另外，我也不太主张出版单位过于在意出版物是否列入了国家资助项目、国家规划，是不是获得了奖项。把这些指标作为加分项可以，但要作为社会效益的基本考核指标，我觉得是不合适的。为什么这么说？中少总社一年的新书有700多种，获奖的、列入政府出版规划的、列入重大项目的是极少数，那剩下的大多数怎么办？所以考核指标应该体现在整个管理过程中，要面向所有出版物，特别好的可以列为加分项。

社会效益考核要落实到编辑队伍的建设中

中少总社的社会效益考核主要强调以下几个方面。第一，选题规划。中少总社的原创儿童文学作品主要在儿童文学中心，以杂志为基础；低幼读物主要在低幼出版中心，2015年共出版了300多种新书。接下来将加强主题出版，以报刊为基础，组建少先队出版中心，把主题出版做好。所以就要加强出版规划，包括是不是体现了国家意志，原创的分量有多大，结构是否合理，等等。第二，选题论证。选题是否严谨、规范，运作过程中是否进行了充分的市场调研、读者调研，这些都要作为考核依据。第三，质量管理。制作过程是否坚持了三审三校，也是一个需要考核的指标。第四，印装质量。主要看印刷过程是不是绿色环保的。中少总社现在差不多有90%的出版物是绿色印刷，有些因为印刷工艺比较复杂，还没有完全实现绿色印刷。第五，读者反馈。要时刻关注有没有读者投诉，比如编校错误、内容欠妥等。

社会效益考核最终要落实到编辑队伍的建设中去。编辑队伍建设涉及企业文化的传承，涉及办社理念的落实。中少总社是在“少年报＋少儿社”的基础上合并组建的，第一任社长叶至善认为少儿读物的编辑工作实际上就是教育工作，少儿读物要有教育性，他提出少儿出版要“一不亏心，二不亏本”。而编辑直接决定出版物的内容和质量，直接影响出版物的社会效益和经济效益，因而，建立一支负责任、有爱心、业务精、作风硬的编辑队伍，是践行“双效”统一原则的关键。

中少总社对编辑考核只到各中心，不到编辑个人。因为编辑专业分工不同，统一的指标落实到具体的编辑很困难，因此对编辑的考核，由各个中心负责。中少总社重点抓编辑培训，每年组织培训和两次编辑考试，考试包括语文基础知识考试和编辑技能考试，这个考试成绩也作为社会效益绩效考核的指标。

同时中少总社制定了自己的质量标准。这个标准要严于国家标准，图书的差错率控制在万分之零点九，报纸万分之二，期刊万分之一。每个月都要抽查，期刊、报刊每月抽查一期；图书则是抽查新书，发现问题以后会进行惩罚。

中少总社还建立了产品召回制度，2014年实行过一次，有一本插画书因为图文不符等问题，差错率在万分之一点四六，进行了召回，召回后的损失全部由相关人员承担。

（原文载于出版商务网，2016年7月4日）

教育改革是阅读推广的新动力

教育改革怎样推动阅读推广、原创童书的出版？在思考这个问题之前，首先要来看两种现象：

现象一：阅读进校园正逐渐成为现在的潮流。小学的课表设计更遵循孩子的学习规律，首先从基础课程开始，拓展、巩固和深化学生对知识的理解，然后通过社会实践来进一步验证这些知识在实践当中的运用，最后通过自主创新让孩子们相互展示和交流。

现象二：中小学生人均阅读量与美国基本持平。据海淀区一所小学的月度数据显示，四年级学生的人均阅读量已经达到了4000万字，远远超过了中小学语文课程标准的4万字的要求，和美国小学生阅读量基本持平。

以上两种现象引起了相关管理部门的重视。北京市教委专门启动了“北京市中小学校园阅读促进与推广”项目，从增加阅读资源、完善阅读制度、建设阅读队伍、营造阅读氛围、培育阅读文化和提升阅读素养几方面提出具体要求；2016年12月20日，北京100多所学校发起成立了北京中小学校阅读联盟；2017年7月7日，又发起成立了幼儿园中的阅读联盟。以上无不在向我们昭示：阅读进校园已经成为一种潮流。

阅读进校园的直接动因是高考政策的变化。十八大首先提出要把立德树人作为教育的根本任务。十八届三中全会做出了一个《关于全面深化改革若干重大问题的决定》，提出深化教育领域综合改革，全面贯彻党的教育方针，坚持立德树人，加强树立核心价值体系的教育，完善中华优秀传统文化教育等要求。

国务院2014年9月3日颁布的《关于深化考试招生制度改革的实施意见》，

对学生评价方法提出了要求。2017 年高考大纲增加中华优秀传统文化的考核内容，适度增加阅读文字，这也就意味着国家开始重视快速提取和处理信息的能力的培养，这些都向教育者及学生暗示："得阅读者得语文，得语文者得高考。"高考将完全指向全面素质教育，教育体制将向培养拔尖人才转型，最终都是为国家发展服务。

教育改革也为出版，尤其是原创出版提供了发展契机。当前，我国校园阅读存在以下两个问题：

第一个是学校缺乏好书，校园图书馆藏书质量堪忧；

第二个是长期施行应试教育体制，学生的阅读缺乏相应的师资。学校是开展少儿阅读的主要阵地，少儿出版机构是学校的图书提供商，应该主动从产品供给和服务供给两个方面进行改革。

首先要调整产品结构，对接教育需求。目前我们正在建设三大产品群：一是以满足图书零售市场需求为主要目标的大众读物产业群；二是要建立以满足校园教育需求为目标的校园读物产品群；三是开发了少先队产业群。

其次，探索校园阅读服务的市场化运作模式：1. 建立阅读服务基地；2. 开展校园阅读服务，为学校提供整体解决方案，包括创建阅读环境，建立图书馆、书香长廊以及班级图书角等，并为学校提供具体的书单，开展师资培训。

最后，开发标准化阅读服务产品，在设立标准化阅读教室的基础上，为学校提供分阶段的智慧书库，提供个性化的阅读产品，同时建立新的阅读评价标准。

教育改革是阅读推广的新动力，也是推动中国原创童书出版的新动力。儿童文学原创作品的出版必须坚持以孩子为中心，以需求为导向，加大供给侧结构性改革和转型升级的力度，实现由阅读内容生产向内容创新转型，转变出版模式，着力于发展阅读服务。

（原文载于《新华书目报》，2017 年 7 月 14 日）

少儿出版发展的“近忧”和“远虑”

人无远虑，必有近忧，在我看来，当下少儿出版发展也正面临着“近忧”和“远虑”。在“近忧”方面，一是原材料价格的上涨和渠道的“低折扣”，不断地挤压着少儿出版机构的利润空间。据我初步了解，2017 年上半年少儿社利润持平的情况较多，甚至还有下降的情况，我们社上半年利润总额同比还下降了 40 万元，而纸价上涨给我们增加的成本大概在 650—700 万元之间。二是市场主体之间的竞争进一步加剧，非专业少儿社大量进入少儿出版领域，开卷数据显示，2016 年全国 580 多家出版社涉足少儿出版业务的有 551 家。同时，我们还面临着盗版等层出不穷的压力。

“远虑”则可分为中期和长期两个层面。从中期的情况来看，整个出版行业的问题也会逐渐影响到少儿出版的发展。比如说教材改革，教育部要将意识形态属性较强的语文、历史、社会与法制这三门教材实现全国统编。而我们大多数少儿社都有教材教辅出版业务，可能接下来还会面临一些政策调整方面的问题。另外，在政策导向上，要进一步鼓励发展原创。对于版权引进中出现的一些乱象，相关政府部门的管理措施可能还会持续下去。我曾与北京开卷信息技术有限公司总经理蒋艳平有过沟通，从 2017 年上半年的情况来看，少儿板块新书品种少于其他门类。那么，2017 年少儿出版是否能依旧保持 2016 年 28.84% 的市场增长率？再创历史新高？如果这样的发展态势不能被延续，少儿出版业下一步又应当如何发展？

从更加长远的角度来看，还有一些其他因素可能会对少儿出版产生长期深刻的影响。在 2017 年中国童书博览会期间，我曾做过“教育改革：阅读推广的新动力”的演讲，我认为阅读推广的新动力也是我们原创童书出版的新动力。一方面，过去跟教育密切相关的教辅出版不断遇到新问题；另一方面，少儿出版跟当前基础教育改革需求脱节的现象非常严重，比如学校开展学科阅读，但是我们少儿出版并没有足够的阅读材料供给能力，而在美国分级阅读的少儿读物多达5万多种，接下来我们要考虑的是怎么适应基础教育改革的要求。

在渠道建设方面，我们如何摆脱目前被渠道“绑架”的被动局面也是一大问题。说到渠道和电商，就好像前不久俄罗斯的死亡游戏《蓝鲸》，其游戏规则是游戏组织者会不断告诉每一步该怎么做，当你把他要求的所有环节做完之后，你发现自己已经死了，或者离死已经不远了。做个可能不那么准确的比喻，出版社参加电商平台打折是“找死”，不参加是“等死”。现在有些实体渠道的结算价格已经低于成本了，再继续实行“低折扣”，出版社只能选择提高图书定价，使图书定价虚高，但这样做损害了读者利益，也影响了我们出版单位和读者之间的诚信关系。本来读书是一件很崇高的事情，但是当双方的诚信关系被扭曲和恶化，出版社下一步又该怎么发展？如果继续玩这种自杀式的死亡游戏，图书出版工作难以维系，电商平台卖什么，读者又读什么呢？目前亟待解决的首先是谁来制止这场死亡游戏，其次是我们如何发展一些更加健康的渠道来摆脱被电商平台绑架的局面。

对于少儿出版行业来说，以上三个方面的“忧虑”是同时存在的。作为中国出版协会少儿读物工作委员会（以下简称版协少读工委）的成员单位，我们在做好各社发展规划的同时，也要抱团取暖。思考并解决如何加强行业自律，如何发展原创，如何满足深化教育改革对少儿出版提出的新的需求，以及如何制定好我们自己的分级分类阅读标准，等等，这些都是我们行业发展的共同问题，我们需要交流看法，共商对策。而版协少读工委要发挥桥梁纽带作用，在出版社和相关政府主管部门之间传达彼此的想法。

（原文载于出版商务网，2017年7月16日）

少儿出版要“由多到好”

进入出版行业，有两位出版家对我影响很大：一是兰登书屋的创始人贝勒特，他让我知道什么叫出版；二是中国少年儿童新闻出版总社的第一任社长叶至善，他让我牢记怎么做出版。

贝勒特 67 岁退休，他总结自己一生成就的时候说了这样一段话：兰登书屋的可供书目是如此强大，以至于今后 20 年内哪怕是关门大吉，赚到的钱也要比现在还多，就像在人行道上弯腰捡金子一样容易。他的意思是把门关了，把人辞了，卖版权，足够卖 20 年的。看到这段话以后我感到特别震撼。

百度百科这么介绍兰登书屋——20 世纪世界出版界，兰登书屋具有举足轻重的作用，更重要的是它潜移默化地起到了引领作用。这段话真令人无限感慨，什么叫出版？把好书一本一本推出来，最后形成了强大的可供书目，然后实现对社会的文化积累，这就是出版。

叶至善先生说：编辑的一切工作都要设身处地为读者着想，怎么策划选题呢？叶至善给自己立了四条规矩：一是想要让孩子弄清楚的问题，先问问自己是否弄清楚了；二是想要让孩子感兴趣的事情，先问问自己是否感兴趣；三是想要让孩子感动的事，先问问自己是否被这事感动了；四是想要让孩子去做的事情，先问问自己是否也打算这样做。

一切的内容设计，一切的选题策划都是从读者出发，叶至善真的是把心交给了读者。落实到具体的编辑过程当中，叶至善经常做的一件工作就是根据作者的原意对句子进行拆分，把长句子改成短句子。为什么要这么做？叶至善说，句子长了，结构必然复杂，孩子容易读到后面就忘了前面，影响对内容的理解。我们现在都说“工匠精神”，叶至善身体力行的就是这样一种“工匠精神”——选题策划不是关起门来精雕细刻，而是要把读者放在心上，看读者到底需要的是什么，然后在编辑的过程当中调动全部的编辑手段来让内容完美地呈现出来，使读者乐于接受，易于接受。不像我们现在这样，看看排行榜有什么，看看哪一本书畅销，然后再想办法来找这些东西。

我很愿意与同行分享一句话：书比人长命。后人怎么来评价我们这一代出版人，不会看我们的市场占有率、排行榜，这些都是过眼烟云，一切都会烟消云散，他们唯一能看到的是我们到底留下了哪些书。

少儿出版现在的确已经完成了“由少到多”的转变，2016 年少儿图书新书品种是 4.4 万种，少儿出版零售市场的动销品种超过了 22 万种。这么多书读者有些时候还感觉无书可读，这就需要我们真的把文化放在心上，把读者放在心上，要有文化情怀，也要有“工匠精神”。只有这样，我们才能够完成少儿出版“由多到好”的转变。

（原文载于《中国出版传媒商报》，2017 年 8 月 15 日）

从少儿出版大国到少儿出版强国

一、中国少儿出版历史的简要回顾

中国少儿出版萌芽于19世纪末20世纪初由康有为、梁启超等发起的文学改良运动，那时出现了一些儿童报刊。作为一个独立的出版门类出现是1919年五四运动以后的事情，涌现了一些重要作家和作品，如叶圣陶的《稻草人》、冰心的《致小读者》等。但是，在1949年以前，中国战乱频仍，内忧外患，国难深重，民不聊生，少儿出版难有长足的发展。1950年全国出版的少儿读物仅有466种，总印数573万余册，而当时全国6—15岁的少年儿童有1亿多人，平均17个少年儿童读者才有1册少儿读物。

1949年中华人民共和国成立后，中国政府十分重视少儿出版，先后成立了在上海的少年儿童出版社和在北京的中国少年儿童出版社，奠定了新中国少儿出版的格局。从1949年10月到1965年12月，将近17年间，全国共出版少年儿童读物19671种，其中新版10723种，总印数6.71亿册，总印张10.48亿印张。这17年间出版的一些作品，成为当代中国儿童文学的经典，至今仍然具有生命力。比如张天翼的《罗文应的故事》《宝葫芦的秘密》，徐光耀的《小兵张嘎》，华山、刘继卤的《鸡毛信》，秦兆阳的《小燕子万里飞行记》，贺宜的《小公鸡历险记》，洪汛涛的《神笔马良》，孙幼军的《小布头奇遇记》，任德耀的《马兰花》等。但1966年发生的“文化大革命”打断了这一切。1966年到1976年这十年中，少儿出版几乎陷于瘫痪。

二、中国已成为少儿出版大国

1978 年中国实行了改革开放，开启了中国现代化的历史新征程。同中国其他各方面的事业一样，中国的少儿出版在这 30 多年中，也获得了巨大的发展，中国已经成为少儿出版大国。这个判断的根据来自以下几个方面：

1. 出版格局发生变化。少儿出版以前在中国被作为专业出版，1966 年以前主要由中国少年儿童出版社和少年儿童出版社负责。后来，参与少儿出版的还主要是 33 家专业少儿出版社。这个格局在近 5 年间被迅速打破。2011 年，在全国 580 家出版社中，有 506 家上报了少儿类图书选题，约占出版社总数的 87.2%。2011 年，全国共上报少儿类图书选题 41664 种。其中，33 家专业少儿社上报选题 10825 种，约占总量的 26%；非少儿专业的其他各类出版社上报选题 30839 种，约占少儿类图书选题总量的 74%。少儿出版已经不再是专业出版，而是全行业参与竞争的大众出版。

2. 出版规模迅速扩大。全行业参与竞争使少儿出版的规模迅速扩大。从少儿图书选题数量看，2007 年为 10460 种，2008 年达到 13522 种，2009 年为 15591 种，2010 年上报图书选题达到 36417 种，2011 年我国少儿类选题规模已经突破 4 万种。少儿图书在整体图书市场上的份额不断上升，从市场动销品种看，2007 年为 61724 种，2011 年达到 107570 种。2007 年少儿图书在整体图书市场上的份额为 11.3%，2011 年达到 14.22%。我国已经成为一个年出版 1 万多种少儿图书、年印制 260 多种少儿报刊、年销售 6 亿多册少儿读物、年销售额达 50 亿元人民币、拥有 3.67 亿未成年人读者群的少儿出版大国。

3. 品种结构趋向合理。首先是少儿大众图书的出版得到加强。过去教材辅助读物在少儿出版中占据主要地位，这类图书与少儿大众图书的比例，在 2000 年甚至是达到了 9∶1。这几年来少儿大众图书的出版不断加强，教材辅助在少儿出版中的比例不断下降，目前教辅读物与少儿大众图书的比例已经接近 5∶5。其次，在少儿大众图书中，少儿文学类图书约占 40%，少儿科普、少儿卡通、游戏益智类图书分别占 11%—12%，比较好地适应了少儿读者的阅读需求。

4．原创能力不断增强。中国少儿出版界不断加大原创图书的开发力度。2011年，引进版图书选题总数2668种，比2010年增加了624种，约占整个少儿类图书选题总量的6.4%。目前，在市场销售的少儿大众图书中，原创图书大约占70%；少儿畅销书排行榜中，原创图书也占据主要地位。以下是2012年5月1—10名的少儿图书排行榜（开卷）：

2012年5月1—10名少儿图书排行榜

排名	书名	出版社	作者	定价
1	笑猫日记·孩子们的秘密乐园	明天出版社	杨红樱	15
2	植物大战僵尸武器秘密故事（1）	中国少年儿童出版社	葛冰	12
3	巴学园系列·窗边的小豆豆	南海出版公司	黑柳彻子	25
4	植物大战僵尸武器秘密故事（12）	中国少年儿童出版社	白冰	12
5	植物大战僵尸武器秘密故事（6）	中国少年儿童出版社	白冰	12
6	植物大战僵尸武器秘密故事（11）	中国少年儿童出版社	葛冰	12
7	植物大战僵尸武器秘密故事（3）	中国少年儿童出版社	高洪波	12
8	植物大战僵尸武器秘密故事（2）	中国少年儿童出版社	白冰	12
9	植物大战僵尸武器秘密故事（5）	中国少年儿童出版社	葛冰	12
10	植物大战僵尸武器秘密故事（10）	中国少年儿童出版社	高洪波	12

5．队伍不断壮大。中国少儿出版编辑队伍迅猛发展。编辑人员目前已达2万多人，平均年龄降到31岁，平均学历在大学本科以上，还有一大批博士生、硕士生和各个门类的专业人员。同时，也涌现出了一批素质较高的懂出版、懂市场、懂管理、懂外语、懂读者的复合型编辑、畅销书编辑、引进版权专家。

三、与少儿出版强国的主要差距

中国已经成为少儿出版大国，但还不是少儿出版强国。与少儿出版强国比较，存在以下主要差距：

1．缺乏大型少儿出版集团作为骨干企业参与国际竞争。虽然有500多家出版社参与少儿出版，但“村村点火，户户冒烟”，出版资源高度分散，集约化程度很低，缺乏能够发挥龙头作用的大型少儿出版集团。中国少年儿童新闻出版总社是中国目前规模最大的少儿出版企业，但从资金、人才、版权资源的积累等方面的情况看，还缺乏足够的实力参与国际竞争。

2. 缺乏有国际影响力的品牌作品、品牌作家、品牌画家。近几年，中国少儿出版虽然推出了一批畅销书，但是还缺乏像《哈利·波特》《丁丁历险记》《长袜子皮皮》那样有国际影响力的品牌作品。

3. 内容创新能力还不够强。尽管相对于 2000 年教辅图书与大众图书 9∶1 的比例而言，少儿出版的原创出版能力有很大提高，但内容创新能力不强仍然是制约中国少儿出版由大国走向强国的一个突出问题。还有相当一部分少儿出版社对教辅图书的依赖程度依然比较高；文学原创图书选题过多地向少数畅销书作家集中，导致选题重复的现象时有发生；科普图书、图画书的原创出版十分薄弱。

4. 产业化程度还比较低。少儿出版的盈利模式比较单一，主要靠销售图书获得发行收入，还停留在产品生产和加工的阶段，在版权贸易和衍生产品开发方面，几乎没有作为。

5. 数字化出版进展缓慢。数字出版在中国已有 1000 多亿元的产值，但就少儿出版而言，目前出版业态仍以纸质出版物为主，在数字出版方面还处在观望、探索和局部性实验阶段，缺乏总体设计和系统规划，更缺乏成功的商业模式。

从以上差距看，中国要从少儿出版大国走向少儿出版强国，还需要付出艰苦的努力。

四、走向少儿出版强国的有利条件

从现在起到 2020 年，是中国从少儿出版大国走向出版强国的黄金期和关键期。我们面临许多有利的条件：

1. 国家大力发展文化产业。国家已经明确把文化产业作为战略性支柱产业，在税收、财政等方面采取各种措施扶持文化产业的发展。对刚刚完成转制的文化企业，国家给予免征所得税的优惠政策，这项政策延续到 2018 年。

对于增值税，国家目前采取大部分“先征后返”的政策。除此之外，国家还设立了文化发展专项资金、政府出版基金等，鼓励出版社实施在文化产业发展中有基础作用或创新作用的项目。

2．少儿文化消费需求升级。目前我国城镇居民人均收入 2.4 万元人民币，北京市 2011 年居民人均收入近 3.3 万元人民币。居民收入增长再加上大多数的城市夫妇只有一个孩子，导致文化消费需求加快升级。据中少总社曾在 31 个省、自治区、直辖市的调查结果显示，城市学龄前儿童家庭书刊拥有总量超过 50 本；大部分家庭每月愿意支出 30—50 元为孩子购书，北京市的家庭多数愿意支出 50—100 元为孩子购书。

3．少儿阅读需求旺盛。中国新闻出版研究院 2012 年 4 月发布了第九次全国国民阅读调查结果。根据这项调查，2011 年我国 18—70 周岁国民各媒介综合阅读率为 77.6%，比 2010 年增加 0.5 个百分点。图书阅读率为 53.9%，比 2010 年的 52.3% 增加了 1.6 个百分点。0—17 周岁未成年人图书阅读率 83.1%，比 2010 年的 82.7% 略有上升，未成年人的人均图书阅读量均有增长，且明显高于成年人的人均图书阅读量。对未成年人图书阅读量的分析发现，2011 年我国 14—17 周岁未成年人课外图书的阅读量最大，为 10.68 本，比 2010 年的 9.99 本有所增加。其次为 9—13 周岁未成年人，人均课外图书阅读量为 7.24 本，比 2010 年的 6.32 本增加了 0.92 本。0—8 周岁人群的人均课外图书阅读量为 5.40 本，比 2010 年的 4.78 本有所增加。可以看到，三个年龄段的未成年人的人均图书阅读量均超过了 18—70 周岁的成年人。在 0—8 周岁的儿童的家庭中，平时有陪孩子读书习惯的家庭占到 85.9%，这些家庭中家长平均每天花费 24.15 分钟陪孩子读书，比 2010 年的陪读时长有所增加。

4．少儿图书市场成长性好，稳定性强。中国有 3.67 亿少年儿童，中国少儿出版拥有任何国家都无法比拟的巨大的国内市场。中国城镇化率刚刚超过 50%，城乡差距较大，城乡儿童阅读水平也有很大差距。2010 年全国共出版少年儿童读物 35781 万册（张），儿童人均不足 1 册，说明儿童图书还有难以想象的巨大市场空间。从少儿图书在整体图书市场的占有率看，也还有很大上升空间。发达国家这项比率一般在 20% 左右，而中国近年刚达到 14.22%。同时，多数教师和家长主张，纸质读物对于培养少年儿童良好的阅读习惯和学习习惯，培养儿童的想象力和思维能力，增强儿童对母语的理解、掌握和运用能力，以及保护儿童视力，都具有不可替代的作用。因此，与在数字化浪潮下急剧变化的成人图书市场相比，少儿图书市场具有较强的稳定性。

所有这些，为中国少儿出版由大国走向强国，准备了极为有利的条件。

五、走向少儿出版强国的重要选择

中国少儿出版从大国走向强国的条件已经具备，能否实现，取决于少儿出版行业自身的努力。对于少儿出版行业来说，有这样几项选择是十分重要的：

1．必须坚持以内容创新为基础，实现由产品加工商到内容制造商的转变。原创出版能力不强是制约中国少儿出版发展的最重要的因素。没有足够强大的原创出版作为基础，就不可能产生具有自主知识产权和品牌的优秀作品，参与国际少儿出版竞争就失去了前提，出版社也只能依靠教学辅助读物和引进版权维持生计，只能是出版的产品加工商而不是内容制造商。中少总社从 2008 年起，发行码洋每年增长人民币 1 亿元以上，主要原因在于原创出版能力大大增强了。2011 年中少总社出版原创儿童文学新书 40 种，平均印数 5 万册以上，重印率达到 100%。2012 年出版原创儿童文学新书将达到 70 种以上。

2．必须积极创新出版业态，实现由传统出版向数字出版的转变。数字出版是互联网技术在出版过程中的普遍运用，是传统出版与互联网技术相融合而产生的一种新的出版形态，是出版发展的必然趋势。数字出版使出版介质和传播方式更加多样，内容传播更加便捷，读者的阅读体验更加丰富，为出版业带来了新的商业模式和盈利模式，提高了出版的产品附加值，实现了内容价值的最大化。数字出版与传统出版不是相互对立和相互排斥的。数字出版没有改变出版的本质，出版仍然是对内容进行编辑、复制和传播的社会活动，出版社在数字出版中，内容产品供应者的身份也没有变化。我们要善于运用数字技术去实现全媒体出版、立体化传播，满足读者多样化的阅读需求。中少总社从 2009 年起实施数字出版工程，目前已建成出版资产库和数字图书馆，并开发了一部分电子书刊，计划在 2015 年以前实现全媒体出版。

3．必须积极推进产业升级，实现少儿出版与少儿文化产业的融合。出版是小行业，但文化是大产业。出版在文化产业中处于基础地位，为文化产业中的其他行业提供内容、品牌和创意基础。做大做强少儿出版，应当努力实现少儿出版与少儿文化产业的融合。中少总社目前已着手系统开发衍生产品，语音智能玩具、点读笔等产品已经投放市场。我们还开办了建筑面积达5000平方米的青少年阅读体验大世界，这是目前中国最大的少儿主题书店，为少年儿童提供系列阅读服务。中少总社还将建立动漫制作基地。

我们衷心希望中国少儿出版在由大国走向强国的进程中，能够更多地学习、借鉴包括韩国在内的其他国家同行的经验，得到更多的支持。

打好质量管理的“组合拳”

图书质量包括内容质量、编校质量、印装质量等，是出版企业综合素质的体现，涉及出版导向、选题规划、队伍建设、管理水平、技术装备等多个方面。我们的体会是，抓好质量管理，要打好“组合拳”。

一、切实践行两个效益相统一的要求

把社会效益放在首位，是读者对少儿出版的刚性需求。没有父母不希望自己的孩子从小读好书、学好人，长大以后做好人；不讲社会效益，少儿出版就脱离了最基本的社会需求。同时，内容要通过市场传播，读者不买不看，出版物的社会效益就无从实现。少儿出版企业要切实践行把社会效益放在首位，社会效益与经济效益相统一的要求。我们从源头抓起，制定了《中少总社选题论证管理规定》，对年度选题及增补选题的申报流程做了明确的规定，特别注重出版物对少年儿童的政治引领和价值引领，体现健康向上的审美情趣。原来实行的绩效考核制度社会效益考核指标权重占 45%，后续会再做进一步的修订，提高、细化社会效益指标。绩效考核制度还规定，报纸、期刊编辑、记者每周至少要有一天到学校，和孩子们一起听课，搞活动。图书编辑每月至少一次。

二、以原创为重点，提高图书出版的整体水平

为了提高图书出版的整体水平，完成出版由加工到制造的转变，我们下

决心淘汰全部教辅图书，压缩引进版权图书品种，做强原创图书。我们打破了书、报、刊编辑部分工，书刊互动，以刊带书，加强原创图书出版。以《幼儿画报》为基础，整合相关书、报、刊，组建低幼读物出版中心。2015 年，该中心出版图书 693 种，其中新书 322 种。以《儿童文学》杂志为基础，组建儿童文学读物出版中心。2015 年，该中心出版儿童文学新书 67 种，每种平均印数 3 万册以上。以《我们爱科学》杂志为龙头，发展原创科普图书，2015 年，该杂志编辑部出版原创科普图书 32 种，每种平均印数 10 万册以上。目前，中少总社已形成思想品德、文学、历史、科普、教育、动漫、图画书、玩具书和益智游戏等图书产品线。2016 年已经列入生产计划的图书 615 种，原创图书约占 90%。

三、持之以恒地建设高素质的编辑队伍

编辑队伍的素质直接决定图书的质量，我们始终把建设一支高素质的编辑队伍作为抓好质量管理的关键。一是严把进口关。编辑录用由用人部门提出需求，由总社人力资源部按照编辑部门提出的条件组织公开招聘，会同用人部门笔试、面试后，择优录用。二是从 2011 年起，总社每年组织编辑进行语文知识考试和编校知识考试，考试成绩与绩效考核、职务晋升挂钩，考试不合格者离岗培训直至解聘。三是严格执行绩效考核制度。总社制定绩效考核办法，各中心根据中心实际情况制定具体考核办法，对编辑的工作态度、工作效率、工作质量和工作业绩进行考核。考核结果与绩效工资挂钩。四是建立编辑职业发展通道。编辑可以根据总社发展需要和个人能力，规划自身的职业发展，可以选择晋升管理岗位，也可以选择专业化发展道路，最优秀的编辑岗位工资相当于本社副社级领导。

四、完善质量管理的制度体系

我们制定了《中少总社质量管理办法》，明确了出版物质量检查的流程、标准和奖惩，规定了出版物的三审三校制度、重大选题备案制度、内部审读

制度、产品召回制度、产品质量责任追究制度，建立了较为完善的质量管理制度体系。

中少总社内部实行的编校质量标准严于国家标准，合格标准为图书差错率不超过万分之零点九，报纸差错率不超过万分之二，期刊差错率不超过万分之一。对于重点选题增加校次并邀请相关领域专家对内容进行把关，确保出版的图书内容质量合格。低幼读物在一校后要拿到幼儿园试读，听取老师和孩子意见后，编辑做进一步的加工。

我们还组建了专家质检团队，所有报纸、期刊每月抽查一期，图书每年抽查的比例不低于当年出版新书品种的15%，抽查结果及分析在总社OA系统上公布，并在每月的生产调协会上进行通报。总编室根据检查结果，对各中心进行绩效考核，考核结果与绩效工资挂钩。

印制质量方面，制定了《中少总社印务工作管理办法》《中少总社协作印刷企业管理办法》《中少总社图书印装管理办法》和《中少总社图书抽检制度的相关规定》。为保证印制质量，中少总社每年对各印刷厂进行测评，不合格的第二年取消合作。目前中少总社90%的出版物执行绿色印刷标准。

五、用全媒体出版平台强化编辑工作质量管理

中少总社于2014年建成了全媒体出版平台，经过试点，目前正在全社范围内推广运用。该平台强化了编辑工作质量管理的技术支撑，有效地提高了质量管理的水平。一是规范了编辑工作的业务流程。从制订图书选题计划到约稿、三审三校直至付印，所有编辑过程，都在该平台上完成，并且，只有完成上一环节工作后，才能进入下一环节。由此，确保了编辑工作业务流程的规范。二是实现了编辑过程的全程监控。在全媒体出版平台上，上级负责人对所有下级的工作进行全程实时监控，可以及时发现问题，解决问题。三是对编辑工作的各个环节进行实时考核。一个环节的编辑工作完成后，由下一环节责任人进行评价打分；所有环节完成后，同时得出所有相关人员在完成该产品过程中所得总分，得分与绩效工资挂钩。

少儿出版应更好地肩负起出书育人的作用

中国少年儿童新闻出版总社由中国少年报社、中国少年儿童出版社合并组建。中国少年报、中国少年儿童出版社是在毛泽东、周恩来、刘少奇、邓小平等老一辈革命家亲切关怀下，由团中央创建并主管主办的，是共和国少儿出版的长子。用社会主义核心价值观教育和引导少年儿童，是中少总社应当肩负的光荣使命。中少总社继承老一代报人、出版人开创的光荣传统，始终把编辑出版工作作为少年儿童教育工作来对待，以做功德的态度做好少儿出版工作，像重视孩子的食物一样重视出版物质量，做天下父母放心的百年老店。

一、把帮助孩子从小养成和践行社会主义核心价值观作为根本任务

近年来，少儿出版已经发展成为全行业参与竞争的出版门类。面对激烈的市场竞争，中少总社党组、社委会始终保持清醒的头脑，坚持正确导向，坚守文化使命，发挥出版功能，把以出版优秀的出版物服务少年儿童健康成长作为办社第一要务。一是建立完善图书选题四级论证制度（编辑—编辑室—中心—总社）、三审三校制度、内部审读制度，严把选题关，层层筛选，反复修改打磨，对有可能发生导向问题、品位不高、影响少年儿童健康成长的选题，哪怕市场前景再好，也坚决说不，一律不予立项；二是建立内部质量检查制度，每月必检，奖优惩劣，以优质的书报刊产品来保证正确导向的落实；三是重视读者反馈。中少总社出版的《幼儿画报》，为使刊物内容符合幼儿园

和家庭的实际需要，所有选题都来自针对读者的问卷调查和访谈。每期刊物付印前都到幼儿园试读，征求教师和孩子的意见。

二、努力出版少年儿童喜闻乐见的精品力作，打造未成年人思想道德教育的活动阵地

在跟风写作、跟风出版的冲击下，中少总社在出版实践中始终将增强创新能力、打造精品力作作为立社根本之策。通过整合出版资源，增强原创出版能力。近年来，总社出版了《核心价值观童谣 100 首》《伟大也要有人懂：一起来读马克思》《中国通史故事》《植物大战僵尸 · 坏行为》《植物大战僵尸 · 美德故事》《今日中国》《天涯海角国旗情》等深受市场和读者喜爱的宣传社会主义核心价值观的主题出版物，帮助少年儿童了解我国独特的传统文化、独特的历史命运、独特的基本国情，使他们的阅读具有中国特色、中国味道，为他们长大后认同中华民族的共同理想和中国道路打好精神底色；出版了《震动》《中国原创图画书》《萝铃的魔力》《植物大战僵尸》《快乐小猪波波飞》等一系列精品力作和畅销图书，取得了不俗的社会效益和经济效益。

《中国少年报》《中国儿童报》《儿童文学》《幼儿画报》《婴儿画报》《我们爱科学》《中国卡通》等报刊经过改版，不仅更好地适应了市场需求，在未成年人思想道德教育方面也发挥出更大的作用。中少报刊牢牢把握舆论导向，贴近少年儿童，贴近校园，挖掘先进人物和典型事迹，把社会主义核心价值观贯穿到日常的宣传报道中；弘扬主旋律，传播正能量，以适应少年儿童身心特点和成长规律的报道方式，在生动活泼的宣传报道中引导少年儿童养成和践行社会主义核心价值观。如今，《我们爱科学》《儿童文学》月发行量均超百万册；《幼儿画报》月发行量达 220 万册；《中国卡通》改版后，发行量从 11 万册跃升至 70 万册。中少期刊在全国少儿期刊市场居于绝对领先地位。据《2013 年新闻出版产业分析报告》，中少期刊以 7.6% 的品种实现了全国少儿期刊 26.9% 的平均期印数和 18.7% 的全年总印数。中少报刊以其优秀的质量和较高的市场占有率，引导和教育更多未成年人健康快乐成长。

面对数字化浪潮的冲击，中少总社积极发展数字出版。目前，我们已建

成了包括1951年中国少年报创刊以来、1956年中国少年儿童出版社成立以来所有报纸、期刊和部分图书的出版资产管理平台，完成了具有较强阅读功能的少儿快乐阅读平台一期工程，完成了全媒体出版平台的建设并开始试运行，开发了数字图书馆、快乐阅读平台、电子书、语音智能玩具等数字产品，并被评为“全国首届数字出版示范单位”。目前，中少数字图书馆已为40家公共图书馆采购，1000余种电子图书上线销售。2014年，总社数字图书馆产品实现销售收入近500万元。下一步，中少总社将加快业态转型的步伐，2015年基本完成传统出版到数字出版的业态转型，实现少儿出版的融合发展，不断创新产品形态，创新未成年人思想道德教育的形式。

与此同时，中少总社全额投资的青少年阅读体验大世界也已经成为未成年人思想道德教育的重要活动阵地。大世界是目前国内最大的青少年主题书店和阅读体验推广基地，坐落于长安街上，建筑面积5000余平方米。其优质丰富的出版物和充满人文关怀的体验场景，构成了少年儿童理想的阅读体验场所，丰富了少年儿童的精神文化生活。自2010年开业以来，大世界积极开展特色少先队入队仪式、阅读体验活动专场、四色花阅读讲坛、假期公益阅读推广活动、社会实践大课堂、关爱弱势儿童阅读体验活动、儿童成长观察评估等特色活动。目前，大世界开展各类阅读推广活动近2000余场，1万余个家庭5万余人次参加了各项推广活动，与80余小学、幼儿园、社区及文化机构共建阅读基地，开展阅读活动。

三、提高编辑的政治素质和业务素质，建设未成年人思想道德建设专兼职队伍

在出版实践过程中，中少总社通过提高编辑的政治素质和业务素质，来保证正确导向的落实和产品质量的提高，确保少儿出版更好地肩负起出书育人的作用。我们坚持对新录用的编辑先培训考试后上岗的制度。在岗编辑每年参加两次考试，考试内容包括出版法规政策、语文基础知识、编校技能等。

除了拥有素质过硬的编辑队伍，中少总社还拥有一支责任心强、熟悉工作的未成年人思想道德建设专兼职队伍。这支队伍主要由总社知心姐姐教育

服务中心的24名专职人员、30名知心专家和50多名志愿者组成，常年开展各类未成年人思想道德建设活动。中少总社非常重视这支队伍的建设。我们专门启动了志愿者培训工作，从北京师范大学、中央财经大学等知名高校和社会志愿者组织中筛选具有专业知识素养的志愿者，开展培训，签订志愿者服务协议，颁发志愿者手册，规范管理，更好地为未成年人思想道德建设工作服务。

2014年，中少总社知心热线接到全国各地的有效求助电话超过1500次，并通过网站、官方微博、微信公众平台、知心姐姐“新浪亲子大讲堂”等，为孩子们和家长们解答品德教育、学习、人际交往、成长、师生关系、亲子关系、青春期等方面的问题。近年来，这支队伍还通过积极开展“手拉手，让留守儿童笑起来”关爱行动、知心姐姐公益巡讲、知心姐姐故事会等活动，关注孩子心灵的成长，关注孩子的生存智慧，关注孩子的可持续发展，关注孩子的成长“心”动力，引导未成年人用心对待生活，对待他人，对待自身，对待社会，对待祖国。

四、社会效益和经济效益双丰收

从2008年起，中少总社发行码洋连续六年以超过1亿元的规模增长。国家新闻出版广电总局发布的《新闻出版产业分析报告》显示，中少总社总体经济规模连续三年居全国少儿类图书出版单位第一名。

2012年，中少总社被中宣部、文化部、广电总局和新闻出版总署授予“全国文化体制改革先进单位”的称号。2013年，在第三届“中国出版政府奖”的评选中，总社获得“先进出版单位奖”；《幼儿画报》获“期刊奖”；《快乐小猪波波飞》获“图书奖提名奖”。《中国少年报》《幼儿画报》被国家新闻出版广电总局评为“全国百强报刊”。在第九届全国优秀儿童文学奖的20个奖项中，总社出版的作品获得5项。中宣部、教育部、团中央向全国青少年推荐的百种优秀图书中，总社有7部作品入选。

在少儿出版专项治理行动中，中少总社受到中宣部、国家新闻出版广电总局的充分肯定，认为总社始终坚持正确的出版方向，坚持为少年儿童多出好书，出精品。在此行动中，总社被中央电视台等多家媒体给予正面报道。

2014 年 6 月 19 日，《中国新闻出版报》以头版头条及两个整版报道了总社把控产品质量方面的经验和做法。9 月 5 日，中宣部宣教局、中央文明办三局、教育部基础教育一司、团中央少年部联合在总社召开《核心价值观童谣 100 首》一书的出版使用座谈会。

近年来，中少总社还切实履行社会责任，坚持为少年儿童特别是边远山区、少数民族地区捐赠书报刊并提供阅读服务。据统计，2014 年，总社共向山西灵丘、云南鲁甸、新疆团区委、西藏团区委、邓小平图书馆、西藏中学等地区和单位捐赠优秀少儿读物 270 余万码洋。

中国少儿出版的历史、现状和未来

一、对我国少儿出版历史的简要回顾

（一）1949年以前的少儿出版

一般认为，英国出版家纽伯瑞是世界上第一个从事少儿出版的人，1744年，他编写并出版了世界上第一本专门的儿童书《美丽小书》，开办了世界上第一家儿童读物印刷厂、第一家专门的儿童书店。

中国少儿出版萌芽于19世纪末20世纪初的资产阶级改良运动。1895年中日甲午海战后，清政府与日本政府签订了《马关条约》。这个丧权辱国的条约在中国社会引起了极大震动，康有为、梁启超等一些有社会责任感、有改革思想的知识分子发起了改良运动，要求借鉴当时西方发达国家的模式，在政治、经济、文化等各个领域中进行改良。文学改良运动是当时改良运动中的一项重要内容，主要倡导者有康有为、梁启超等。提倡儿童文学，是文学改良运动的一项重要内容。梁启超认为："国之亡也，非当局诸人遂能亡之也，国民亡之而已。""国也者，积民而成……未有其民愚陋、怯弱、涣散、混浊而国尤能立者。""苟有新民，何患无新制度，无新政府，无新国家？""新民为当今中国之第一要务。""欲新一国之民，不可不新一国之小说。"他创办了《新小说》杂志，还创作发表了儿童诗歌。在文学改良运动中，还出现了一些儿童报刊，如《蒙学报》《寓言报》《蒙学画报》《童子世界》等。这些报刊上发表的作品，多为翻译、介绍的外国儿童文学作品，也有我国作者的原创作品。

从以上简要回顾可以看出，中国少儿出版作为一个独立门类的萌芽，是同儿童文学的出现相联系的，最早的出版物是报刊。而儿童文学之所以出现，又是同当时的思想启蒙运动联系在一起的。

少儿出版作为一个独立的出版门类出现，是1919年五四运动以后的事。当然，它的出现，也同样是以儿童文学作为文学的独立门类而出现作为条件的。叶圣陶是这个时期的作家中第一个为孩子们创作童话的，他在1922年发表的《稻草人》在中国现代儿童文学史上，具有里程碑的意义。这个时期的另一位重要作家是冰心，她的《寄小读者》，同样成为儿童文学的经典读物。周作人也发表了大量关于儿童文学的论述。儿童文学作为文学的独立门类出现，使得以记录、传播和传承文化为己任的出版分化出一个独立的门类——少儿出版。而少儿出版的出现，又反过来促进了儿童文学的繁荣。商务印书馆的《儿童世界》《儿童画报》，中华书局的《小朋友》《小朋友画报》，开明书店的《开明少年》《中学生》，都是当时重要的儿童文学基地。商务印书馆出版的“童话”丛书累计达77种，影响很大，中华书局出版了《中国童话》等几十种儿童读物。

少儿出版作为一个独立的出版门类出现后，促进了儿童文学的发展。20世纪的三四十年代，陆续出现了一些在中国儿童文学史和少儿出版史上应当被永远记忆的作家，他们是：茅盾、巴金、张天翼、贺宜、陈伯吹、严文井、金近、华山、管桦……

但是，在1949年以前，中国战乱不断，国难深重，民不聊生，少儿出版也难有长足的发展。1950年全国出版的少儿读物仅有466种，总印数573万余册，而当时全国6至15岁的少年儿童有1亿多人，平均17个少年儿童读者才有1册少儿读物。

（二）新中国成立后的少儿出版

1949年，中华人民共和国成立，实现了民族独立和人民解放。新中国成立的60多年的时间里，中国的少儿出版从几近崩溃，发展为世界少儿出版大国。从大的方面划分，主要有这样几个时期：计划经济时期（1949—1966）、“文革”时期（1966—1976）、计划经济体制向市场经济体制过渡时期（1976—2009）、市场经济体制时期。

计划经济时期。这个时期少儿出版的特点是由国家统一规划、实施，纳入国民经济计划管理体系中。1949年11月，国家成立了出版总署，统一规划、重建中国出版业。1952年12月，以上海的新儿童书店为基础，吸收中华书局、商务印书馆和大东书局的儿童读物编辑部门，在上海成立了新中国第一家专业少儿出版社——少年儿童出版社。

新中国成立初期，少年儿童读物严重缺乏的状况引起了国家的高度重视。1955年8月初，毛泽东主席批准了反映“少年儿童读物奇缺问题”的材料，并要求“设法解决”。1955年8月15日，团中央书记处向党中央提交《关于当前少年儿童读物奇缺问题的报告》，提出：在继续办好归属团中央管辖的在上海的少年儿童出版社的基础上，在北京创办中国少年儿童出版社；江苏、浙江、山东、河北等15个省、自治区的人民出版社设立儿童读物编辑室，加强全国儿童读物的出版，适当提高稿酬标准、加强发行和宣传工作、增设儿童阅读场所等加强少儿出版的建议。毛泽东主席看了团中央书记处的报告后，再次做出重要指示，要求有关部门认真对待这一问题，迅速改进工作，大量地创作、出版、发行少年儿童读物。同年8月15日，党中央批准了团中央的报告，要求全国有关方面积极地、有计划地改善少儿读物的写作、翻译、出版和发行工作。同年10月5日，文化部党组，向党中央呈送报告，提出“大力增加少儿读物的品种和印数”“增强少儿读物出版力量”“改进少儿读物的用纸和印刷质量，降低少儿读物定价”等加强少儿读物出版发行工作的改进措施。1955年6月1日，团中央创办的中国少年儿童出版社在北京成立，这是新中国的第二家专业少儿出版社。从此形成了“北有中少，南有上少”的少儿出版新格局。

从1949年10月到1965年12月，将近17年间，全国共出版少年儿童读物19671种，其中新版10723种，总印数6.71亿册，总印张10.48亿印张。全国涌现出了一批深受少年儿童读者欢迎的优秀儿童读物和作家。比如儿童文学读物中，有张天翼的《罗文应的故事》《宝葫芦的秘密》，徐光耀的《小兵张嘎》，华山、刘继卣的《鸡毛信》，秦兆阳的《小燕子万里飞行记》，贺宜的《小公鸡历险记》，洪汛涛的《神笔马良》，孙幼军的《小布头奇遇记》，任德耀的《马兰花》等。低幼读物中，有张士杰的《渔童》，方慧珍、盛璐德的

《小蝌蚪找妈妈》，张乐平的《三毛流浪记》《三毛迎解放》等。科普读物中，有高士其的《细菌世界探险记》《和传染病作斗争》；郭沫若作序，钱学森、李四光、竺可桢、茅以升、华罗庚等几十位著名科学家撰写的《科学家谈 21 世纪》等。特别是 1960 年 7 月，上海的少年儿童出版社开始出版中国少儿科普读物的扛鼎之作《十万个为什么》。这套读物含数学、物理、化学、天文气象、动物、农业、地质矿物、生理卫生 8 个分册，用少年儿童最喜欢的问答式体例收集 1484 个问题，集科普知识之大全，深入浅出，通俗易懂，成了一部新中国普及科学知识的畅销书、常销书，仅 1960 年 7 月到 1964 年 4 月，总发行 580 多万册，并出版了蒙文、维吾尔文、哈萨克文、朝鲜文等版本及盲文版。

"文革"时期。1966 年，"文化大革命"爆发，中国少儿出版受到极大冲击，陷于停顿状态。1966 年，全国的少儿读物从 1965 年的 775 种、8400 万册直线下降到 207 种、2900 万册。1967 年至 1969 年的 3 年中，全国几乎无少儿读物出版和发行。1970 年，出版了 104 种，其中有 10 个省市出版了"红小兵"之类的读物。从 1966 年到"文化大革命"结束的 1976 年，10 年中全国共计出版少儿读物 4591 种，总印数 17.42 亿册。这些少儿读物大多是"红小兵"读物，极端政治化和单一化。

计划经济体制向市场经济体制过渡时期。1976 年，"文化大革命"结束。1978 年，中国开启了改革开放的历史进程，改革的方向是建立社会主义市场经济。中国的少儿出版，也经历了由计划经济向市场经济的转变。

首先是恢复少儿出版。"文化大革命"使少儿出版几乎陷于瘫痪，1977 年只出版了 752 种少儿读物，两亿少年儿童几乎无书可读。少年儿童的"书荒"现象引起了党和国家的重视，1978 年 10 月 11 日至 19 日，国家出版局在江西庐山召开全国少年儿童出版工作座谈会。会议制定了 1978 年至 1980 年重点少儿读物的出版规划，提出了 1979 年六一儿童节前出版 1000 种少儿读物，三年内出版 29 套丛书的目标。这次会议是"文化大革命"结束后系统规划恢复少儿出版的一次标志性会议，从此，少儿出版列入国家出版规划，进入一个稳定发展的时期。

其次是发展壮大少儿出版的力量。1978 年，中国只有中国少年儿童出版社和上海的少年儿童出版社两家专业少儿出版社，200 多名少儿出版专业编辑，200多名儿童文学作者。1979年，天津市成立新蕾出版社；1980年，四川省成立四川少年儿童出版社。从此，各地陆续成立专业少儿出版社。到2008年，全国共有34家专业少儿出版社，260多家少儿报刊社，6000多名少儿出版专业编辑，5000多名儿童文学作家和画家。同时，许多其他出版社也成立了少儿图书编辑部门。

三是进行体制改革。在计划经济体制下，少儿出版社属于事业单位，是非营利的公益性机构，所需经费、物资由国家划拨，出版的图书由新华书店统一采购包销，没有经营压力。中国开始以市场经济为方向的改革后，由于纸厂、印刷厂、书店等与出版社有上下游关系的机构先后企业化、市场化，再加上民营出版工作室、民营发行渠道的迅速发展，少儿出版社不得不被动地参与到市场竞争中去，公益性事业单位的性质开始发生变化，变为经营性的事业单位，实行“事业单位，企业管理”的体制，即在人员管理上仍然按事业单位对待，但在财务和生产、供应、销售等方面，实行企业的管理办法，自收自支。“事业单位、企业管理”的体制在一定程度上适应了市场经济体制改革的要求，但实行这种体制，既不能沿用事业单位的办法，又不能完全实行企业的办法，在人事、财务、劳动管理等方面存在许多弊端。从2003年起，新闻出版领域进行改革试点，有31家新闻出版单位参加。到2008年底，地方出版社的绝大部分，大学出版社的多数，基本完成转企改制。截至2009年5月，全国已经组建了24家出版集团公司、49家报业集团、24家发行集团公司、2家期刊集团公司，出版行业上市公司11家。从2009年起，中央各部委各单位所属的出版单位的改革全面展开，到2010年底，除人民出版社、民族出版社、中国盲文出版社和中国藏学出版社保留事业体制之外，其他所有的中央各部门各单位所属的148家出版社，全部完成转企改制任务。中国少年儿童出版总社于2010年10月转为企业，至此，少儿出版社完全进入市场经济体制时期。

市场经济体制时期。这个时期才刚刚开始。除中国少年儿童出版总社外，其余专业少儿出版社全部并入出版集团，体制改革的任务对于大多数少儿出版社而言已经完成。在这个时期，如何贯彻“双效统一”的原则，实现提质增效，如何建立起与现代企业制度相适应的内部运营机制，如何适应媒体融合的发展趋势，完成出版业态的转型，如何适应文化产业发展的要求，完成产业升级，如何适应中国国际地位的提升，实现“走出去”，是少儿出版面临的诸多新任务。

二、少儿出版的现状

（一）1978年以来少儿出版的发展

1．从总体规模看，完成了由少儿出版弱国向少儿出版大国的转变。2015年，我国共出版少儿图书新书3.7万种，零售市场动销品种达到21.9万种。2016年，全国出版社申报的少儿图书选题达到6.1万种。从品种规模看，我国与美国不相上下，是当之无愧的少儿出版大国。

2．从行业地位看，完成了由出版“小儿科”向大门类的转变。过去，少儿出版被当作出版行业中的“小儿科”，从事少儿出版的主要是专业少儿社，少儿图书在图书整体零售市场上所占份额很小，到2006年，只有9.5%左右。但据开卷公司对图书零售市场的监测，2015年，全国583家出版社中，有555家出版了少儿图书，市场参与度达到95%以上，几乎是“村村点火，户户冒烟”；占整体图书零售市场的码洋比重为20.47%，成为拉动出版行业增长的主要力量。

3．从内容质量看，完成了由“中国加工”向“中国制造”的转变。十多年以前，少儿出版以引进版图书、教辅图书和公共版权图书为主，干的是“加工”的活儿。有研究者对1998年到2007年少儿图书的版权引进情况做过统计：1998年引进144种，到2007年，这个数字是1949种，平均每年增长37.25%，而这期间全国少儿图书品种每年增幅只有5.37%；1998年引进版图书占少儿图书品种总量的2.29%，2007年达到了20.5%。这个阶段少儿畅销书排行榜上引进版图书占绝大多数，实际市场份额远远超过20%。

引进版图书在少儿图书市场唱主角的状况从近些年开始发生变化。2006年，由开卷公司发布的少儿畅销书排行榜前50名中，中国本土原创图书和引进版图书几乎是平分秋色。2016年1—6月，根据开卷公司的监测数据，排在前100名的少儿畅销书中，有81种是由中国作家创作的。据国家新闻出版广电总局《2015 年全国图书选题分析报告》，2015 年全国出版社申报的少儿图书选题中，引进版图书只有 2735 种，仅占 5.63%。上述情况，说明中国少儿出版原创出版能力大大提高，已经完成了由“中国加工”到“中国制造”的转变，进入到发展的新阶段。

4. 从国际地位看，完成了由以引进借鉴为主向引进来与走出去双向互动的转变。随着中国少儿出版进入新的发展阶段，它的国际化进程也进入“引进来”和“走出去”双向互动的新阶段。一是出版社对引进版权的要求提高了。出版社特别是有经验的专业少儿出版社在购买版权时，一般倾向选择像《丁丁历险记》《长袜子皮皮》这类经典图书，或者是获得安徒生奖这样重要奖项的作品。有眼光的出版人还会选择国内缺乏的题材的作品，比如接力出版社出版的少年生存小说“荒野求生”系列。二是在版权输出方面更加活跃。以前中国的少儿出版社参加国外书展主要是为了购买版权，不需要设立独立展位。2013 年中少总社在博洛尼亚书展上独立设展，把图画书、小说作为重点向国外出版商推介，实现了 57 项版权输出。到 2016 年，参加博洛尼亚书展中国展团的出版社达到了 34 家，版权贸易已经成为许多出版社的日常工作。三是在国内建立合资公司。比如二十一世纪出版社和麦克米伦合作的世纪麦克米伦公司。这家公司引进了麦克米伦公司出版的许多图书，还邀请外国作家来中国采风，创作适合在国际市场销售的关于中国题材的作品。四是在国外设立分支机构。浙江少年儿童出版社、接力出版社、安徽少年儿童出版社通过收购、合资等方式，在国外建立了子公司。

（二）少儿出版存在的主要问题

我国少儿出版尽管有了很大的发展，但依然是发展中的少儿出版大国。这是我国少儿出版的基本特征。一方面，我国每年出版的少儿图书品种居于世界前列；另一方面，我国又还是一个发展中的少儿出版大国，具有许多发展中的阶段性特征，发展不平衡、不协调、不可持续的问题依然突出。

一是少儿人均图书拥有量较低。2014 年少儿图书总印数 4.97 亿册，平均到 3.67 亿少年儿童身上，人均不到 1.4 册；少儿期刊总印数 5.2 亿册，人均也只有 1.4 册。

二是阅读状况呈两极分化。一方面，特大型城市、中心城市、发达地区的少年儿童阅读出现“选择性困难”，在茫茫书海中不知所措，相当一部分中高收入家庭子女有多样化、个性化的阅读需求；另一方面，老少边贫地区和农村儿童几乎无课外书可读，连基本阅读需求都难以得到满足。

三是品种规模与质量效益不协调。从内容质量看，“有高原，无高峰”的状况同样存在，特别是世界知名、有国际影响力的作家和作品还不多；从经济效益看，2011 年至 2014 年，少儿图书品种年均增长率为 48%，销售码洋年均增长率为 35%，品种增速高于销售码洋增速，说明图书单品种效益下降。如果考虑单品种价格上升的因素，情况可能还要严重些。

四是供给与需求脱节。主要表现在：品种结构不完善，不能满足少年儿童多方面的阅读需求，文学类图书一家独大，人文社科、科普、图画书等类别品种不多，尤其是本土原创的作品偏少；与基础教育课程改革脱节，无论是阅读材料还是阅读服务的供给，都不能满足阅读进校园、进课堂的要求；服务能力差，不能为读者提供有效的阅读指导与服务。

五是发展方式粗放。主要靠资金和要素投入驱动发展。全国 583 家出版社，2015 年有 555 家涉足少儿图书出版。但出版资源特别是人力资源包括作者队伍、编辑队伍、经营管理队伍等，都不雄厚，不能对少儿出版发展提供充分支持，以致发展质量不高。

六是少儿阅读服务体系薄弱。全国专业少儿图书馆只有 97 家，许多乡镇和农村中小学图书馆的图书品种、数量远未达到教育部颁布的标准；出版社、发行渠道、学校、图书馆、家庭、社区、媒体、阅读推广人等各种阅读资源缺乏协调配合，未能形成合力。

七是融合发展和产业升级进展缓慢。数字出版虽然已经出现多年，但少儿出版普遍处于探索阶段，缺乏成熟可靠的商业模式和盈利模式。产业升级这两年正在成为少儿出版的新热点，但缺乏原创内容和自有品牌的支持，缺乏足够力度的知识产权保护，在短期内难以形成气候，见到成效。就现状而言，我国少儿出版总体上还处于“卖书”即产品经营阶段，商业模式陈旧单一。

正是这些问题的存在，说明我国还只是一个发展中的少儿出版大国，远未达到世界出版强国的水平，发展的空间还很大。

三、“十三五”时期的少儿出版展望

据开卷最新发布的数据，2015 年少儿图书零售市场增长率为 15.63%，增幅仅次于艺术（27.44%）、社科（17.41%）类图书；少儿图书在零售市场的码洋比重达到 20.46%，同比提高 0.5%。考虑到艺术类图书主要靠涂色书拉动且在零售市场码洋比重较低（不足 5%），社科类图书受社会热点影响明显，少儿图书对图书整体市场的拉动作用更显重要。可以说，少儿出版在“十二五”收官之年的表现没有令人失望。2016 年是“十三五”的开局之年，少儿出版在“十三五”时期能否以较高速度持续增长？又怎样才能保持持续高速增长？不仅少儿出版从业者和上下游相关人士关心，整个出版界也关心。着眼于“十三五”时期的宏观背景和宏观政策，结合少儿出版的现状，我对“十三五”时期的少儿出版做些展望。

（一）“十三五”时期少儿出版面临的新形势新任务

“十三五”时期是全面建成小康社会的决胜阶段，文化建设是全面建成小康社会总体布局中的重要方面。这是少儿出版面临的最为重要的宏观背景。

《中共中央关于制定国民经济和社会发展第十三个五年规划的建议》中，明确提出“文化产业成为国民经济支柱性产业”。所谓支柱性产业，指在国民经济发展中起着骨干性、支撑性作用的产业，一般要求其增加值在国民经济中占 5% 以上。据国家统计局统计，2014 年全国文化及相关产业增加值为 23940 亿元，占国内生产总值的比重为 3.76%。按中央制定“十三五”规划的建议，2020 年我国国内生产总值要比 2010 年翻一番，将达到 82 万亿元左右；文化产业增加值按 82 万亿元的 5% 计算，要达到 4.1 万亿元左右。年均增速若低于 10%，文化产业成为国民经济支柱性产业的要求将很难达到。这只是一个大概的推算，不见得准确，但据此推断文化产业“十三五”时期年均增速应高于同期国内生产总值增速应该是可以的。

中央关于制定“十三五”规划的建议还把“国民素质和社会文明程度显著提高”列为全面建成小康社会的目标之一，要求“中国梦和社会主义核心价值观更加深入人心，爱国主义、集体主义、社会主义思想广泛弘扬，向上向善、诚信互助的社会风尚更加浓厚，人民思想道德素质、科学文化素质、健康素质明显提高，全社会法治意识不断增强”。这可以理解为对文化产业在发展方向和内容质量方面提出的要求。

中央关于制定“十三五”规划的建议对文化建设的目标、指导思想、主要任务、战略举措都提出了明确的要求，“公共文化服务体系基本建成”“中华文化影响持续扩大”“建设社会主义文化强国”“倡导全民阅读”等少儿出版人关心的内容，都写进了建议。

“十三五”规划与少儿出版密切相关。出版在文化建设中具有基础性、支柱性的作用。出版一方面通过出版物的传播影响读者，直接贡献社会效益和经济效益；另一方面，又为其他文化行业提供内容、品牌和价值引领，从而拉动整个文化建设。少儿出版是出版行业中成长性最好、活力最强的板块，同时担负着为其他出版板块培养和输送读者的任务，应当着眼于“十三五”时期文化建设的新形势、新任务、新要求来找准自己的位置，谋划自己的发展。比如，怎样着眼于提高少年儿童的素质和文明程度进行内容创新？怎样着眼于建设文化强国来发挥在建设出版强国的排头兵作用？怎样着眼于基本建成公共文化服务体系和全民阅读推进少年儿童阅读服务体系的建设？怎样着眼于文化产业成为国民经济支柱性产业来扩大产业规模？怎样着眼于中华文化影响持续扩大加快少儿出版“走出去”？怎样加快融合发展？等等。

看不到“大”，就做不好“小”。少儿出版发展的逻辑可做如下表示：“十三五”——全面建成小康社会——国民素质和社会文明程度显著提高——文化建设——出版——少儿出版。

（二）影响“十三五”时期少儿出版发展的因素

我们分析了少儿出版“十三五”时期保持较高速度增长的必要性，再来看看可行性。

“十三五”时期，诸多宏观政策对少儿出版而言，是重大利好。

1. 全面实施一对夫妇可生育两个孩子的政策

专家推算，这项政策实施后，“十三五”期间，每年新增出生人口数量可能在230万—430万，5年累计新增出生人口约1800万。这意味着少儿出版的目标读者群的规模稳中有升。

2. 户籍人口城镇化率加快提高

“十三五”期间，将有1亿左右的农民工和其他常住人口在城镇定居落户，由目前的农村居民转为城镇居民。按照《国家新型城镇化规划（2014—2020年）》，新型城镇化注重人文城市建设，对文化和自然遗产保护、文化设施建设、体育设施建设、休闲设施建设以及公共设施免费开放，提出了明确的要求。伴随城镇化进程，包括阅读在内的新城镇居民的文化消费需求将被逐步激活和释放，从而形成新的少儿出版市场。

3. 深化并落实考试招生制度改革和教育教学改革

十八届三中全会明确提出改革考试招生制度。这项改革正在分步实施中，引发了基础教育领域的一系列配套改革，还将在“十三五”期间进一步深化发展。与少儿出版关系最直接的是提高语文在高考中的分值和学校在此背景下采取的一系列阅读进校园、进课堂的举措。随着考试招生制度改革和教育教学改革的深化和落实，校园阅读服务市场也将逐步形成。

4. 基本建成公共文化服务体系和倡导全民阅读

“十三五”期间，将基本建成公共文化服务体系，进一步倡导全民阅读。少年儿童的阅读状况将在这一背景下受到更多的关注，得到更多的扶持。特别是部分老少边贫地区和农村儿童的阅读，有可能会作为一项基本文化权益，通过公共文化服务体系加以解决。这些，将有力地推动少儿出版的发展。

5. 推动中华文化“走出去”

中国已成为世界第二大经济体，国际影响力不断增强，国际社会希望对中国有更多的了解。推动中华文化“走出去”，不仅是中国的需要，也是世界的需要。国外读者希望通过阅读中国图书了解中国，学习中国语言文化。这为少儿出版开拓国际市场提供了契机。

上述来自中央关于制定我国“十三五”规划建议的重大政策利好，是少儿出版发展的巨大推力，少儿出版“十三五”时期完全有可能保持较高增速。

从国际经验看，即使是出版强国，少儿出版依然可以保持高速增长态势。

2015 年 6 月，美国出版商协会发布数据，美国图书出版产业 2014 年整体销售同比增长 4.6%。大众出版仍然是最大的板块，2014 年总收入为 154.3 亿美元。其中大众出版增长最快的是少儿出版领域，达到 44 亿美元，同比增加 13.5% 。2015 年 7 月，英国出版商协会公布了《2014 英国出版商协会统计年鉴》，2014 年，英国少儿图书市场销售收入增长了 3%，且在纸质书、电子书、版权输出等多个细分项目中均位居前列。我们还是一个发展中的少儿出版大国，没有资格也没有本钱让自己发展的步子慢下来。

（三）“十三五”时期少儿出版业面临新的困难和挑战

1. 数字化娱乐将进一步分流儿童闲暇时间

数字时代，移动互联网已经渗透到少年儿童学习、生活、社会交往的各个方面，对他们产生了重大的影响。特别是少年儿童闲暇消费方式的改变，直接对少儿出版产生冲击。

《2014 儿童与家庭阅读报告》数据显示，6—17 岁的少年儿童玩游戏或上网的时间增加。其中一周 5—7 天时间里用电子设备玩游戏或 App 的，从 2012 年的 35% 上升到 50%；一周 5—7 天时间里用移动终端设备上网的，从 2012 年的 21% 上升到 37%；少年儿童上网行为向移动端倾斜。少年儿童自己拥有电子移动设备后，非阅读的数字化娱乐活动开始大量占用儿童的时间。非阅读的数字化娱乐活动已成为吸引儿童闲暇时间的最大竞争者。

尼尔森图书市场研究总裁乔纳森·诺威尔对美国少年儿童业余爱好的调查数据显示，美国 11 岁至 13 岁儿童的业余爱好中排在前几位的分别是看电视、玩游戏、看网络视频、进行体育活动和玩手机，而阅读排在第六位。在 14 岁至 17 岁的青少年中，排在前八位的分别是玩手机、上社交网络、看网络视频、看电视、玩手机游戏、玩电视游戏、玩网络游戏和体育活动，压根儿没有阅读的影子。

2. 传统渠道萎缩

近几年来，实体书店、民营零售等渠道萎缩，网络书店又难以覆盖原有读者群，特别是三、四线城市，阅读产品难以有效到达读者手中；从市场终端看，阅读服务缺失，读者选书、购书困难。

3. 面临诸多体制、机制障碍

出版管理体制改革还不到位，还有诸多体制机制性障碍制约少儿出版的发展。管人管事管资产管导向的管理体制尚未建立；出版资源部门分割、地区分割的局面尚未打破；全国统一的出版市场体系尚未形成，等等。

因此，从总体上看，“十三五”时期是少儿出版十分重要的战略机遇期，但也面临诸多问题和挑战，要建立新的发展理念，探索新的发展路子。

（四）“十三五”时期少儿出版发展的思路和措施

无论从宏观背景、宏观政策看，还是从自身状况看，“十三五”时期少儿出版都应当有一个高于国民经济和出版全行业年均增速的发展速度。但要实现这样的发展，要有新的思路和办法。继续靠资金和要素的投入，如上品种、上规模，就有可能导致少儿出版传统产能大量过剩，库存图书进一步增加，不仅会错失发展良机，还有可能加剧供需矛盾，造成严重的后果。

中央经济工作会议强调要着力推进供给侧结构性改革，从提高供给质量出发，用改革的办法推进结构调整，矫正要素配置扭曲，扩大有效供给，提高供给结构对需求变化的适应性和灵活性，提高全要素生产率，更好满足广大人民群众的需要，促进经济社会持续健康发展。供给侧结构性改革是“十三五”开局之年经济工作的主线，是引领经济新常态的根本之道，应当引起包括少儿出版在内的出版业同行的高度重视。

我们在前面讲到少儿出版要完成由大国向强国的转变，必须解决发展中不平衡、不协调、不可持续的若干问题。这些问题从根子上说，同样是要素配置扭曲、有效供给不足、供给结构僵化、全要素生产率不高所致。比如，出版社一窝蜂地向少儿出版领域投入，作者、编辑、渠道资源不足；在大量从国外引进版权的同时，库存居高不下；少儿出版与基础教育改革脱节，进校园难；图书品种增加，单品种效益下降，规模与效益没有协调增长，等等。供给侧结构性改革是治理经济的药方，同样也是解决少儿出版“十三五”发展瓶颈的良策。我们要按照供给侧结构性改革的思路，来谋划少儿出版在“十三五”时期的发展。

1．更新发展观念。我们已经习惯了从出版方的角度，把出版企业自身利益诉求特别是对经济利益诉求的实现程度作为衡量发展的尺度，销售额（码洋）、销售收入、利润总额是最常用的评价标准。这当然是需要的，出版社既已转为企业，就应当用经济指标来衡量。但只有这些又是不够的，因为这些经济指标可以针对任何企业，没有体现对出版企业在实现社会功能方面的要求，没有体现对出版企业在实现出版功能方面的要求，没有体现出版行业在文化行业中的功能和作用。就少儿出版而言，至少还应当有这样一些体现社会效益的指标：教育价值，如是否有读者投诉，是否引发未成年人不良行为，是否获得家长、教师和教育部门推荐，等等；出版功能的实现程度，如出版物是否为原创、内容是否有创新、是否为图书馆所收藏、新书重印率、图书生命周期等；文化影响力，如出版物是否具有品牌价值、品牌的知晓率和美誉度、出版物是否被改编成其他形式的作品、是否衍生了其他产品、是否输出了版权等。进行供给侧结构性改革，要求我们转变发展观念，除了从自身利益诉求的实现程度、从经济效益方面谋划发展外，还要从社会需求的角度，从社会效益方面去谋划发展。如此方能提高少儿出版对少年儿童阅读需求变化的适应性和灵活性，扩大有效供给，少儿出版当然也会由此获得长足的发展。

2. 转变发展方式。进入 21 世纪后，少儿出版连续 15 年高速发展，年平均增长率在 10% 以上。有这样高的增长速度，从产业角度看，是出版全行业共同参与的结果。“十二五”期间，每年少儿图书新书选题，来自专业少儿出版社的只有 20% 左右。由此可见，少儿出版 15 年的高速发展，是靠出版全行业的资金和要素驱动的。在少儿出版底子薄、基础差、产品供不应求的情况下，用这种方式驱动发展是必然的。现在，我国已经是少儿出版大国，读者需求也日趋多样化，继续靠这种方式驱动发展行不通了，必须走创新驱动发展的道路。

一是内容创新。要继续把本土原创图书出版放在首位。儿童文学图书出版要更加关注现实题材，尤其要关注反映当下儿童生活、儿童情感、儿童体验的作品。要加强原创少儿人文社科、科普类图书和图画书的出版。引进国外图书应当减少数量，提高质量，重点引进世界各国经典童书、填补国内少儿出版空白的童书、对发展原创出版有借鉴作用的童书。

二是产品创新。纸质读物稳定性强，对少儿阅读具有不可替代的作用；

我国少儿出版市场广大，需求多样，因而，少儿纸质读物在我国具有良好的成长性。但是，互联网已经深入少年儿童生活，纸质读物也要创新内容呈现方式，广泛采用二维码、增强现实（AR）、点读笔等技术，增强对读者的吸引力，丰富读者的阅读体验。

三是业态创新。加快融合发展，在创新纸质读物产品形态的同时，积极开发支持各种终端设备的有声读物、视频、电子书刊、App、微信平台等新媒体产品，加快新媒体产品的商业化、市场化，完成由传统纸质读物出版到以纸质读物为基础的全媒体复合出版的转变，满足少儿读者日渐增长的分层次、多样化、个性化的阅读需求。

四是渠道创新。据开卷数据，2015 年少儿图书实体书店销售增长 2.88%，网络书店增长 31.7%。实体书店延续了增长乏力的局面，网店能否保持高速增长的势头？开卷给出的上述数据没有包括当当网。从这家最大的网上书店的情况看，同样出现了少儿图书销售增速放缓的情况。如果京东、亚马逊、天猫等网店少儿图书销售也出现增速放缓的情况，渠道就有可能成为“十三五”期间制约少儿出版发展的最大瓶颈。所以，渠道创新迫在眉睫。要用互联网技术改造传统渠道，实现渠道下沉，推动实体书店和网络书店的融合，扩大书店的覆盖面；要积极发展社群营销平台（大 V 店）等新的网络销售渠道。

五是服务创新。由于出版物品种过剩，少年儿童闲暇消费方式又面临多样化的选择，阅读服务在少儿出版中的重要性显著上升，少儿出版企业要完成由阅读产品供应商向阅读服务供应商的转变。首先，要自觉加大对阅读推广的参与力度，引导少年儿童在诸多闲暇消费方式中把阅读作为重要选项；其次，要把服务重点由经销商转移到读者上来，直接向少年儿童和有可能影响他们的阅读态度、阅读行为、阅读产品选择的家长、教师提供服务；第三，提高服务的科学化水平，从阅读能力和阅读偏好测试到量身定制个性化书单，再到阅读过程中指导和阅读后的效果评估，为学校、家庭和个人提供全程服务和综合性阅读解决方案；第四，创新服务方式，更多地利用可以直接影响读者的网络社群、社区、学校等平台。

六是技术创新。没有新技术的支持，少儿出版的所有创新都难以实施。要提高新技术在少儿出版企业的应用水平，用新技术改造传统出版流程，夯实少儿出版创新的技术基础。

此外，还有管理创新、体制机制创新，由于涉及出版管理体制等方面，并非少儿出版企业在微观层面上可以解决的，就不展开叙述了。

3．拓展发展疆域。世界各国有越来越多的人关注中国，希望通过图书了解中国，中国出版的海外市场正在形成。据美国纽约公立图书馆中文图书采购部负责人介绍，该馆中文图书借阅率已超过西班牙文图书，成为该馆除英文图书外，借阅量最大的图书；借阅中文图书的，除华人外，还有许多美国人，主要目的是通过阅读中文图书来了解中国，学习中文。少儿图书图文并茂，文字浅显，翻译相对容易，文化、意识形态方面的壁垒也相对较低，在"走出去"方面具有独特的优势，少儿出版应当成为我国出版"走出去"的排头兵。从少儿出版自身发展看，近些年来特别是"十二五"期间，原创出版水平有很大提高，完成了由"中国加工"到"中国制造"的转变，已经具备了"走出去"的出版实力。"十三五"期间，少儿出版应当加快"走出去"的步伐，完成由只经营国内市场到经营国际国内两个市场的转变，拓展自身发展的疆域。从近期看，少儿出版"走出去"仍应以版权输出和实物出口为主。利用参加各种国际书展的机会，加大海外营销的力度，扩大中国少儿出版的国际影响力，发展国际客户，建立和不断扩大海外营销渠道；要加强对海外不同市场的调研，有意识地策划一批针对海外不同市场需求的图书；要积极发掘海外作家、插画家资源，让他们参与讲述中国故事，使"走出去"的少儿图书更加符合海外读者的阅读和欣赏习惯，以便进入主流人群。随着海外市场的逐步扩大，适时择机输出资本，建立海外分支机构。无论以什么样的形式"走出去"，都要有利于扩大中华文化的国际影响力，有利于少儿出版自身的发展，不能为"走出去"而"走出去"。

4．延伸发展链条。出版是小行业，文化是大产业。少儿出版要进一步做大做强做优，必须从自身定位和优势出发，融入整个文化产业的发展中去。出版行业的优势是内容生产，为整个文化产业提供内容、品牌和价值引领。有条件的少儿出版企业应当发挥自身优势，延伸发展链条，实现产业升级，努力完成由少儿出版传媒企业向以内容生产为核心的少儿文化产业集团的转变。首先要夯实内容基础，抓好原创出版，积累版权资源。否则，延伸产业链就只能是空话。其次，在原创出版的基础上，打造品牌作者、品牌作品和品牌形象。对于少儿出版而言，品牌形象的打造尤为重要，因为孩子是通过形象来接受内容、认知品牌的，受众面宽、忠诚度高的品牌形象，是延伸出版产业链的基础。最后，在品牌形象的基础上，通过自主或授权开发衍生产品，延伸产业链，实现内容价值的最大化。无论产业链如何延伸，必须坚持立足主业发展，坚持以内容生产为基础，以内容价值最大化为产业发展逻辑。

“十三五”是我国全面建成小康社会决胜阶段，也是我国建成出版强国的关键时期，少儿出版作为出版业中活力最强、成长性最好的板块，前路宽广，前景可期，但又需要鼎故辞旧，走出新路。唯有如此，我们才能不辜负伟大时代，不辜负伟大时代中的少儿出版。

四、对儿童文学的一点期待

2016 年 4 月，曹文轩获得国际安徒生奖。国际安徒生奖是世界公认的儿童文学的最高奖项，大家熟悉的《长袜子皮皮》的作者、瑞典作家林格伦，《洋葱头历险记》的作者、意大利作家罗大里都是该奖项的获得者。曹文轩获得这项殊荣，是中国儿童文学迈进世界儿童文学最高殿堂的重要标志。

我记得 2010 年作协在南京开会，讨论中国儿童文学如何走向世界的问题。曹文轩获奖给了我们一个重要的启示：只有真实的、动听的中国故事才能得到广泛的国际传播和认可。在中少总社和版协少读工委成员单位“走出去”的实践中，我们深深地感受到，随着中国的发展和强大，国外有越来越多的人希望通过图书来了解中国，中国出版的海外市场正在形成。但是，国外读者希望通过图书看到的是真实的、动听的中国故事；对于外国出版商而言，只有这样的故事才有读者，他们才能通过引进中国图书版权赚到钱。国外读者的阅读需求和出版的商业要求，决定了向国外输出版权的图书品种中，文学类图书具有较大的优势，因为文学类图书以文学性、艺术性较高的现实题材的作品为主。曹文轩的作品，就是国外读者所需要的。对于国外读者而言，曹文轩的作品具有现实性、独特性、文学性、艺术性和世界性。曹文轩坚持写现实题材，讲述了一个又一个只能发生在中国的童年故事，故事情节和人物形象饱满生动，语言充满情感又细腻逼真，对儿童真挚深切的感情在感动中国读者的同时也感动了国外读者。正是因为这样，曹文轩的作品为国际少儿出版界所青睐，以英、法、德、日、韩等10多种文字在世界上50多个国家和地区出版，并且获得了国外小读者和国际儿童文学界的高度认可。

当然，国际奖项不能作为我们衡量儿童文学成就的唯一尺度，甚至不能作为最重要的尺度，但我们也要反思，儿童文学繁荣背后的隐忧是什么？我感到，现实题材的精品力作缺位，是当下儿童文学创作中的一个严重问题。

中国儿童在改革开放的30多年中，经历了不平常的命运，既享受了社会发展带来的各种利益，也为各种矛盾和问题付出了代价。一方面，经济的发展使他们在物质生活、教育等方面的条件得到不同程度的改善，儿童观的进步、教育领域的改革和信息的不断发达，使他们的思想更加解放，视野更加开阔，精神生活更加丰富。另一方面，各种社会矛盾和问题也不可避免地给他们的生存状态造成负面影响。农村留守儿童问题、随父母进城的农民工子女问题、“网瘾少年”问题、“富二代”问题等，都是在社会转型时期产生的。但是很遗憾，这些具有时代特征的中国童年故事，在儿童文学中几乎看不到。作为一个少儿出版人，我希望儿童文学能够和儿童的现实生活结合得更加紧密，以更宽阔的视野、更深邃的目光，创作出更多的关于当下中国儿童的精品力作和典型形象，把中国儿童的现在和未来告诉世界。

实现对国际书展的实质性参与

国际书展是版权贸易的基础平台，是中国出版“走出去”的重要渠道。以往中少总社参加国际书展以考察调研和引进版权为主，近年来，则以版权输出为目标，实现了对国际书展的实质性参与，加快了“走出去”的步伐。2013 年 3 月，中少总社首次独立组团参加博洛尼亚儿童书展。2014 年 3 月，中少总社受国家新闻出版广电总局委托，牵头组织全国 23 家专业少儿社参展。两次参展都取得了较大成效。2013 年，我社实现版权输出 57 种，超过 2011 年和 2012 年之和；2014 年，版协少读工委展团在展会上签订版权输出合同的图书有 153 种，其中中少总社签订 63 种。除重点做好博洛尼亚书展参展工作外，我们还加大了对北京国际书展的投入，积极参加上海国际童书展。通过对国际书展的实质性参与，中少总社不仅版权输出的品种大幅增加，版权输出地也由周边国家拓展到欧洲、拉美，版权贸易收入也不断增长。

中少总社的主要做法有以下几点：

一、以版权输出为重点做好行前准备

我们把实现实质性的版权输出作为参展的主要目的，行前所有准备工作围绕这个重点来进行。首先是精心挑选书目，把原创儿童文学图书、图画书作为重点。2014 年版协少读工委展团共展出图书 3563 种，多数是儿童小说、漫画书、图画书。其次，精心做好译介工作。对书目中的书名、人物、内容简介和样张，我们力求准确并符合西方读者的阅读习惯，所有英文翻译都由中少总社国际部翻译后，再请专家校译，最后由我社聘请的国际合作顾问、国际儿童读物联盟（IBBY）前主席帕奇·亚当娜审定。为便于国外展商从总体上了解中国儿童文学，我社还专门邀请著名儿童文学评论家朱自强写作了《中国当代儿童文学》，并以英文出版。三是做好布展工作。我们以中国风、儿童化为特点，精益求精地做好展位设计、装修、布展等工作。

二、深入细致地做好版权输出洽谈

洽谈是实现版权输出的关键环节。为此，我们做了周密细致的安排。一是把任务落实到每个版权贸易人员，要求他们尽可能广泛地建立客户关系，并在书展期间安排约见。二是通过与我们有良好关系的IBBY等国际组织和在国际少儿出版界、儿童文学界有一定影响力的国际友人发展客户。2014年3月博洛尼亚书展期间，帕奇·亚当娜专门为中少总社组织了有20多名国外出版商参加的招待酒会。三是要求向中少总社输出版权的出版商对等引进中少总社版权。上述做法取得良好的效果。2013年博洛尼亚书展期间，来自美国、法国、意大利、英国等30多个国家和地区的出版商代表与我社洽谈。2014年博洛尼亚书展期间，版协少读工委在展会上签订版权输出合同的图书有153种，有21种输出到美国，17种输出到法国，另外还有一些输出到瑞典、西班牙、巴西等国。

三、精心组织好深度交流活动

从总体上看，国外出版商特别是欧美出版商对中国少儿出版和儿童文学缺乏了解。为扩大中国少儿出版和儿童文学的影响，两次参会我们都把展台设在DK、麦克米伦、企鹅、兰登书屋等欧美大社、强社云集的26号馆，并在展位上成功举办了多场深度交流活动。

我们连续两年举办“好故事一起讲”活动。2013年的活动是曹文轩与巴西著名插画家罗杰·米罗先生就曹文轩新作《羽毛》进行深入交流，并相约共同完成《羽毛》绘本。国际安徒生奖评委会主席玛利亚·耶稣·基尔、

IBBY 主席卡鲁丁、中国作协副主席高洪波等共同探讨了什么样的作品能打动世界、中国儿童文学要让世人熟知还需要做哪些方面的努力等问题。来自世界 20 多个国家与地区的 40 多位出版商代表参加了这个活动。2014 年，这项活动的内容是我社原创图画书推介和签约，IBBY 主席、马来西亚出版家卡鲁丁现场签订了引进“羽毛”和“快乐小猪波波飞”系列图画书的协议。基尔女士说，“好故事一起讲”活动给作家提供了非常好的展示平台，若能经常举办类似活动，将有效地扩大中国儿童文学作家和作品的国际影响力，就更有机会获得安徒生奖。

2014 年博洛尼亚国际童书展期间，接力出版社、二十一世纪出版社、天天出版社都在中少总社展位上举办了作家、作品推介活动。

通过活动推介和对话交流，国际同行对中国少儿出版加深了了解，美国、英国、法国的多家国际知名专业媒体进行了现场采访，报道了中国少儿出版在国际合作方面的新举措。

四、通过国际合作拓宽“走出去”的渠道

中国少儿出版参与国际竞争还处于起步阶段，要在很短的时间内得到国际少儿出版界的认可尚有一定困难，需要通过国际合作来增进互信，拓宽“走出去”的渠道。

一是推动中国作家与世界优秀插画家合作。在国外少儿出版中，图画与文字具有同等重要的地位。但中国插画家相对较弱，国际认可度不高，需要以更符合国际审美要求的插图为媒介，尽快把中国好作家、好故事推广出去。两次书展期间，中少总社直接促成了本土作家原创故事与世界著名插画家的多桩牵手，如马来西亚插画家约瑟夫·盖佳与萧袤共同完成《怎样教大象跳》、俄罗斯著名插画家安娜斯塔西亚·阿卡普瓦与薛涛联手创作《河对岸》、德国插画家索尼娅·达诺夫斯基与方素珍合作完成《外婆住在香水村》、巴西插画家罗杰·米罗与曹文轩共同完成《羽毛》。其中，《羽毛》一书插画作者罗杰·米罗获得了 2014 年安徒生奖插画奖。

二是邀请国外知名出版家、作家共同策划选题。我们目前对国际市场尤

其是欧美市场缺乏了解，为此，我们邀请加拿大、西班牙等国出版家和比利时等国作家和我们一起对“中华文化”（暂名）系列原创图画书选题进行论证，还邀请比利时作家、IBBY候任主席瓦利·德·邓肯为我社创作有关中国题材的故事，由中国插画家配图。

三是密切与IBBY等重要国际组织的合作。IBBY以“通过儿童图书促进国际间的了解”为宗旨，鼓励并倡导多元文化，是国际安徒生奖的主办方。从自身宗旨出发，IBBY重视对华关系，特别是2013年，其现任主席、安徒生奖评委会主席、基金会主席等重要成员应中少总社邀请密集访华，与我方关系得到进一步发展，帕奇·亚当娜还应邀担任中少总社国际合作顾问。中少总社和版协少读工委组团参展，上述人士多方提供帮助，包括参加我方活动、介绍国外展商前来洽谈、为中少总社组织招待晚宴等。

五、几点体会

一是要具备一定的版权资源基础，积累版权资源是参与版权贸易的基础，也是少儿出版“走出去”的必要前提。2013年，中少总社出版新书553种，其中原创图书430种，占77.7%。如《快乐小猪波波飞》等绘本，不但有中国的内在文化根源，也初步具备国际化装帧设计元素。但同时我们还应看到，相对于欧美国家的大社、名社，在原创图书及相关衍生产品等方面，我们可供输出的品种仍显单薄，尤其是博洛尼亚儿童书展的主流品种图画书以及适合婴幼儿的游戏、手工、认知等功能性图书品种不丰富。

二是要建立一支能够“走出去”的人才队伍。中少总社年轻编辑较多，他们在参展中发挥了骨干作用，初步形成了对国际市场认可的好书的理解与感知，了解了国际少儿出版和儿童文学的主流圈子及其基本规则，积累了如何推荐自身产品、如何在谈判中占据主动等方面的经验。从长远看，除了要培养具有国际视野的编辑人才，还要有高水平的版权经理人。这样的版权经理人，应当有较强的文化使命感和经营意识，熟悉出版业务和版权贸易规则，精通外语，并在国际出版界有较广的人脉资源。为此，中少总社成立了国际合作部，积极物色、引进和培养版权贸易人才。

三是要继续扩大国际交往。版权输出是现阶段少儿出版“走出去”的直接目的，但版权输出有赖于总体环境的优化。因此，需要利用各种机会扩大少儿出版的国际交往，积累人脉关系，拓宽合作渠道。要继续密切与IBBY等国际组织的合作与交往。要利用各种书展特别是上海国际童书展的机会，巩固和发展与国外出版商的关系。

四是要发挥少儿出版在“走出去”中的优势。相对专业出版、教育出版，大众出版较为容易实现版权输出，而少儿出版在大众出版中又是“走出去”壁垒较小的门类，应当充分发挥优势。参与国际少儿版权贸易的主流产品是图画书、婴幼儿学习书以及故事书、漫画书，数字出版物也正在成为热门品类。我国少儿出版中这些类别的产品还不够丰富，尤其是原创图画书、婴幼儿学习书、数字出版物较为匮乏，形态也不时尚，不能与国际接轨。应统筹好国内、国际两个市场，从源头上抓好图画书、婴幼儿学习书的原创出版和数字出版。

（2014年5月）

走好中国少儿出版国际化之路

社会效益放首位 坚持“双效”统一

党的十九大报告提到“要深化文化体制改革，完善文化管理体制，加快构建把社会效益放在首位、社会效益和经济效益相统一的体制机制”。我认为目前中国少儿出版在“走出去”的过程中也要构建“把社会效益放在首位、社会效益和经济效益相统一”的体制。的确，“双效统一”是众望所归，但就现实来看，很多发展中国家在出版业“走出去”的初期大都是采取政府鼓励支持政策，即使是发达资本主义国家的少儿出版，他们在国际化的初期几乎也都是采取政府扶持政策。

值得强调的是，目前，一方面中国少儿出版“走出去”的时间还不算长，缺少行业领导权和话语权；另一方面从国际少儿出版市场来看，欧美出版强国正在全球市场上起主导作用，他们确立了国际规则和发展走向，特别是在版权贸易的国际合作方面，把控着话语权。现阶段中国少儿出版“走出去”要大力实现经济效益还面临着诸多困难，所以中国政府现阶段对少儿出版“走出去”进行一些政策帮扶、经济补贴是十分必要的。

我认为当下我国针对出版“走出去”的社会效益和经济效益所制定的发展体制机制是非常合理的。因为在出版国际化初始阶段，全球出版市场的社会效益和经济效益确实是两个不同层面的考核对象，尤其是无法同步实现效益统一。当然，这不仅仅是中国少儿出版“走出去”和中国出版“走出去”面临的问题，也是全球各国出版业在国际化初始阶段所面临的共性问题。相应地，几乎在所有国家，出版国际化初期都需要政府进行相应的帮扶。

多年来，中国少儿出版业也参加了不少国际书展，值得一提的是，在国际书展上，我们观察到有不少国家甚至由政府出面在书展现场摆设展台，利用国家平台宣传出版文化，以此给予本国出版机构支持和帮扶。目前，我国少儿出版尚不具备很强的实力和很多优势，也缺乏与欧美少儿出版强国直接竞争的有利条件，所以也非常需要政府进行相应的支持和补贴。由此，我认为中国少儿出版“走出去”还是要坚持以社会效益为首位的体制。

但从长远来说，我们必须坚持社会效益和经济效益相统一。因为“走出去”具体落实到“走进去”是需要经济效益来衡量的。少儿出版真正实现国际化，不仅仅是完成图书产品的版权输出，还需要在海外市场完成销售，让产品走进读者的购书清单。作为出版企业，我们不仅要追求版权输出的项目数量，更重要的是完成版权输出后进行市场的监控。

目前中少总社为了更好地实现经济效益，对负责版权贸易的部门——国际合作部建立了新的考核机制，提出了新的要求，即针对版权经理人，不仅考核版权输出数量，还将版权贸易收入纳入考核体系。简而言之，版权输出首付金和版权引进方的年度销售报告都是中少总社在“走出去”过程中关注的内容，并且我们以此来确保真正实现少儿出版“走进去”。

整体来看，现阶段中国少儿出版“走出去”需要“政府搭台，企业唱戏”的政策扶持，暂时还不能过多强调经济效益，因为从现实情况出发，我们发展时间较短，还不具备与少儿出版强国平等竞争的实力，确实需要一定的扶持。但是从少儿出版企业自身来说，我们应当对自己有经济效益方面的要求，因为出版不仅仅要“走出去”，还需要落实到“走进去”。

始终坚持全面开放格局

党的十九大报告中提到，要“推动形成全面开放新格局”。从少儿出版角度来看，也要坚持推动形成全面开放新格局。在 2017 年 4 月意大利博洛尼亚国际童书展期间，有很多国际出版人提出疑问，目前中国少儿出版是否将逐渐收紧引进图书的政策。对此，我做出了解释并认为中国少儿出版始终是坚持推动形成全面开放的新格局的。

首先，中国少儿出版起步于对外开放。中国少儿出版业在建设之初，广泛学习、借鉴国外先进行业经验，从中国实行改革开放到今天，中国少儿出版从未关闭过对外开放的大门。

其次，中国少儿出版经过长期发展建设，目前对版权引进采取了一些必要的管理措施，也借鉴了国外行业先进的管理经验。曾经中国少儿出版业在国外版权引进方面存在盲目引进、不正当竞争的现象。一些民营出版公司为了争夺优秀资源，采取囤积版权的手段，实际上引进版权后并没有进行出版，形成了资源的浪费，给引进方和被引进方都带来了不良影响。在此情况之下，我们借鉴国外先进的行业管理经验，对粗放型的引进方式进行改进，抬高引进门槛，以避免市场不正当竞争等行为。

第三，目前中国少儿出版业开放的形式多种多样。国内外出版资源的强强合作、在海外建立分支机构等都是目前比较受欢迎的。

少儿出版如何讲好中国故事

中国少儿出版在“走出去”过程中需切实坚持提升“中国故事”的丰富性和感召性，以此提高少儿出版的软实力。首先，中国少儿出版一直关注提高原创比例。众所周知，只有原创的才是“中国故事”。其次，从题材上来说，除了关注传统文化之外，我们还在持续开发展现中国孩子当下现实生活的内容，以此让外国读者更好地了解中国孩子目前的生活。此外，从品类上来说，我们重点发展儿童文学和图画书，尤其是关注儿童文学作品特别是小说类作品的创作和图画书的国际合作。

目前，“讲好中国故事”需要采用更好的国际表达方式，图画书的国际合作模式是值得推广的。如由中国作家进行文本内容创作，外国插画师进行图画创作；或者由中国出版社命题，外国作家进行文本内容创作，中国插画师进行图画创作。以上这些合作形式中少总社都进行过相关实践，相关作品均取得了不错的口碑和成绩。在这类国际合作模式之下开发出来的产品更加适应国际市场的需要，也真正实现了“中国故事”的国际表达。

实现中国制造的阶段性成果

2018年4月中国将成为全球最大的童书展博洛尼亚国际童书展的主宾国。从2007年我们第一次参加博洛尼亚国际童书展，到现今即将成为主宾国，中国少儿出版“走出去”已经取得了阶段性成果，同时得到了国际少儿出版界的广泛认可。

从内容角度来看，中国少儿出版已经完成了从“中国加工”到“中国制造”的转变。即曾经在国际少儿出版交流合作中，中国更多侧重于从国外引进版权，如今中国已经主动转型，实现了向国外输出版权的转变，完成了从过去的以引进借鉴为主到“引进来，走出去”的双向互动的历史发展进程。

未来，中国少儿出版将要实现从“中国制造”到“中国品牌”的转变。即我们不仅要生产出本土原创的图书，还要在此基础之上开发原创品牌的价值，打造自己的品牌产品、品牌作家、品牌插画师等，实现国际少儿出版市场认准中国品牌的目标，真正贯彻从“出版大国”到“出版强国”的发展方针。

努力进行全方位外向型建设

少儿出版“走出去”在外向型人才建设方面还有哪些薄弱点，我认为不仅仅是外向型人才建设这一方面需要加强，整个少儿出版业都应当全方位朝着国际化建设发力。

少儿出版社在经营方面，要兼具国际、国内两个市场的经营能力；少儿出版社领导在企业发展方向引导方面，要具备外向型企业领导的能力；少儿出版社的编辑，要朝着外向型编辑发展；少儿出版社的版权经理人，要朝着国际化的版权人发展。总之，整个少儿出版业要朝着外向型建设发展，至于外向型人才建设方面，我认为需要重点培养全球出版贸易人才和出版国际合作人才。

（原文载于《国际出版周报》，2018年1月8日）

辑三

转型期

明道，取势，优术，布局大出版

他是地地道道的北方人，有着北方人热情与豪爽的气度；他曾长期生活在南方，又同样具有南方人的细腻与严谨的性格。

从团中央宣传部部长的岗位，到中国青年报社总编辑，到中国青少年研究中心党组书记，再到今天担任中国少年儿童新闻出版总社社长，公务员、媒体人、研究专家、社长几大重要角色的转变，深厚的阅历拓展了他管理思维的深度和广度。

布局，是他的强项，他的每一着棋看似闲庭信步，但其落子之稳、准、狠，足以让对手胆寒。当然，他眼中的对手，永远是在国界以外的；他的局，永远布在当今世界出版的舞台上。

他说："稳，是按规律办事，稳也是进。要取势宏大，处事精细。眼界一定要开阔，要按出版规律来做。"

他说："我看的第一本出版家传记是《我与兰登书屋》。我记得有这样一句：'兰登书屋的可供书目是如此强大，以至于今后 20 年哪怕是关门大吉，所赚到的钱肯定比现在还多，就像在人行道上弯腰捡金子那样容易。'后来我反思什么是出版，这就是出版。国外的出版是经营产业，卖品牌和知识产权，而我们仅仅是在做产品，一本本地卖书卖杂志，差距太大了。"

他说："我 48 岁去中少，离退休还有 12 年的时间，我只希望在我的任期中，能履行一个出版人真正的文化责任，完成文化使命，为中少积累更多的品牌价值和核心竞争力。"

李学谦，取势宏大，处事精细的风格并充满张力的一位出版家。

眼界一定要开阔，要按文化产业的市场逻辑来做出版

李学谦：三石，见到你很高兴，如果现在我还在中青报，那今天应是我采访你。

三石：大名鼎鼎的李社长，著名的媒体人，一直是我们媒体人学习的榜样。今天一见面便让我领略到了你这位媒体出身的出版社社长的与众不同之处。

李学谦：哪有什么不同之处！其实出版业本身就在传媒的范畴。图书是知识的载体，我们工作的性质就是传播。

三石：李社长是位特职业的人。

李学谦：嘿嘿，三石别搞得太紧张，我没那么职业，只是你之前发给我的采访提纲我觉得比较专业，所以是有备而来的。同时，我也已经仔细研读过你的博客及一些文章，我喜欢与高手对话。

三石：惭愧惭愧，社长背后做的功课比我做你的功课要细呀，这就是职业与专业。

李学谦：你说这个我是有体会的，专业决定高度。同样，出版人的职业化程度代表着出版业的高度，尤其当你想站到世界出版的平台时。出版人应有自己的核心价值，把出版作为使命还是把它当官做或是生意做，是两码事。这里同样又有一个高度的问题。

三石：你在团中央、中青报、青少年研究中心好几个岗位工作过，思考问题有高度是必然的。

李学谦：三石话中有话呀，哈哈。我说的高度可不是那种所谓的“理论”的高度，出版业是个实践性很强的行业，虚高是不可能支撑得了这个行业的。我进入出版行业时间不长，刚有点儿心得。我看的第一本出版家传记是《我与兰登书屋》，我的感触特别深。我记得有这样一句：“兰登书屋的可供书目是如此强大，以至于今后20年哪怕是关门大吉，所赚到的钱肯定比现在还多，就像在人行道上弯腰捡金子那样容易。”后来我反思什么是出版，这就是出版。国外的出版是经营产业，卖品牌和知识产权，而我们仅仅是在做产品，一本本地卖书卖杂志，差距太大了。

三石：你抓住了中外出版差距的核心问题。

李学谦：是呀，如果我们和国外少儿出版进行对比，产业化程度差距太大了。比如中少总社引进的英国BBC的卡通节目《巴布工程师》的同名图画书、游戏书便是例子，他们在卖品牌和知识产权；我们呢，我们是在卖一本一本的书，把书从A点搬到B点。我到了出版社才发现，中国的出版做得是很辛苦的。我们现在的出版模式大多是把选题变成稿子，把稿子变成书，把书发出去，把钱收回来，一个出版过程就简单地完成了。

三石：没有想到你分析得这么透彻。虽说你们引进《巴布工程师》是非常非常成功的，两个月卖了80多万套，本身就是引进版畅销书操作的成功案例了，但是与《巴布工程师》版权东家的收益相比却有天壤之别，因为他们经营的是品牌与知识产权，这就是差距。是不是这样理解？

李学谦：对呀。所以说，从产业的角度去思考，中国少儿图书出版仍处在世界出版产业链的低端。人家是做创造，我们是简单地做加工。他们的赢利结构中70%是版权，而我们呢，一本本卖书能赚几个钱？当然了，这里要排除那种在政策保护下的教材教辅利润。

三石：对比国外出版产业，你对中少总社的发展有什么具体思路？

李学谦：很简单，努力打造自己的受众面并推广有文化影响力的当家品牌形象！

三石：品牌的背后是文化传播能力和文化影响力。

李学谦：再用这个《巴布工程师》来说传播力与影响力。英国BBC于1999年4月开始播出的卡通节目，目前已经在世界上100多个国家播出，它的主题歌*Can We Fix It*？于2000年12月在英国流行歌曲排行榜上排在著名的《风中蜡烛》之前，成为大人孩子都喜欢的流行歌曲。著名玩具公司Hasbro特别为巴布制造了主题玩具，甚至还有“巴布纸尿裤”。你说，这些是不是传播力与影响力？

三石：太多太多需要我们学习的地方。

李学谦：仅看到了没有用，要干，要布局。眼界一定要开阔，要按出版规律来做，按文化产业的市场逻辑来做出版。

现代出版应多媒体、多介质、多渠道，不仅仅是数字化

三石：我们聊聊数字出版方面的话题吧。这是传统出版企业现在讨论得最多的话题，你一定也有不少的思考和对策，有具体的思路和行动。

李学谦：我认为不一定非强调数字出版概念不可，过于强调了反而搞得出版业火旺而阴虚。

三石：哈哈，这个比喻比较牛。

李学谦：数字出版一定是出版产业发展的必然趋势，但我们不能仅从数字出版一个方面去看出版的整个大趋势。如《巴布工程师》丛书，从一个动画片开始，后来很快开发出图书杂志、玩具，音乐及儿童剧，还有纸尿裤这样的产品。我们引进了图书，仅两个月就卖了80万套。这个产品给我很多启发，对少儿出版来说，怎么在新媒体环境、新技术环境中以及被改变、被升级了的新的需求环境中考虑产业发展问题？今后的出版一定是多媒体、多介质、多渠道去适应多样化的阅读消费方式，而数字出版仅是其中一方面。所以针对数字出版的潮流，我们从对出版趋势的把握和理解出发，首先思考的是怎样把中少总社的产业链做起来。现在第一步是在内容上花大力气，一定要有内容。不管你传播介质如何变化，渠道如何变化，出版都有个铁律，有个本质的东西，就是出版是做内容的，这个不会变。总之，要做好出版产业链一定要有自己的内容，做品牌。

三石：做内容，做品牌，是现代出版的核心价值。

李学谦：是的。我们常常说要完成出版业态的转型，要从传统出版向现代出版转型，如何转？我认为首先是把自己的内容和品牌做起来。没有内容，没有品牌，那你很可能就是个简单的加工商。下场是什么？就会有越来越多的亚马逊那样的网站直接和大牌作者签约，付70%的版税，那时我们出版社就没有存在的必要了。

三石：从这个意义上，我们不能仅仅盲目地说“内容为王”，更重要的还是在创建自己独有内容的同时，提升自己的品牌价值。

李学谦：要做大做强少儿出版，我们一定要尊重一个东西，那就是以后

的出版一定是基于内容创造的多媒体、多介质出版和多渠道销售，这是一个完整的产业链。我们现在先从低幼读物的产品做起，我们社低幼读物拥有产权自主的品牌和内容，有一系列的品牌形象，具备了发展产业链的基础条件。我们2007年成立了低幼读物出版中心，这个中心是打破传统的跨媒体出版的机构，产业链是整合图书、报纸、期刊、音像及各类数字产品等。现在开发的语音玩具也已经上市，这个语音玩具可以在我们网站上下载语音内容，这又成为新的出版终端。我们有自己的网站，有自己的动画制作团队，有玩具开发与设计，现在我们正在开发针对幼儿家长的手机杂志，向大人提供孩子们睡觉前想听的故事。

三石：新出版形态的《三百六十五夜》。

李学谦：是呀，我们把故事做成手机阅读产品，我们调查过，这个市场需求相当大。从这一点你就可以看出，我们首先坚持内容的原创，如果没有内容创新的能力，出版业态转型就没有基础。再下一步，我们的低幼中心便是向幼儿园培训方向进军！

三石：这是一个十分清晰的多媒体出版思路，可行性很强的赢利模式。

李学谦：嘿嘿，我们又以有很好的品牌知名度的《儿童文学》为基础，专门组成了儿童文学中心来打造中国儿童文学原创基地。为什么用《儿童文学》来打造原创基地呢？第一，《儿童文学》的月发行量高达110万册，这100多万册就意味着有较强的品牌影响力。第二，作者资源。《儿童文学》经常联系的作者有300多名，骨干作者有100名左右，这100名作者都是儿童文学创作活跃的力量。第三，有稳定的读者资源。如果以1:3的传阅率来计算，《儿童文学》有三四百万读者。第四，它有稳定的特有的发行渠道。《儿童文学》的110万册的发行量中，零售渠道发行占将近60%。这都是在摊上一本本卖出去的，没有任何行政手段。品牌、作者、读者、渠道都是出版资源，这些资源为何只能做杂志不能用来做书和其他产品呢？我常在社里说，我们为什么就那么死心眼儿，只认卖“青苗”而不能卖“果子”呢？许多作者都是《儿童文学》培养出来的，一开始只能写短篇，成熟了会写长篇了，但这成熟的果子往往却被其他出版社摘去了。组建这个中心后，2010年他们推出的长篇小说新作就有20部左右。你想，如果我们再把出版物数据库和读者数据库建立起来，顺理成章地做儿童文学绘本、动画、卡通、版权交易等，数字时代传统出版社的转型还难吗？

三石： 高手，布局很稳。

李学谦： 嘿嘿，稳，是按规律办事，稳也是进。我喜欢取势宏大、处事精细的风格。

推广体验式阅读，做最好的少儿阅读服务商

三石： 有人在微博上提到你，说你最近在销售终端上动作比较大。是不是指你们建设中的“全国最大最专业的少儿图书卖场”，建这个卖场是怎样的考虑？

李学谦： “青少年阅读体验大世界”正在建设，它的核心定位是以阅读体验为主要特色的少儿文化休闲场所，有四个方面的功能。一是最大最专业的少儿图书卖场。卖场的建筑面积有 4800 平方米，营业面积 3200 平方米。在单体少儿书店中，目前为国内最大；动销品种最多，在六万种左右。但最大不是我们的追求，一定要做成最专业的，一定要把体验式阅读这样的概念做足，让孩子们愿意来，家长也愿意带孩子来。我们设计了很多体验性的阅读项目，比如儿童音乐剧、儿童的传媒工作坊等。

在卖场设计的理念上将充分体现出儿童本位的理念，包括我们的环境设计、图书陈列，包括营业员。我们的营业员不叫营业员，叫“阅读助理”。营业员四季的着装都有讲究和要求，一定不能穿制服，那种四平八稳的制服。

三石： 典型的、成熟的商业模式。

李学谦： 卖场的第二个功能是少儿阅读推广基地。卖场的阅读推广活动将每周每月定期化、系列化，包括读者之间的分享和交流，作者和读者之间的交流，阅读的示范性活动，等等。我们甚至会请国家的一级演员在卖场带着孩子们朗读，通过朗读吸引孩子们对阅读的兴趣，培养他们的阅读习惯。

三石： 好策划！

李学谦： 我觉得朗读对孩子十分重要，尽管我们有数字出版，有新的阅读方式，但传统阅读、经典阅读对孩子的影响还是不一样的。语言作为最传

统、最原始的传播工具，仍然有不可替代的魅力。我向我儿子推荐《狼图腾》的时候，他对这本书并不感兴趣，我说爸爸给你朗读一段。于是我朗读第一章中主人公第一次看到狼时的那一节心理描写。我问儿子主人公紧张不紧张，他说紧张，我说这个你能通过电视剧体验到吗？他说不能，因为再高水平的演员也演不出来“汗毛竖起来，仿佛要把衬衣撑破”的样子。这，就是文字的魅力。

三石： 你不仅是阅读的推广者，还是阅读推广的实践者，从自己的儿子开始。

李学谦： 你别动不动就总结，你应该做社长，嘿嘿。

三石： 哈哈，反了。

李学谦： 卖场的第三个功能是教育培训机构。我认为优秀的少儿出版社一定是“教育思想的集散地”，我们的任务不仅仅是出版图书产品，还要传播教育思想和理念。我们今后会在卖场的地下一层每周组织一次“中少教育大讲堂”活动。这个大讲堂免费对公众开放，请名家来讲述关于孩子教育的一些热点话题。卖场的第四个功能是读者俱乐部的会员中心。今后我们的赢利模式不仅是提供产品，而是向家庭提供阅读服务，配备家庭书架，定期跟踪反馈。

三石： 不仅是提供产品，更是提供阅读服务。

李学谦： 对，你在别的书店可能只是买书，而在我这里购买的是阅读服务，是为每一位读者或是家庭量身定制的、个性化的阅读服务。

三石： 也就是说从产品提供商向“阅读顾问”转型。

李学谦： 嘿嘿，对。我们中少的目标就是要做最好的少儿阅读服务商。

知人善任，共创现代童媒集团

三石： 能否聊聊你经营中少的远景规划？

李学谦： 其实这事儿很简单，我 48 岁进中少社，有 12 年的时间可以为中少总社服务，有做头。如果我 58 岁进中少总社就把中少总社害了，哈哈。我只希望在我的任期中，能履行一个出版人真正的文化责任，完成文化使命，为中少总社积累更多的品牌价值和核心竞争力。这是一个基本的想法。一些操作层面的事上面已经说了，“青少年阅读体验大世界”会在2010年底建成。我计划完成两个阶段的事：第一步，要通过3年到5年的努力，打造一个现代童媒集团；第二步，在这个现代童媒集团的基础上，把中少做成以童媒集团为核心的“少儿文化产业集团”。今后也可能就不仅仅是延伸玩具产品了，少儿主题公园的项目也会实现。

三石：“现代童媒集团”怎么定位？

李学谦：现代童媒集团的出版物规模应该非常大。我希望像美国学乐教育出版集团那样，早在2006年它的全球销售额就达22亿美元，其中图书销售大概占60%以上。而现在我们国内少儿图书销售码洋也就50亿元人民币左右。其次，它是为少年儿童成长提供综合服务的出版集团，不光是通过图书出版提供阅读服务，同时还是社会教育思想的集散地，刚才所说的大卖场将实现这种理念。同时，这样的童媒集团一定是按照现代企业制度建立起来的，应拥有一流的人才队伍和一流的管理技术。

三石：3年到5年时间可以实现吗？

李学谦：我们给自己规定的是用5年左右时间实现这个目标。目前我们正在进行产品结构的调整和创新，我们的图书出版结构也在进行调整，2011年教辅书一本新书也没有。

三石：刚才你提到“拥有一流的人才队伍”，我记得你在《中国青年报》时曾说过：“‘是骡子是马牵出来遛遛’也对，但最好还是先认准了‘是骡子是马’。不然一‘遛’，耽误工夫，耽误了事儿，用人成本太高。‘知人善任’，‘知人’是前提，‘知人’才能‘善任’。我喜欢这样的人：积极，务实，进取，有创造力，或者说，是一个浪漫激情的现实主义者。对于这种人，领导者的责任是：给他一个目标（包括他的工作目标和个人发展目标），创造一种环境，建立一种机制，制定一个规则。剩下的事儿，您就瞧好吧。”你这一段话，几乎成了媒体管理者传颂的名言。

李学谦：你说得太夸张了，不过我到中少后对人才仍是这个观点。

三石：你到中少后，怎样看待原有的体制内的人员。

李学谦：说到这事儿，我确实比较得意。我到中少4年时间，没有从外面带过来一个人，用的都是“存量资源”，没有一人是我直接调进来的，但是所有的指标全面翻番。在中少有这么几类人：第一类，有事业心，有激情，有梦想，把少儿图书出版作为事业来看，这种人应是中少的精英、中坚力量，企业一定要有这类人，一定要重用这类人；第二类是把少儿出版当职业来看，很敬业，根据职业规则能把事情做好，这样的人也很棒；第三类则是把少儿出版当作饭碗来对待，属于传统体制中的产物，但我们通过各种方式尽可能让他成为第二种或第一种人。

三石：气度决定高度。大气是一种修养，一种底蕴，一种境界。

李学谦：你在说什么？不要用在我身上，嘿嘿！不过我可以告诉你的是，建这“青少年阅读体验大世界”，我没有用中少总社一个人。从书城管理者开始全是向业外招聘的，因为这是新事业！

三石：听李社长讲管理之道，很受启发。

李学谦：太酸了，嘿嘿。

三石：回顾我们刚才的聊天，几乎可以直接笔录下来发表。我花了几天时间研究并下载了关于你的文章已经没有参考价值了，感谢李社长。

李学谦：只是随便聊聊罢了。我喜欢这种轻松的聊天而不是正儿八经的采访，正好可以让我自己也理一理思路，也是个自我总结的过程，便于自我提高，同样也感谢三石。

三石：和你交流，我突然想起六个字：“明道，取势，优术。”

李学谦：还有“合众，践行”，这是我们都应追求并一生修炼的气质。

（原文载于《出版营销》，作者：三石，2010年7月）

少儿出版是“成长性”的事业

如果把少儿出版比作一片海域，用千帆竞发来形容实在不为过。全国500多家出版社齐集于此，无论巨轮、大船、小船，还是小筏子，都希望占得一席之地。而中国少年儿童新闻出版总社社长李学谦驾驶的，更像是一艘航空母舰。

这是中少总社与其他出版社的极大不同。它不像有些出版社那样心思单纯，目标单一，而是一个包括了5种报纸、11种刊物、图书出版以及网站、音像电子出版的复杂机体。到2010年底，还将有一个耗时近3年、无论规模还是功能都独一无二的“青少年阅读体验大世界”投入使用。用李学谦的话说，“除了广播电视以外，该有的我们都有了”。然而，如何使众多的资源物尽其用，使各个板块之间协调一致，在竞争中突出优势，却是对中少总社极大的考验。

转变观念是根本

20世纪90年代，在少儿出版市场化进程起步之时，中少总社反而失却了在此之前的优势，作为一家老牌出版社，它显现出尾大难调、机制不活、观念陈旧的弊端。“我们的职工观念不适应新的环境，有很多历史积累下来的束缚。”在李学谦看来，在出版社已经成为市场主体的时代，中少总社很多员工还抱有“中央级”“国家队”的优越心态，在激烈的市场竞争中消极怠战。不止是中少总社，这是当时很多出版社失去活力的原因所在。直到今天，有些曾在少儿出版史上留下重要足迹的出版社还没有缓过劲儿来，甚至离行业核心越来越远。

幸运的是，经过短暂的消沉，中少总社这棵大树居然又萌发出满树新芽——最近几年，无论是码洋还是利润率，都出现了大幅度的上升；而《儿童文学》《幼儿画报》在文学期刊发行量大步后退的今天，却创造了年发行量过百万的奇迹。李学谦没有大刀阔斧地“改革”，很多改变都显得悄无声息。因为所有的改变是从深埋在泥土下的根基开始的——在李学谦看来，根基就是“观念”。

“转变观念”，这是李学谦主政中少总社后给自己制定的首要目标。作为一家为新中国的儿童文学和少儿出版事业立下汗马功劳的出版社，“社会效益”为先的文化责任深深根植于每个成员的头脑中，长久以来，也成为不考虑市场需求的“借口”，仿佛一本书卖得不好恰恰是因为它的艺术性之强。“我到仓库一看，很受刺激，1993 年出版的书还躺在那里睡大觉。书再好，没有到达读者手里，它的社会效益如何发挥？社会效益不是存在于我们的编辑过程中，而是体现在传播过程当中，好东西也必须拿到市场上才能实现它的价值。经济效益和社会效益在本质上是统一的，而不是矛盾的。”李学谦说，这几年来，大家在观念上已经有了明显的转变，既保留了一贯认真做好书的职业精神，又能够正视市场。虽然没有多少新鲜或吸引眼球的噱头，但是业界能够感觉到中少总社内在的一种生机和力量正在凝聚、焕发，这种活力正来自每个中少人的内心。

整合资源不是“1+1=2”

虽然包括了中国少年报社、中国少年儿童出版社、中国少年儿童音像出版社三个部分的中国少年儿童新闻出版总社成立于 2000 年，实际上其中的中国少年报社创立于 1951 年，中国少年儿童出版社创立于 1956 年，它们的很多报刊都是于 20 世纪五六十年代创刊，大都是新中国少儿报刊的“急先锋”。50 多年来，它们所积累的历史、文化、资源和品牌之丰厚程度也是其他出版社望尘莫及的。依托团中央所独有的组织优势和公信力，以及长久培养起来的专业而专心的编辑，这些优势给了李学谦充分的自信："中少总社有其他出版社没有的丰厚资源。"他所要做的，是把这些资源充分整合，不是做"1+1=2"的简单运算，而是将它们凝聚成能够呈几何级数增长的良性产业结构，最大限度地发掘已有资源的潜力。

一个典型的例子是《儿童文学》。在儿童文学界，很多人注意到，最近一段时间，《儿童文学》出版的新作密度非常大，作者包括从张品成、薛涛、王巨成这样有一定知名度的作家，到牧铃这样写了很多年却刚刚显现出爆发力的作家，甚至有吴洲星、陈柳环这样的"藉藉无名"却富有潜力的陌生面孔。有人感叹，现在《儿童文学》的出版能力赶得上一家出版社了。"《儿童文学》有 300 多位作者资源，骨干作者就有 100 多位，50 多年来它一直秉承发现、培养、扶持儿童文学新人的理念，因而在内容的源头上它活水长流。很多作家在《儿童文学》写中、短篇起家，但是成熟了，能写长篇了，往往就被其他出版社抢走了。我们为什么只种青苗不摘果子？"在作家资源争夺激烈的当下少儿出版界，这无疑是严重的资源浪费和浅层次开发，是一种缺乏创造性的产业模式。并且，李学谦分析道，《儿童文学》110 万的发行量中，有 60% 是零售，20% 是邮局订户，这就意味着它拥有非常高的读者认可度，这种认可度本身就是极为宝贵的资本。

而"青少年阅读体验大世界"则是李学谦梦想的另一个重要承载体。多年以来，随着社会经济和儿童文学事业的发展，我们经常感慨缺少专业儿童书店，缺少儿童购书和阅读的指导，公立图书馆和学校图书馆远远不能满足需求……而这个令很多人期待已久的书城将尝试着解决这些问题：它有目前全国最大的专业少儿图书卖场；它有专门的"阅读助理"，这些助理人员全部是大专以上学历，熟悉 300 个品种以上的图书，能够在现场面对面地为儿童和家长提供指导；它将是一个儿童阅读推广基地，长久以来儿童阅读推广游兵散勇、缺少场地的状况将得到改善；它还包含了儿童教育培训机构，将以专业教育课程和公益教育讲座等多种形式开展活动。它不只是李学谦的梦想，如果顺利投入使用，这将圆了很多关心儿童阅读的人士的共同梦想。

创建中国的童媒集团

自 2004 年以来，中国少儿出版产业一直处于上升状态，增长速度超过两位数，远远高于整个图书市场的增长率。这是令很多人欢欣鼓舞的“繁荣”态势，也是令很多人担忧未来空间变小的理由，“乱象”之说也不绝于耳。这种情况之下，中少总社新的办公大楼和青少年阅读体验大世界却建在了北京的核心地段，这种“奢侈”的选择无声中透露出了中少总社对于少儿出版的信心。

“我们的少儿图书在整个图书市场所占份额是 12% 左右，而少儿出版发达的国家这个份额在 20% 左右；加之我国儿童目前的平均图书拥有量还非常低，农村和经济欠发达地区儿童读物明显缺乏，显然，中国少儿出版未来的空间很大。”对李学谦来说，这种空间不再是一本一本出书、卖书的概念，而是向着美国学乐集团这样的少儿文化产业集团军的模式掘进——创建中国的“童媒集团”，“做最好的少儿阅读服务供应商”，在多家媒体的采访中，李学谦不断地强调他的远景目标。

可以看出，虽然他要求员工放弃“国家队”的优越感，要作为平等的市场主体参与竞争，但是“低调”的背后他却从来没有放弃“国家队”的责任。“无愧于‘中国’二字”“代表国家水准”“精品”“权威”，这些词汇不时地出现在他的谈话中。在他看来，具有文化担当情怀、专心敬业的精神、老老实实出版的作风是中少社积累下来的传统和财富。“我经常会想，为什么要有少儿出版？为什么要有中少总社？”这些“终极性”的问题折磨着，也鼓舞着李学谦。在他看来，孩子的成长离不开阅读，阅读离不开出版，为儿童的阅读服务就是少儿出版人的价值所在。

对于自身价值的笃信让他有了更加积极的态度。当新媒介兴起、全球化进程加速、出版产业市场化加深等新的时代因素出现时，不少人持以抵制或被动应对的姿态，李学谦则认为，这都是必然要出现的社会现实，应该积极参与其中并保持冷静判断。“纸质阅读依然在相当长的时间里占有主导地位，传统读物依然是 13 岁以下的少年儿童阅读的主要载体。”李学谦认为，虽然产业结构升级势在必行，但最终还是要落实到内容的“升级”上，“原创内容”才是核心的竞争力。

（原文载于《文艺报》，作者：小文，2010 年 10 月 11 日）

永远在路上的出版人

永远的出版学徒

2011年初，中少总社年度工作会议上，李学谦报告中少总社“十一五”期末整体销售规模突破6亿。之后的几组数据，他花时间进行了详细解释，比如发行码洋2010年为61828万元，与2005年相比增长率为261%，为何销售利润的同比增长率却为117%？产生差距的原因主要是2008年以前，中少总社的发行实行代理制，有很多费用没有完全进入总社，还有员工收入大幅增加等。

中少总社社长是李学谦1982年大学毕业后的第7个工作岗位。上大学前当过几年钻探工的他，大学毕业后，曾先后出任团中央宣传部部长，《中国青年报》总编辑、社长，中国青少年研究中心党组书记等职。2006年7月28日，抱着当名出版学徒的初衷和做文化产业的梦想，他到中少总社报到，成为一名出版人。“到中少总社工作这条路是我自己选的，主动选的，主动要求的。”他喜欢出版业，也看好少儿出版的成长性，认为其市场前景广阔。

初上任时，李学谦却并没有点燃三把火，反而是下调了经营指标。他认为，中少总社当时的状态不具备跨越式发展的能力，需要把指标降下来。“蹲一蹲，是为了跳得更高更远。就让大家蹲下来，不要有那么大压力。”

需要蹲下来的想法，并非凭空而来。刚上任没多长时间，李学谦听到一种声音，认为中少总社是国家队，是中央级出版社，出版的书可以没有经济效益，但要有社会效益。获悉这个意见后，李学谦没有马上表态，而是自己跑到北京马甸桥的三个大书库转了一个上午。书库的情况让他心惊：1993 年出版的书，竟还趴在库里。回社以后，他召集图书出版部门中层以上干部开会。他问大家："你们谁去书库看过了？我去看了。书的社会效益不体现在出版者的观念中，不体现在编辑过程中，而是必须通过传播，这才能够把它的社会效益给体现出来。"现场列举了一些书名后，他尖锐地说："这些书不出就是讲社会效益。我们出不了好书，还不如给子孙后代多留几棵树，何必把树砍了造成纸，印成书以后，再去化成纸浆？"

李学谦进入出版业时，中国出版业恰好面临着两个转型：一个是"由过去的行政附庸向市场主体转变"；另一个是，出版的趋势逼迫出版人在技术革命的条件下，由"传统出版商向内容供应商转变"。

面临这样的转型，李学谦认为：和国际出版业相比，中国少儿出版业的整个盘子很小，业态陈旧，利润结构单一；中国少儿出版业态需要创新，需要学习的东西还很多。他向全社提出了能力建设的构想，即要把中少总社的内容创意能力、产品销售能力、管理能力培养起来。

同时，他将中少总社期刊的发行渠道收回，叫停合作出版的教辅图书，关闭不赢利的社属公司，实现书刊互动，等等。经过两三年的调整，中少总社的变化一点一点地显露了出来。

李学谦形容自己上路后，只顾不断地往前走，没有回头看过。5 年过去了，突然回头，自己感觉还是走出了一点距离。体现之一就是主要的经济指标，除上文提到的销售增长外，员工的收入也差不多翻番了。

"任何事情的发展都是一个过程，只要方向是对的，主要的办法是对的，没有什么决策性的失误并能坚持，达到目标无非是早或晚而已。"这是李学谦的看法。

时间进入 2011 年，李学谦感叹自己这个出版学徒根本不可能满师。"出版业态变化这么大，你说什么时候才能满师？"他在 2011 年 1 月的全社年会上，要求每位员工都心态归零，因为现在的中少总社，在他心中不过刚刚迈出第二步。

出版的激进主义者

李学谦自称出版的激进主义者。因为他坚信，一名出版人的文化使命永远是第一位的，而一名优秀的出版人必须尊重出版业的文化属性。

李学谦专门研究过2010年世界500强企业的排名，他发现前三位企业的全球收入均在2000亿美元以上，排最后的三家企业也有170多亿美元。而2009年，世界出版50强中前三名的全球销售收入也就是70多亿美元。单纯以经济指标来衡量，出版业实在是个小行业。

在李学谦眼里，文化是出版最重要的产业特性，一本《共产党宣言》从问世到现在所形成的全球销售收入，可能远不及世界500强企业中任何一家一年的全球销售收入，但其思想影响力却改变了多少人的价值观，对人类历史进程产生了何其强大的影响！因此，他认为内容创新永远是出版的基础。

"虽然出版是小行业，但文化是大产业，出版做大做强，必须得打通产业链，融入文化产业。出版业除自身的独立价值外，还要为文化产业提供内容和创意基础。中少总社如何打通产业链呢？首先要抓原创出版物，打造有自主知识产权的品牌，然后应该顺应全介质、多媒体、多渠道的出版传播态势，还应当有衍生产品，实现内容价值的最大化。"李学谦观察到，美国早在2002年时就已经实现了这一点，一个产品出版时会有五六种载体，可以是图书、有声读物、CD，也可以是录音带、电子媒体，"一鱼多吃才能符合不同的市场需要，或者说适合读者多层次的需要"。

在产业链建设想法的引导下，李学谦不是按照产品，而是以建设内容创新能力为目标，按资源对中少总社各部门进行整合。他先后组建了低幼读物出版中心和儿童文学读物出版中心，实现书刊互动，最大限度地开发出版资源。例如，中少总社低幼读物出版中心的《幼儿画报》是目前发行量最大的幼儿读物期刊，原来隶属期刊中心，李学谦将其独立，成立了低幼读物出版中心。2010年该中心发行码洋超过两亿元，其中图书发行码洋已近4000万元。2009年底组建的儿童文学读物出版中心，2010年码洋过亿元，其中原创图书码洋近2000万元。他说，这也是为了以后的全媒体发展做准备。

到2010年底，中少总社已经形成了书、报、刊、音像制品、语音读物和网站等产品链，比如红袋鼠系列已开发出系列衍生产品。从2011年下半年开始，中少总社所有低幼报刊都改为有声读物，既可以常规阅读，也可以用点读笔点读。这已然是现代出版产业链的雏形。

中少总社迈出第二步后，李学谦认为，其步伐将紧跟整个出版行业生态的发展而调整变化。

积极的现实主义者

李学谦认为自己是个积极的现实主义者。“积极”意味着有梦想和能运用改变现实的力量；而“现实主义者”意味着不拒绝面对困难，快乐地活在当下：只有当把梦想和现实结合起来，才能让梦想指引现实，在现实中圆梦。

在中少总社进行产业调整的同时，李学谦也一直寻找中少总社成为少儿传媒文化集团后的核心竞争力；而建设了近三年的青少年阅读体验大世界，将成为他梦想和现实的一个新的接合点。青少年阅读体验大世界项目启动前，李学谦曾详细研究其创新价值与盈利模式。他想开一家中国没有的、具有引领性的青少年文化活动中心。注册资金1500万元的青少年阅读体验大世界，是中少总社的全额投资项目，这个场所定位为以阅读体验为主的少儿文化休闲场所。在这样的定位下，李学谦将其功能规划为：动销品种达6万种、营业面积3200平方米的中国目前最大最专业的少儿图书卖场；设立教育培训机构、阅读推广基地、中少读者俱乐部会员中心等，多方位为少年儿童提供阅读服务，实现中少社向少儿阅读服务提供商的转型。

李学谦把阅读体验大世界视为中少总社将来发展少儿文化产业的推动力之一。他希望能以此为平台，形成由中少总社主导的少儿阅读推广网络，不仅有加盟连锁店，还有庞大的会员群体：“如果将来能够发展出几十万、几百万会员，那么就会形成一个阅读推广网络，形成数据库营销的渠道。这个计划一旦实现，那就可以把它作为投融资平台，进一步发展产业链，实现少儿出版与少儿文化产业的融合。”李学谦设想，中少总社“十二五”期间应成为少儿传媒集团，“十三五”期间应进一步发展为以传媒为核心的少儿文化产业集团，“青少年阅读体验大世界是为中少总社在‘十三五’的发展布的局”。

现在尽管“大世界”还未开始营业，却已有不少人想加盟。“之所以在刚开始的时候不融资，是因为中少总社认为这是一只凤凰，虽然现阶段还只是一颗蛋。现在总投资才1500万，如果融资500万，占去30%的股份，就把凤凰当鸡给卖了。”李学谦的算盘打得很精确。

下一步，他计划用两年时间打造好青少年阅读体验大世界的核心能力和品牌影响力，在实现盈亏平衡基础上，进行股份制改造，并且寻求上市。为实现这个目标，他甚至没忘记现在就培养一名年轻员工，考取董事会秘书资格证。

出版业是个悠久古老的行业，从古代到当下，历经上千年，任何一位出版人只能经历其中一个阶段，而每位出版人只能为其所在的这个阶段负责，何况中国出版与世界出版强国相比，还有相当大的距离。李学谦认为，在路上是出版人最好的状态，他也愿意永远前行在路上，带着一名出版激进主义者对文化的执着，不断创新。

（原文载于《中国图书商报》，作者：邹昱琴，2011年3月25日）

运营新疆界

建国门外大街丙 12 号，李学谦的新办公室在这里。从现代化的玻璃幕墙望出去，在这寸土寸金的 CBD 核心地段，他的左邻是赛特购物中心，右舍是 LG 大厦。2011 年 9 月，中少总社投资兴建的总面积近 5000 平方米的“青少年阅读体验大世界”也将在此开业。这个融合了图书零售、阅读推广、教育培训、休闲娱乐等功能的青少年主题书店，寄寓了李学谦对中少社由“十二五”跃升至“十三五”的期望，即由少儿出版传媒集团向少儿文化产业集团的变身。

在体制内任职多年，李学谦向来把自己隐藏得很深，轻易不露个人好恶。然而，说到大世界，他动了真感情。“筹备整整三年，核心团队不离不弃，原来年薪 20 多万的小伙子，在我这里每月拿 5000 元，整整三年。”大世界筹备之初，就有专家说这是疯子才有的想法，然而，在这纷纭的出版大时代，中少总社又让我们见证了一个传奇。

大增长，有隐忧

就像中少总社近几年来的发展，一旦市场竞争和现代管理的意识被激发，机制变革的进程加速，其内容与品牌的积淀就开始发挥巨大的威力。这再一次证明，内容产业需以内容的创新和运营为基石。2011 年上半年，中少总社的总体销售收入、利润与 2010 年同期相比，增长 20% 以上，上半年总发行码洋已经是 3.8 亿多元，2011 年底可实现七八亿元的销售规模。

如此漂亮的业绩表，却不能让李学谦自矜。2011 年 7 月下旬的上半年工作总结会上，他还在分析是什么在拉动中少总社的发展，以及发展背后的隐忧。

“2011 年的增长主要还是传统出版物的拉动。在书、报、刊中，传统优势板块期刊出现了增速放缓的情况。拉动中少增长的主要是图书板块，上半年的销售码洋达到 1.3 亿左右。前两年中少总社的出版资源整合，效果在 2011 年开始明显显现。”

分析下来，李学谦的第一个结论是，虽然中少总社 2011 年上半年有增长，增速可观，“但所有的增长是依靠传统出版物的增长来拉动的，说明我们的发展方式尚无转变”。第二个结论，优势板块增速放缓，过去的短板经过调整，成为传统出版物中拉动整体增长的重要力量，说明传统出版物市场并没有爆炸性的扩容增量。

李学谦大致算了一笔账，“十二五”期间，如果要完成国家给出的人均收入倍增的目标，则意味着，中少总社在“十二五”期间，职工的人均收入每年大约要增长 15% 以上，靠传统出版物“的确是有点儿辛苦，有点儿累”，也就是说，靠传统出版物的增长，靠过去的发展方式，“很难支持‘十二五’期间中少总社的成长”。

“我们自己在国内感觉不是特别明显，但如果从国际上看，出版业的转型还在加速，国外有些大的出版集团，数字出版已经占到了它收入的 50% 以上；而在国内，数字出版还没有真正成为传统出版社的收入，也就是说，在整个出版收入当中占到相当比重的，似乎还没有。”

数字出版四步走

李学谦给出了中少总社“十二五”期间的市场定位和战略目标，即大型少儿传媒集团和少儿阅读服务供应商，而实现这一定位目标的两个路径是业态转型和体制转型。“从我们社的实际情况出发，从整个出版业态转型的国际背景来看，‘十二五’期间对于我们最主要的问题，还是完成出版业态的转型，通过转变出版业态，来实现发展方式的转变。”

怎么来完成业态转型呢？李学谦首先考虑一个逻辑前提，即出版的本质、出版的特性是什么。他的结论是，出版的本质就是内容的创新和生产运营。

“这就是我们为什么这么重视原创的原因。”要做内容生产商，而非加工商，则原创是根基。在原创的基础上打造精品力作，在精品力作的基础上打造自有品牌出版物和品牌形象；有了品牌后可以输出知识产权，然后有可能产生衍生产品群。这是李学谦给出的内容增值之路。

所以，“十二五”期间，中少总社将以内容原创为基础，以数字技术为手段，以品牌为依托，实现对出版产业链的打造，完成业态转变。这与中少总社对出版的理解有关。出版是个小行业，文化是个大产业，出版如果真正想要做大做强，就必须跟整个文化产业联系起来。在文化产业中，一方面，出版行业拥有独立的形态和价值，另一方面，可以为整个文化产业提供品牌、内容和创意的基础，《哈利·波特》就是一个典型的例子。

在这一思路的指引下，“十二五”期间的中少总社，不仅仅出版书报刊，而是会直接面向消费终端，对少儿提供从多种介质出版物到阅读培训指导的全程阅读服务。

就在2011年，实质性的进展是，中少总社的数字出版已经有了初步的成果。按照李学谦的思路，中少总社数字出版的整体运营将是，对出版资源全部进行数据化处理，建立出版数据库、出版资源库。这个出版资源库就像一个“中央厨房”，所有的内容都接到这里，然后根据不同市场不同的需求加工成不同产品。这是第一步。

现在，中少总社已把1951年《中国少年报》创刊以来、1956年中国少年儿童出版社建社以来，所有的报纸期刊进行了数据化处理；并从已出版的3万多种图书里，选择目前可能还有需求的6000种图书进行数字化处理，初步形成了中少总社的出版资源数据库。在此基础上，中少总社的第一款数字产品就是中少数字图书馆，现在已经开始报价。这个产品的市场在哪里呢？李学谦已经想得很清楚，“各种公共图书馆、学校的图书馆，另外还有家庭装备，根据需求定制不同的数字图书馆产品”。这是第二步。

第三步，加工成不同的数字产品。“我们有些杂志的电子刊已经做出来了，此外，所有的低幼年龄段的杂志都成了语音杂志，配我们自己品牌的点读笔。”2011年，中少总社的红袋鼠点读笔邮局征订时又加了一万个。

第四步的规划，在“十二五”期末的时候，中少总社将实现复合出版、全介质出版。中少总社的底气还在于，中少数字出版平台已经被列入新闻出版总署的改革发展项目库，此外，中少总社已经在工信部申请到了电信增值服务商的资质，即全网 SP 的资格。

数字出版领域也有它的产业链，首先是运营商，然后是服务商，最后才是内容供应商。此前，出版社往往仅作为内容供应商存在，处于分利模式的最低端。全网 SP 资质的申请，是内容商在数字出版产业链条的一次极大的跃升。时机成熟时，中少总社还将孵化自己专业的数字出版公司——中少数字出版公司。

中少的胸襟也是开放的："小一点的刊物，如果没有独立建立这种平台的可能性，也可利用我们的平台来做。"

大世界之梦

青少年阅读体验大世界更是中少人的一个梦，现在，这个梦想已成真。

解决办公用房后，中少总社的新址还富余出两层，最简单的办法就是出租，按照此黄金地段每天每平方米七到八块钱的租金费用，纯收入可谓不低。然而，李学谦自有考虑。其一，单价不可能无限地提，出租率不可能超过百分之百，这是出租的天花板。其二，对新闻出版主业没有任何拉动作用，反倒会把人养懒。

"出版资源上游是作者，下游是读者，我们建立大世界的平台，恰好让它成为聚集出版资源的一个地方，而且放大品牌效应，拉动新闻出版主业。在向阅读服务商转型的过程中，我们又把服务的渠道建立起来了。"尤其是，在李学谦的规划中，"十三五"期间，大世界将成为中少总社的投融资平台，当中少总社由少儿传媒集团进一步向少儿文化产业集团转型的时候，这个平台的作用就发挥出来了。

在此抱负下，大世界经历了整整三年的坎坷筹备路。首先，规划的更改要搭桥，比如，规委同意不同意，设计公司同意不同意；其次，要实现客流量运载的要求，原来设计为写字楼，只有直梯，要增设扶梯，光是这个变动，报告就打了大半年；再者，写字楼的承重是每平方米 300 公斤，而青少年阅读大世界要达到每平方米承重 600 公斤到 800 公斤，"三层、四层是密密麻麻铺了一层钢板"；接着，通风口增加的问题，弱电、强电的问题……

三年来，一些和“李社长”一样“疯狂”的人聚在了一起，不离不弃，光是留学生就有七八个，李学谦说，这是缘分和运气。

李学谦和他的经营团队反复考虑过大世界的经营模式，显然，它的商业模式和其功能是联系在一起的，“我们给大世界的核心定位是，以提供体验式阅读服务为核心内容的少儿文化休闲场所”，有四方面功能：

其一，到目前为止，大世界是一个最大、最专业的少儿图书卖场，从营业面积、动销品种来说，它是最大的；从服务来说，它是最专业的。比如，按不同年龄段来陈列品种，然后在不同年龄段内部再来分类，方便读者购书。“这个功能决定了以图书为主的文化用品零售是我们基础的营运模式。”

其二，大世界是一个少年儿童阅读推广基地。李学谦正在请专家委员会制定大世界的阅读推广书目，在6万多品种里，针对不同年龄段的孩子提供不同的阅读书目。既然是阅读推广基地，则大世界的产品销售就不局限于卖场范围内，包括今后帮助孩子建立家庭书架，包括帮助学校建立馆配图书，甚至帮助家庭配备阅读顾问、阅读助理、阅读管家等。

其三，大世界是一个教育培训机构，目前，它完成的自主研发培训课程已达500多课时。

其四，大世界是读者俱乐部的会员中心，中少总社能通过这个读者俱乐部来建立、发展数据库，同时配上电子商务服务，包括今后直接面向终端销售数字化产品。

最后一种就是项目连锁经营，“目前来跟我们洽谈加盟连锁的，已经有二十几家单位和个人了”。

此前的一次采访中，李学谦的一句话颇叫人感动，他说：“中少就是我的最后一站。我唯一的希望是，在我离开中少的那年，能够把一个实力雄厚、机制良好、品牌卓著、可持续发展的现代童媒集团交给我的下一任。”

他将他的全部心血浇筑到了中少总社中。采访结束时，天色已黑，他却还要到大世界去看看。同行的小姑娘告诉我，这不过是李社长非常普通的一天。中少，以其自身的成长回报李学谦。现在，一个现代童媒集团已然成形，少儿文化产业疆域已初现雏形。天将降大任，中少总社，你准备好了吗？

（原文载于《中华读书报》，作者：陈香，2011年8月24日）

少儿出版要向整个文化产业链延伸

孩子是国家和社会的未来。一个人如果能在小时候就培养成了良好的阅读的习惯，将会受益终生。所有的家长一定非常希望让自己的孩子在不同的成长阶段都能阅读到适合他们的好书。因此，童书出版、少儿出版的工作就显得尤为重要，风起云涌的数字化浪潮也渗透到了少儿图书出版市场当中。但是孩子是特殊的目标读者群体，有观点认为少儿图书的数字化是一把“双刃剑”。一方面数字阅读可以更好地激发孩子的阅读兴趣，另一方面，长期使用电子设备也会对孩子的身心健康产生负面的影响。在“出版业数字化之路”系列访谈的邀请下，中国少年儿童新闻出版总社社长李学谦对数字化潮流下的少儿出版发表了自己的见解。

少儿出版要向整个文化产业链延伸，实现出版价值最大化

新华网：少儿出版物的市场和一般性的大众图书市场相比有怎样的特点？

李学谦：概括起来，少儿图书出版市场有三个特点。第一个特点就是参与度高，现在全国一共 570 多家出版社，其中有 530 家参与到少儿出版当中来，因此少儿出版几乎是出版全行业参与的出版门类。

第二个特点是成长性好。从 2003 年到现在，大概十多年的时间，少儿出版一直是整个出版行业里面增长速度最快的一个门类，除 2012 年以外，已经连续十年每年保持两位数以上的速度。少儿图书出版占整个图书出版的份额由 2002 年的不到 10%，达到 2012 年的 16% 左右，已经接近发达国家 20%

的水平。

第三个特点是稳定性强。所谓稳定性强，是指这一年龄阶段的儿童的阅读方式主要还是纸质的，有的家长不希望自己的孩子很小的时候接触电子屏幕，一个是伤眼睛，另外孩子本身没有鉴别网上海量信息的能力。在这段时间里孩子的阅读主要是父母或者老师为他们推荐，甚至给他们提供指导，替他们买书。所以比较起来，这块受到数字化的冲击相对要小一些，因此它有比较强的稳定性。

新华网：您曾说中少总社要实现从“少儿出版传媒集团”向“少儿文化产业集团”的转变。这两者之间的差别是什么？

李学谦：出版集团是以内容的制作、复制、传播为主；文化产业集团则会在内容传播的基础上进一步延伸自己的产业链，让这个内容的价值最大化。出版是一个小行业，如果仅仅以记录、整理、加工、复制、传播作为自己的主要功能，出版的经济规模不会很大，出版的价值也不能够最大化。

但是出版在文化产业当中还具有核心和基础性的地位。比如出版的内容最后可以衍生成其他许多文化产品。比如《哈利·波特》的纸质图书从 1997 年问世到 2007 年的十年当中，销售总额大概是 64 亿美元左右，但是它拉动的整个其他产品市场的规模有 2000 亿美元。

所以我们说出版是小行业，文化是大产业，出版在整个文化产业当中具有核心的基础性作用，为整个文化产业提供内容支持，也提供品牌和价值方面的引领。从出版自身的发展来说，要实现出版价值的最大化，最后要把出版做大做强，就要完成由单一的出版集团向文化产业的转变。

少儿出版的趋势是全媒体出版结合立体化服务

新华网：数字出版的大潮汹涌而至，您认为它将给传统出版业带来哪些变革？

李学谦：数字出版给传统出版带来的挑战是全方位的挑战。首先，从内容生产上来说，过去内容是由专业的机构来制作，由专业机构负责传播。现在，随着微博、微信等自媒体的出现，我们在互联网上读到的一部分内容不是由专业的出版机构和新闻机构制作的，而是大众提供的。因此，从内容供应方面来说就发生了很大的变化。

第二个就是内容传播介质也发生很大的变化，特别是现在电子媒体正在替代相当一部分纸质媒体。

第三个变化是传播渠道发生了变化。互联网还有电子商务平台都成为内容传播的非常重要的渠道。

第四个变化就是它对人的阅读方式和习惯产生了非常深刻的影响。比如现在很多年轻人读屏代替了读书。从阅读习惯来说，这种轻阅读、碎片化的阅读替代了传统的深度阅读、系统化阅读的方式，这个影响是很大的。

但是我也认为，尽管数字出版对整个传统出版带来很大的影响和冲击，但是数字出版和传统出版并非相互否定、相互对立、相互排斥那样一种关系。说到底，数字出版我觉得还是出版，它只不过是把数字技术在出版的各个环节当中普遍地运用起来，与传统的出版实现一种深度的融合。

出版的本质还是没有变化的，它还是内容的发现、选择、整理、加工、制作、传播这样一种社会性的活动，它的功能也没有变。也有的人在说，现在随着自媒体的出现，随着自助出版这样一些方式的出现，今后专业提供内容的机构还需不需要存在？我认为越是信息爆炸，越是面临海量的信息，就越需要对信息进行选择、整理、加工，然后为不同的信息用户提供个性化的服务，因此出版还是有价值的。

在这种数字化浪潮的挑战下，我感觉对于传统出版商来说，需要考虑的是什么呢？是怎样在新的技术和新的传播环境之下来完成由传统出版向数字出版的转变；由单一介质出版向全媒体出版的转变；由过去的阅读产品供应商向阅读服务供应商的转变。我觉得这个是至关重要的。

新华网：中少总社在数字出版的转型方面都做了哪些尝试？

李学谦：中少总社在数字出版方面的定位有自己的考虑。一般认为出版机构就应该是一个内容供应商，我们觉得对数字出版，不同的出版单位有不同的定位，但是我们是把自己定位在数字出版商和信息供应商的角度，也就是说不单是把内容提供给渠道运营商和其他的人，最后参与分成。如果那样，传统出版机构在数字出版面前就会变得非常被动，我们自己的定位就是我们像做纸质图书一样，要做数字出版商，要做内容的供应商，要做信息服务商，这是我们的定位。

按照这样的定位，我们有一个总体上的设计，主要目标是两个：

一是从内容生产方面来说，我们要实现全媒体的出版，把内容制作成不同的产品，有纸质图书、电子书、手机报，通过不同的渠道推送给不同的用户，形成全媒体出版，通过提供多种介质的产品满足读者的多元阅读需求。

二是跟全媒体出版的方式相适应，我们要建立起一个数字传播平台，实现线上、线下对读者的全方位、立体化的服务，这是我们总体的设计思路。

按照这一个定位和目标，我们现在所做的工作主要包括以下几点：

一是建立了数字资产管理平台。就是把《中国少年报》1951 年创刊以来和中国少年儿童出版社 1956 年建社以来所有的报纸、期刊都进行了数据化处理，然后建立了我们自己的数据库。同时，在我们出版的 3 万多种图书里面，选择了大约 5000 种，我们现在还有版权，并且有参考、阅读或研究方面的价值的出版资源都进行了数据化的处理，可以按照作者的姓名、文章的标题以及刊期进行检索。

二是在建立起数字资产管理平台的基础上，推出了一款产品，这款产品叫作中少数字图书馆。我们的产品现在有些机构用户需要，比如公共图书馆、学校图书馆需要这些东西给孩子阅读，我们就在这个基础上建立了中少数字图书馆。这个图书馆的规模可大可小，根据用户的需求来定制。这款产品到目前为止已经大概卖到 30 来个公共图书馆，实现销售收入大概 700 多万。

现在开发的主要还是机构用户，下一步我们还考虑逐步要向个人用户发展，就是做 B2C，比如家里面有一个 3 岁的孩子，我们可以提供从孩子 3 岁开始一直到中学毕业所需要的电子读物。

新华网：就是要树立少儿或者是儿童分级阅读的概念。

李学谦：对，按照儿童在成长过程中的需要，给他提供不同的产品。因为我们整个产品的覆盖面比较宽，最小的杂志叫《婴儿画报》，是给 0—3 岁孩子看的；给 4—7 岁孩子看的有《幼儿画报》，再往上有《中国儿童画报》，有《我们爱科学》，等等，一直到中学，我们还有《中学生》杂志，可以给他提供成长过程中的各种读物。

三是已经初步建立起了全媒体的出版平台，现在选择一个低幼读物出版中心进行试点，试点成功后准备到 2015 年之前，也就是“十二五”期末在整个社会当中全面推开。今后也可能我们整个编辑流程、内容制作的流程都会发生一个根本性的变化。

四是我们建立起了用户行为的跟踪分析系统。我们的中少数字图书馆中可以分析读者是怎么使用图书馆的资源的，孩子们喜欢看哪些东西，在哪篇文章上面停留的时间比较长。我们通过对用户的行为进行分析，回过头来再改进我们的定制产品，为他们提供更好的服务。

五是建立了近千种的互动电子书，在数字图书馆的基础上再建起一个更大的公共平台，就是少儿快乐阅读平台。

下一步还打算建设少儿的学习平台、游戏平台等。最终，我们会建立起一个以阅读为基础、有海量的阅读材料，但同时也能够为孩子提供学习、娱乐等服务的综合性的平台。

内容不足、原创能力不强是制约少儿读物数字出版的最大瓶颈

新华网：中少总社的目标读者都是孩子，比较特殊。有观点就认为数字化的读物对孩子而言可能是一把“双刃剑”，一方面它可能激发孩子的阅读兴趣，但还有可能对他们的身心造成一些负面的影响，比如有人说可能会影响到他们将来的理解能力等。您对这个问题怎么看？

李学谦：首先以后的出版应该建立一个全媒体出版的概念，也就是说数字出版并不意味着仅仅是读各种电子读物，读各种屏幕。比如纸质图书的制作过程也运用了数字技术，因此，数字出版理所当然也应该包括纸质读物。

再一个就是纸质读物和电子读物有些功能不会完全排斥，相互替代。比如现在针对婴幼儿开发的一些图书，比如玩具书、立体拼插书，有不同的模块，就像积木一样，每块积木里有不同的故事和场景，孩子可以根据这些东西搭建起一个故事中的场景来。这些东西对培养孩子的动手、动脑、手脑协调的能力是有好处的。

但是如果在屏幕上面，图书这种功能就没有办法实现，所以说电子读物

不能够完全代替纸质读物。回过头来说有些电子读物的功能纸质图书也不能体现，电子图书更加形象和直观。

所以我认为，今后孩子的阅读形态很可能会是一种多元化、复合式的，既读纸质图书，同时也会接触一些电子读物。但是我还是建议家长在孩子比较小的时候，从纸质读物入手培养孩子的阅读兴趣会比较好一些。一个是有利于孩子的视力保护；再一个纸质图书一般是经过专业的出版工作者选择的东西，不是那种海量的信息，是针对特别年龄段孩子定制的产品。

新华网：纸质阅读和数字阅读应该在少儿阅读当中有不同的功能定位。

李学谦：对，实际上现在很多读者正在使用我们的各种产品。比如说纸质读物是《幼儿画报》，孩子在幼儿园或者其他环境下可以拿着画报看，让大人给他讲画报上的故事。但同时我们还有一款产品叫作红袋鼠智能语音玩具，里面有红袋鼠的形象有 365 首儿歌和故事，可以从我们的网上更新内容，孩子晚上睡觉的时候可以抱着语音玩具自己听故事，爸爸妈妈不在身边也可以。

新华网：您认为现在国内的少儿图书的数字出版还存在着什么样的问题？

李学谦：我总体感觉我们国内的少儿出版发展还不完善，大概全球也是这样。在上海图书展期间，也有些国外的出版界同行在探讨少儿出版的数字化问题。比较而言，国内少儿读物的数字出版目前还处在起步阶段，还没有形成一个完整的市场。还有很多少儿出版单位出版的是教辅类的图书，因为我们并不是做教育网站，所以这类图书不适合在网上做。另外一些公共版权的图书，谁都可以用，就缺少了个性化的内容，而从国外引进的东西受制于别人的授权。内容不足、原创能力不强是制约少儿出版单位在数字出版方面有所作为的最大瓶颈。

新华网：针对原创能力不足的问题，中少总社建立了怎样的机制来发掘和维护作者资源？

李学谦：我们这几年花力气做的一件事情就是调整出版结构，增强原创出版能力。我们现在舍弃了教辅图书，而是依托我们的大刊、名刊，建立自己的作者队伍。比如《儿童文学》现在的发行量每个月超过 100 万册，经常联系的作者有 300 多个。我们让这些作者不仅给杂志供稿，还写书。《儿童文学》每年出版的新书大概在 70 种左右，2013 年达到 102 种，其中新书当中中长篇小说有40种左右，每种新书印数平均在5万册以上。用什么机制来做这个资源呢？一个是要有机制发现作者，另外出版社应该保障作者的利益。书的印数高了，作者收入高了，吸引力就大了。同时要对作者负责任，下功夫培养，作者的队伍就会越来越大。

（原文载于新华网，作者：史靖 桂洋，2013年11月19日）

转型·蜕变

纵观中国少年儿童新闻出版总社这十年的发展，一步一个脚印，每个脚印都落到实处。自李学谦社长上任以来，一方面大刀阔斧砍掉教辅，一方面积极利用优势资源发展原创，逐渐在历史、低幼、儿童文学等板块形成了竞争力。而在原创科普、卡通动漫和原创绘本这三个相对弱势的板块，则根植品牌期刊的土壤，借助期刊积累的编辑、作者及渠道资源培养原创实力。

2016年初，李学谦提出未来五年中少总社要完成由阅读产品供应商向阅读服务供应商的转变。在接受百道网采访时，李学谦说这不是出版理念的新发展，而是按照国家发展的大逻辑顺势而为。

通过采访，我们看到了李学谦对于少儿出版的诸多思考：

我们应该出版什么样的书？到底什么才是市场？

在没有教材教辅的情况下，出版社怎么定位在教育板块的产品和市场？

怎么融合国内国际出版资源做原创？

为什么中国的卡通动漫图书几乎全是快餐食品，什么样的作品才能成为经典？

从阅读产品供应商向阅读服务供应商转型

百道网：2016年初，您提出了少儿出版在教育市场的发展思路，未来五年的路为什么要这么走？

李学谦：在2015年11月的一个座谈会上，北京一所小学的少先队大队总辅导员给我看了他们的课表，我听了他所讲到的一些话以后特别吃惊。

课表的课程设计分五个层次，第一层是课堂教学，包括语、数、外、音、体、美等所有的基础课程。第二层是拓展课程，又有三个部分，一是阅读与欣赏，有音乐阅读与欣赏、体育阅读与欣赏、美术阅读与欣赏、数学阅读与欣赏，把阅读与整个学科教育融为一体，闻所未闻；二是讲座，他们叫走班制的教学，学生根据兴趣爱好选想上的课，没有固定的班级。三是社团活动。以上都是校内的课程。第三层叫社会实践，要求学生把学到的知识拿到社会上考察、体验。第四层叫创新课程，学生把学到的知识制作成微电影、手工绘画等。第五层叫展示课程，就是课程学完以后互相交流展示。

这个课表完全按照教育规律引导孩子学习：先学习基础课程，通过阅读、讲座、社团活动等拓展课堂知识，再通过社会实践了解知识怎么运用，然后动手制作学习成果，最后是交流展示，真正体现了以学生为中心，以学习为中心。

在这样一个拓展课程体系中，我找到了阅读的位置，也清晰地感受到，并不是孩子不喜欢读书，只是我们没抓到学校和学生的需求。我们对学校的阅读需求，对学校课程改革之后发生的变化不了解，我们的出版活动已经滞后于基础教育改革实践。

回过头来想想，学校为什么进行课程改革呢？是因为招生考试制度改革，比如以后会加大自主招生的比重，语文成绩在高考中的权重会提高，英语可能会逐步走向社会化考试，等等，这些都会影响教学课程。再往上推，为什么招生考试制度会改革？是因为国家的发展理念发生了改变，讲究创新、协调、绿色、开放、共享，今后创新将会成为驱动发展的第一动力。

这就是说，国家发展进入新阶段后，创新驱动发展的重要性显著提升，要求教育适用国家发展的需要，从而引起了招生制度改革、基础教育课程改革等一系列变化，这是背后的大逻辑。少儿出版如果不符合国家发展的大逻辑就会落后，我们也是顺势而为。

实际上我们在给学校做阅读服务的时候，遇到过很多尴尬，有的学校想发展本校的特色教育，强化某一个学科，需要相应的科普书作为校本教材，但我们没有特别合用的书。别人的需求满足不了，出版的书又积压，同质化严重。

这就提出了一个问题，我们应该出版什么样的书，到底什么是市场？这个问题一定要弄明白。我认为排行榜不是市场，书店不是市场，渠道不是市场，电商也不是市场，真正的市场是什么？是需求。如果我们捕捉不到需求的变化，不能通过自己的供给去满足需求，在市场中就会永远处于被动位置。

百道网：具体地说，有的少儿出版社本身有教材，进入教育市场比较顺理成章，像中少总社本身没有教材，如何定位在教育板块的产品和市场？

李学谦：现在中央特别强调供给侧结构性改革，通过创新供给激活更多需求，让生产者获得更大的收入，我们也得按照供给侧结构性改革的思路调整产品结构。但完全转变过来，首先是给学校做定制出版。比如前面说的校本教学，根据学校的特色需求定制出版物，印刷量只有一两千本也没关系，我们的定制出版和按需印刷是在一起的，可以把成本控制在合理的范围内。

第二是大众出版要接地气。2016 年，我们会让编辑多去学校，看看学校到底需要什么，有些传统经典的读物学校也是需要的，这没问题。

第三，也是更重要的，是给学校提供综合的阅读解决方案。我们到一个学校，首先对学校的阅读环境、阅读指数进行评估，评估完给学校提出包括书香校园环境建设（图书馆、书香长廊、班级图书角等）、校本图书、必读书目的阅读课程、阅读师资培训、促读教具、阅读效果评估等方面内容的综合解决方案。

在教材教辅方面我们没有竞争力，但阅读教育服务是我们的核心能力。我们有阅读能力测试标准、阅读能力测试工具、戏剧箱子、阅读答题卡等，还有一支提供阅读服务的专业队伍。这是我们切入教育市场的路径，就是从过去的阅读产品供应商向阅读服务供应商转型。

这种模式是可以复制的，青少年阅读体验大世界就是这个模式的成功案例，2015 年基本盈亏平衡，2016 年可以实现盈利。现在我们主要给北京市的小学开展服务，一共覆盖了四五十所学校，未来可以把一些产品、品牌、技术、标准等逐步推广到全国，建成阅读服务网络。

百道网：以美国学乐为例，校园书展是他们的重要而成功的手段；与之相比，中少总社的一大优势是有一个庞大稳固的校园直销网络。今后五年，中少总社是否会把对这个网络的精细化管理和建设作为渠道建设的重心?

李学谦: 我们也在考虑这个问题。最近我们召开了校网重点经销商大会,其中一条是校网的扩容升级。

所谓扩容就是从过去单一报刊征订变为代理我们的全媒体产品和服务性产品,包括图书、报刊、电子产品、数字产品、服务性产品、阅读服务等。经销商特别欢迎阅读服务,对我们的数字产品、阅读服务很感兴趣,原来叫经销商,现在变成阅读推广工作者了。以前我们的发行是上半年收订一次,下半年收订一次,一次印2000多万份订单,订单回收率只有8%左右,像飞机造林一样,飞播盲种,不知道多少能活,特别粗放。

实际上要想在市场中站得住脚还是要走进校园,培育自己的直销渠道。"植物大战僵尸"系列的《科学漫画》《历史漫画》输出到台湾地区后卖得都不错,有一次我和买版权的出版社社长聊起来,他说这几套书摆在书店,首先书店没那么多地方,小孩也没那么多时间逛书店,一个月只能卖四五本。但是如果让校园经销商在校园办书展,每个月可以卖四五百本。

所谓升级就是用互联网技术改造渠道,现在的发行其实并没有直接面向终端读者,终端读者到书店去的机会毕竟有限。怎样与传统渠道经销商结合,解决发行"最后一公里"的问题,用目标读者经常能够接触到的载体宣传推广我们的产品并且实现销售?

我发现微信公众号是最直接面向读者,也是编辑参与最多的方式。2015年春节前,社里举行了一个微信公众号大PK,26个微信公众号都参与了评选,邀请社外的专家和媒体人做评委,综合公众号整体情况、内容运营、活动运营、用户运营、未来规划等方面的情况,评选出一二三等奖,前三名粉丝数都是三四万。

2016年我们会重点扶持几个微信公众号,让他们提交商业计划书,一开始可能会用粉丝量作为主要考核指标,逐渐增加其他指标。公众号要和传统媒体互动起来,给读者提供增值服务,以后会往独立媒体发展,实现盈利能力。今后还会建立一个少年儿童阅读服务平台,把读者资源聚集起来,更加精准地定位读者需求,然后通过发行定向推送,把线上线下结合起来,提高发行的精准度。

百道网： 五年之后，教育板块做到什么规模才吻合您的期望？要做到它，2016 年中少总社将重点做哪些工作？

李学谦： 这个不好算，教育肯定会成为我们非常重要的市场，但这个市场到底有多少潜力还不好说，保守一点，到“十三五”期末的时候应该可以做到 20 亿左右，利润可以达到一两亿；我们 2015 年规模是 12 亿，利润 8000 万左右。

我在年度工作会议上说过，完成一些利润指标，实现规模的扩张不是什么难事，难的是完成 4 个转变：

一是完成出版业态的转变，由单一纸质读物出版，向以纸质读物为基础的全媒体复合出版转变，并通过这样的转变，满足读者分层次、多样化、个性化的需求。

二是完成由阅读产品供应商向阅读服务供应商的转变。

三是由单一经营国内市场，到经营国际国内两个市场的转变。

四是完成由少儿出版传媒集团向以内容生产为核心的少儿文化产业集团转变。

这是“十三五”驱动中少发展的四个轮子。教育服务不是独立的板块，阅读教育材料出版也不是独立的板块，都是和我们的产品融到一起的，如果出版和教育更好地融合，总体规模可能更大。

今后我们发展到什么程度是比较理想的状态呢？中少的发展战略是一体两翼，一体是中少总社，这是我们的母体；两翼是青少年阅读体验大世界和数字出版。等我们的产品全部变成全媒体产品，我们供给的方式是解决方案，这个时候就可以了。

把原创和国际化统一起来

百道网： 中少总社做原创，立意高，手段也不同。因为你们是融合国内国际出版资源来做原创。可否请您介绍一下中少总社已有高端原创产品的几个重要案例？

李学谦： 我们年年都有比较重要的原创作品。《青铜葵花》《草房子》插画本都是曹文轩的作品，他一直希望给他的书配上特别好的插画，曹文轩喜欢写实的风格，因为他的作品是写实的。《草房子》的绘者是德国插画家索尼娅·达诺夫斯基，她的画特别细腻、逼真，有光和影的层次感。曹文轩说：现在，这些我所喜欢的画终于来到了我的作品中，这是我的幸福。

《青铜葵花》的绘者是阿方索·卢阿诺，是我们的国际合作顾问玛利亚·耶稣·基尔推荐的，她是上一任国际安徒生奖评委会的主席，画家是她的同事。我们把《青铜葵花》的样张译成英文，请她按照英语母语国家的阅读习惯进行校译。画家读了英文版后很喜欢，就开始给曹文轩画。

曹文轩的《羽毛》版权已经卖到十几个国家了，一开始我们先把故事拿给了巴西插画家罗杰·米罗，后来两人在博洛尼亚见面，罗杰·米罗讲他对这个故事的理解，和曹文轩一拍即合，他画的画曹文轩也很喜欢。他开玩笑说《羽毛》给他带来了运气，使他获得了2014年国际安徒生奖插画奖。

方素珍《外婆住在香水村》的画家是索尼娅·达诺夫斯基。其中有一个小故事，索尼娅最初分不清中国人、日本人、韩国人，我们给她提了一些要求，让她仔细观摩，她后来找到了中国人、日本人和韩国人在特性上的差异，画的中国人比很多中国画家都更传神。

《比利的工厂》是比利时作家瓦力·德·邓肯著，中国画家徐开云绘的，从一个孩子的视角来表现一个老人对废弃工厂的怀念。这种题材在中国城镇化过程中太多了，可惜中国作家没有关注，在城镇化过程中有多少村落，多少建筑被拆掉了。它们其实是一种文化的记忆。

曹文轩说他喜欢国外的插画家，不是因为中国没有好的画家，而是因为中国好的画家不愿意画插画。这也是作家在挑选绘者的时候更偏爱国外画家的原因，他们画得很用心。

百道网：在策划出版原创图书时怎么实现原创和国际化的无缝连接？

李学谦：首先我们在战略中就把原创和国际化统一起来，选好可能向国际市场输出的品种，以国内市场为主，同时逐步加大国际市场开发力度，让国际业务收入成为我们非常重要的收入来源。像《丁丁历险记》现在以77种文字出版，出版商满世界收版税就行了。林格伦的《长袜子皮皮》也已经卖到上百个国家和地区了，那家出版社都不再做纸书出版业务，就卖版权和品牌，开发衍生产品，做衍生产品授权，完全是在经营品牌和产权。我们将来也会往这个方向发展。

在策划选题时考虑适合两个市场销售的选题，请国外的出版人、作家、画家和我们一起策划选题，这样输出的潜力比较大。

还有最主要的是培养有国际眼光的编辑，所以我们每年去博洛尼亚书展的人都很多，以编辑为主。每年也会请国际合作顾问到社里培训编辑，让编辑有点国际眼光。

百道网：您到中少总社后对出版结构做了很大调整，砍掉教辅，从做公共版权书、引进版权书到重点抓原创。现在在原创出版方面有哪些强势板块？

李学谦：低幼出版是最强的板块，2015年的图书发货码洋是两亿七八千万。它品类很多，涉及孩子成长的各个方面，图书形态也很丰富，有玩具书、涂色书、图画书等。

历史板块也比较强，像林汉达的《中国历史故事集》，原来只写到三国，后来又请当时跟林汉达合作的编辑雪岗续写到了清朝。还有《中华人物故事全书》《中国历史故事》《中国通史故事》《中国历史报》等，积累了很丰富的历史图书资源。

还有一个比较强势的板块是世界经典儿童文学，现在世界儿童文学经典读物的版权中少总社引进得很多，像《丁丁历险记》、林格伦的《长袜子皮皮》、意大利罗大里的《洋葱头历险记》、法国的《小淘气尼古拉的故事》等，这些都是世界级的经典，我们都引进了。还有2014年安徒生奖获得者上桥菜穗子的作品也都在我们这儿。我们的图书中心一直有一个想法，就是世界经典汇聚中少，把世界最好的作品都引进进来。这也是我们比较强的一个图书板块，但不是原创。

儿童文学相对来说也比较强，我们从2010年开始就向原创儿童文学发力。现在从品种来说，一年大概会出六七十种中长篇小说。很多青年作家是从我们这儿走出去的。

百道网：2016年在原创方面的工作重点是什么？

李学谦：抛开以上几个强项不提，我们在原创科普、卡通动漫和原创绘本这几方面相对薄弱，所以我们2016年的工作重点是补短板。

首先是科普。这不只是我们的短板，也是整个少儿出版的短板，目前市面上卖得比较好的科普图书大多是引进的，原创的比较少。

我们主要是依托《我们爱科学》杂志发力科普原创图书。《我们爱科学》杂志 1960 年创刊，是我社的三大期刊之一，目前月发行量在 140 万册左右，积累了强大的作家与编辑队伍，有丰富的经验，读者群也很庞大，为我们切入科普出版提供了足够的支持和优势。

编辑部是由最熟悉读者需求和科普一线情况的编辑组成，2016 年会推出“探秘大自然系列”“精品科普漫画丛书”“创意科学实验室丛书”“博物馆探奇丛书”，都是从读者需求出发，又接地气的书。编辑部联系了很多活跃在第一线的科研工作者，以他们在实际工作中遇到的趣事、总结的经验为素材，推出一系列接地气、有内容的科普图书。同时，也会充分利用期刊中心的作者资源，把有潜力的作者培养成科普图书作家。

卡通漫画类也是 2016 年重点打造的产品线，我们有本刊物是 1995 年创办的《中国卡通》，它是“5155 工程”硕果仅存的一本漫画刊物。2012 年，《中国卡通》每月的发行量有 10 万册左右，基本保持盈亏平衡。当时中国的卡通漫画刚开始从模仿到原创，市场进入的机会很大，所以我们下决心对《中国卡通》进行改版，2013 年 9 月份完成，目前月发行量稳定在五六十万份。我们的思路是经营整个产业链，不求杂志马上挣钱。首先把读者争取过来，然后再开发图书、电子刊，以及动画等各种衍生产品。现在刊已经比较成熟了，卡通漫画书 2015 年做了大概七八十种。2016 年的重点是扩大漫画图书的影响力，做一些产品生命周期长、有可能成为经典的图书。

在卡通动漫这一块，我有个特别难解的谜。在国外卡通漫画书有不少经典作品，像《丁丁历险记》《布尔和比利》等，卖了几十年还在卖，但中国的卡通动漫几乎全是快餐食品，一版就死，生命周期特别短。

其实中国原创漫画作品不少，但真正好的不多，尤其是缺好故事，而且有些漫画受日本漫画书影响，有很多惊悚、暴力、恐怖、血腥的元素。我们的口号是“打造儿童文学的漫画版，做又纯又美的漫画杂志”。我们的《中国卡通》设在儿童文学中心，发现好故事就改编成漫画。目前在做的有“儿童文学名家典藏漫画书系”，已经出版了伍美珍的 6 本漫画作品，沈石溪经典作品

《狼王梦》也收入其中，郁雨君等名家名作的漫画版也会在 2016 年集中推出。

图画书也是 2016 年要重点加强的板块，图画书也是以引进版权为主，原创的比较少，而且不管是故事还是画都和国外作品有一定的差距。

我们的“中少阳光绘本馆”的目标是融合国际国内优质资源打造精品原创，并把中国原创绘本推向国际。已经推出了《羽毛》《兔儿爷丢了耳朵》《我要飞》《老唐夫妇去旅行》《比利的工厂》《爷爷的打火匣》《好神奇的小石头》等二十几本高品质的原创作品。其中 50% 的原创绘本实现了“走出去”的预期，比如《快乐小猪波波飞》系列版权输出到了法国，《外婆住在香水村》实现了全球德语、英语、韩语等多个语种的同步出版。

在原创绘本的表现手法上，我们会尝试把泥塑、布艺元素等更多中国传统技艺融入其中，让真正民族的精华得以传承，进而推广到世界。

（原文载于百道网，作者：岳尚华，2016 年 3 月 22 日）

未来十年，
中国童书将成为拉动世界童书市场发展的重要力量

从2013年中国少年儿童新闻出版总社首次独立组团参加博洛尼亚国际书展，向世界展示中国少儿出版实力，到2016年中国联合展团在博洛尼亚书展上实现490项版权输出，作家曹文轩荣获2016年国际安徒生奖，再到成为2018年博洛尼亚书展主宾国，中国少儿出版的国际影响力日益增强，少儿出版“走出去”的国际格局正在形成，中国少儿出版已然成为推动世界少儿出版的重要力量。国际儿童读物联盟中国分会（CBBY）主席、中国版协少儿读物工作委员会主任、中少总社社长李学谦在分析了国际国内的大势之后，更进一步预判：未来十年，中国童书将成为拉动世界童书市场发展的主要动力。

百道网：和之前几届相比，这次博洛尼亚书展您感觉到有何不同之处吗？

李学谦：最直观的感受是参展商增加了，据博洛尼亚童书展主办方公布的数据，2017年参展人数比2016年增加2%，至26743人，其中来自国外的参展人数有11752人，比2016年增加15%，占参展人士的44%，近乎半数。博洛尼亚童书展仍然保持了在全球童书领域的风向标地位，一如既往地起到了全球少儿出版资源集散地的作用。它除了是一个版权贸易的基础平台，还将出版业的各个链条有机联系了起来，来自世界各地的作家、插图作者、专业代理人、印刷商、分销商、技术服务商等众多专业人士都在博洛尼亚相聚。

另外，我们还观察到一个重要的变化，那就是2017年来中国展位上推销自己画作的国外插画家比往年要多，并且要价也比原来低了，原来一幅画他们要到800欧元，甚至1000欧元，现在有的才要二三百欧元。我自己考虑可能是因为欧洲经济不太景气，少儿出版等产业基本上处在一个比较平稳的阶段，不能说萧条，但增长空间绝不会有中国这么大。而我国的少儿出版处在一个快速发展的时期，广阔的市场自然对插画家和出版社有巨大的吸引力，这一点是毫无疑问的。我认为，插画家价格的下降，绝对是中国少儿出版吸纳国外优质资源、延伸和国外作者合作的好时机。

百道网：国际出版界对中国少儿图书的需求新趋势表现在哪些方面？换句话说，他们更可能会购买哪些类型的中国原创图书的版权？

李学谦：目前国外出版界对于中国作品越来越关心，这种关心的程度和方向不太一样。例如，东南亚国家可能在文化上、情感上对于中国作品的认同感更强一些，因此，有中国传统文化元素的作品，如历史系列、地理系列、科普系列的作品，他们会非常关注。

而欧美等国家对中国理念、中国价值、中国主张更感兴趣。他们尤其想通过对马克思、毛泽东等的研究，了解当代中国政治、经济、文化、社会各个方面。韩毓海的《伟大也要有人懂：一起来读马克思》和《伟大也要有人懂：一起来读毛泽东》已陆续输出到美国、荷兰、尼泊尔等国，德国、意大利也有出版社正在积极洽谈版权。

为什么要这两本书？荷兰雷奥诺出版公司的总裁莱纳德·沃尔特斯告诉我说，荷兰是中国在欧洲第二大贸易伙伴，毛泽东的思想和实践对当今中国有着非常重要的影响，不了解毛泽东，就很难了解中国。而他们过去对毛泽东的了解大多来自西方媒体，他相信这部从中国引进的图书会提供新的视角，帮助荷兰和比利时荷语区的青少年从中国人的视角来了解毛泽东，从而更多地了解中国。据我了解，仅《伟大也要有人懂：一起来读马克思》一书就在荷兰卖了600多本，卖400本就可以实现盈亏平衡，所以他们现在是稳赚。

我们在意大利也感受到了中国的国际影响力。中国展团2018年在博洛尼亚国际童书展主宾国活动期间有个插画展，一位当地知名的书店老板就主动和我们谈，她说只办一场太可惜，应该在意大利展开中国插画的巡回展览，都灵、那不勒斯、米兰等地都对中国文化很感兴趣，并且她还主动要求负责巡展，甚至巡展的费用。

可见，随着中国国际影响力的增强，研究中国文化的人越来越多。他们意识到了解中国，研究中国，光知道孔子，知道中国传统文化不行，得了解中国共产党，了解中国共产党的领导人，了解当下的中国。过去他们对中国文化带有偏见，甚至敌视，而现在他们的态度全然不同了，取而代之的是一种正视、友善的态度。所以，我们“走出去”不仅仅是一厢情愿，而是双方一拍即合。

除此之外，外国读者对中国现实主义题材的作品也很感兴趣。大多数欧美国家仍然不了解现在中国人是怎么生活的，中国孩子现在是怎么生活的，他们迫切希望阅读现实题材的图画书和文学作品。但当下我们对农村留守儿童、进城务工的农民工子弟、独生子女问题、二孩政策等主题的关注不多，对中国孩子的现实生活缺乏关怀。目前的很多作品集中于写幻想，写过去，而当下孩子们的生活是怎样的，在原创作品中并没有完整的体现，所以在现实主义题材作品的出版方面，2017 年肯定要加强。

百道网：国外出版界有一个判断，认为中国少儿出版可能在未来 10 年内成为世界少儿出版最重要的力量，您同意这种看法吗？为什么？

李学谦：我同意这一观点，我认为中国图画书在未来将成为世界市场的重要力量，中国童书整体更将成为拉动世界童书市场发展的最重要动力。中国市场是一个有巨大成长空间的市场，很多长期利好因素在支持少儿出版的发展，中国的少儿出版有很大的发展余地。

首先，带来最大红利的是教育改革，学校对阅读服务更加重视，校园阅读服务的需求正被释放出来，几十万、上百万的单子很多，这拉动了少儿出版。其次，生育政策的调整，全面放开二孩政策的出台，新型城镇化的推进，都将带动少儿出版目标读者群规模的持续增长。最后，随着全民阅读的进一步推广，整个公共文化服务体系的建立和完善，可以说，少儿出版相对于其他板块来说具有相对稳定性，还将长期保持增长势头。

反观我们的欧洲同行，经济上表现很低迷，移民问题、难民潮问题接连出现，他们面临着现实的社会不安定因素；少儿图书市场也趋向饱和，其长期实行的制度政策在少儿出版方面并没有提供多少动力支持；加之目标受众规模很难增加，生育率甚至是负增长。总体来说，在各方面的限制和制约下，他们的发展空间很难实现大的突破。

当然也应该看到自身的不足——少儿图书版权输出还不适应国际市场的需求。李克强总理在2017年的政府工作报告中提到，2016年我国对全球经济增长的贡献率超过30%，但我们文化的影响力，少儿出版的影响力却与经济、政治影响力不相匹配。未来，我们要适应少儿出版对外开放的新特点、新趋势，增强“引进来”与“走出去”双向互动的自觉性、主动性，在版权输出的品种和品类上更多地发力“走出去”。

放到整个世界出版格局当中来看，我坚信，中国的少儿出版今后将成为全球比较活跃的资源吸附中心，将成为更具动力与消化力的核心体系，也将是整个市场增长极中最大的一极，最有力的一极。

百道网：2018年中国将担任博洛尼亚书展的主宾国，这才是中国联合展团第五次参展，中国为何能这么快实现“反客为主”？

李学谦：宏观上来说，是基于国际上对中国少儿出版的准确判断——中国少儿出版在未来10年内极有可能成为世界少儿出版最重要的力量。

从少儿出版的微观层面来说，他们看重的是中国少儿出版近些年实现的三个转变。

第一，从内容生产角度来说，中国少儿出版已经实现了由加工到制造的转变。少儿出版的“中国制造”不仅在国内成为市场主流，而且逐步为国际市场所接受。据《中国出版年鉴》的数据，少儿图书版权引进输出比从2005年起逐年下降，到2015年已经下降到1.9∶1。特别是2016年曹文轩获得国际安徒生奖，证明中国少儿出版和儿童文学有能力进入国际主流圈子。

第二，从市场角色来说，中国少儿出版社已经实现了向国际市场主体的转变。以前中国的少儿出版社参加国外书展主要是为了购买版权，不需要设立独立展位，2013年中少总社率先在博洛尼亚书展上独立设展，把图画书、小说作为重点向国外出版商推介。经过几年运作，中国少儿出版企业已经由比较被动的角色转变成了积极作为的市场主体。

第三，从少儿出版开放态势来说，我们已经从“引进借鉴”为主进阶到“引进来，走出去”双向互动新阶段。现在在北京国际书展、上海国际童书展、法兰克福书展等国际书展上，中国出版社的版权输出活动都十分活跃。甚至有的出版社还邀请外国作家、插画家和中国作家、插画家共同创作，出版适合在国际市场销售的图书。

百道网：在您看来，2018 年担任主宾国对我国少儿出版有何意义？

李学谦：博洛尼亚书展长期以来由西方主导，然而，随着中国少儿出版的市场规模与原创实力的不断展示，随着中国少儿出版不断融入世界主流出版圈并逐步掌握规则，中国愈益成为书展的一支重要力量。在 2018 年担任博洛尼亚书展的主宾国，这对我国少儿出版来说，绝对是“走出去”的一个标志性事件。

2007 年，我们第一次参加博洛尼亚书展，当时是在 29 号馆，展位也很小，没有装修，十分寒酸，我们西装革履地站在那儿却无人问津。当时我就说要么永远不来了，要么自己组团来，所以中间 5 年我就没来博洛尼亚。2013 年，中少总社首次独立组团参加博洛尼亚国际书展，并首次在欧美大社强社林立的 26 号馆与他们同台竞技，实现了 57 项版权输出，受到了国外同行的关注和重视。此后，我们“走出去”的成果一年比一年丰硕。从第一次参展，到第一次组团参展，再到主宾国，这实际上浓缩了中国少儿出版“走出去”的三个发展阶段，也是对中国少儿出版成绩的极大肯定。

当然，“反客为主”不仅仅是身份的变化，更为中国出版界与西方超级出版集团同台较量提供了优势。

百道网：做好主宾国，需要做到什么？您将带领着少读工委做好哪些最重要的准备工作呢？

李学谦：就活动本身，我们至少需要筹备三方面的工作。一是要把展区布置好，按照协议是 600 平方米的展区，将容纳更多出版商和少儿出版成果；二是要办好基于 300 平方米的中国插画家作品展，插画展还将深入意大利当地继续巡展；三是要准备市内的文化交流活动。我们已经联系了博洛尼亚的市政当局、博洛尼亚图书馆、博洛尼亚大学、博洛尼亚孔子学院、当地的中国学会等机构。

活动之外，我认为更重要的是准备好版权方面的原创图书。一方面，要从内容方面更好地适应国际市场的需要，包括刚才讲到现实主义题材等作品。另一方面，博洛尼亚书展是版权贸易平台，看懂图书内容是外国同行引进版权的基础，所以我们要把适合的内容加工成英文等外文样书。中少总社已经建立了版权输出常备书目，所有进入版权输出常备书目里面的图书，一般都要求加工成英文样书。我们也希望2018年所有的参展单位，把好的图书加工成多种文本的图书，这样便于输出。

我们现在做出版，就得有版权资源，就得把版权作为最重要的资产，运营好版权资产，从而实现效益最大化。也就是我常说的："吃着碗里的，盯着盘里的，看着锅里的，再种着地里的。"中国少儿出版社要以内容输出为主，从内容输出到品牌输出，到建立分支机构，再到本土化的经营，按照这个逻辑一步步发展，才会成为真正的跨国集团。

（原文载于百道网，作者：令嘉　贾志甜，2017年5月11日）

中国少儿出版走近世界舞台中央

记者：2018年中国成为博洛尼亚童书展的主宾国，这样的角色对中国童书有什么样的积极影响？中国童书未来在国际舞台上将起到什么样的作用？

李学谦：这是我国自博洛尼亚国际童书展1964年设立以来，第一次承担主宾国的角色，这对中国少儿出版意义重大。届时中国参展团会呈现近几年国内少儿出版的系列成就，举办一系列文化交流活动。2018年，中国展场的面积将达到600平方米，在书展现场的26号馆将举办"中国少儿出版的百年回顾展"，以系统展示中国100多年来少儿出版发展的历史，特别是改革开放40年以来取得的成就以及培育新人这一发展的主流。

本次参展团的文化交流活动主要包括"中国少儿出版高峰论坛"和系列座谈会、研讨会等。"中国少儿出版高峰论坛"主要是邀请国内外的嘉宾共同研讨当下的中国少儿出版和市场情况，通过介绍中国少儿出版的成就和成长性，国外同行会对中国的少儿出版市场进一步加强了解。另外中国展团还将举办儿童文学方面、插画方面的座谈会，并在博洛尼亚的市政厅举办相关著作的交流研讨会。同时在博洛尼亚市立公共图书馆展出少儿绘本，以展现中国绘本的巨大影响力。

我相信，通过这次主宾国活动，将增强国外同行对中国少儿出版历史的认识，促进书籍引进输出方面的洽谈。本届参展团所策划的活动无论是从展场规模、交流活动密度，还是内容的深度、外国嘉宾人数来看，都是之前绝无仅有的。这次主宾国活动将会给各国少儿出版人留下深刻印象，可能成为中国童书“走出去”的一个里程碑。

记者：业内有人士评价，经过二三十年的发展，中国童书出版已从世界舞台的边缘走到了世界舞台的中央。您认为中国童书取得如此成就，主要是在哪些方面有所突破？

李学谦：首先我认为中国童书出版正在“走近”世界舞台中央，可能是更加准确的说法。目前在整个国际少儿出版的竞争当中，一些欧美国家和世界级大社强社仍处在比较强势的位置。这几年中国少儿出版取得的成就，主要是在版权输出、作家优秀原创作品、国际合作、海外分社布局这四个方面。

在版权输出方面，我们完成了从过去引进借鉴为主到现在引进和输出双向互动的转变。近几年来，中国少儿图书版权输出的品种越来越多，以中国少年儿童新闻出版总社为例，2017 年全社版权输出一共 418 项，相比五年前增长了十倍，这同时意味着中国少儿出版在逐步被国际市场接受。

在作家优秀原创作品方面，一些中国作家的原创作品的影响力也在版权输出过程中不断增强。值得强调的是，曹文轩荣获 2016 年国际安徒生奖，2018 年插画家熊亮入围国际安徒生奖（插画家）五人短名单。

在国际合作方面，中国少儿出版业的国际交流与合作也在不断加强。国际安徒生奖评委会主席帕奇·亚当娜被评为第十届中华图书特殊贡献奖获得者，在人民大会堂接受了颁奖。部分出版单位也在利用国际资源进行创作表达，中少总社也与西班牙、德国的插画家有相关合作。

在海外布局方面，国内部分少儿出版机构陆续在海外开始布局，设立分支机构。如浙江少儿出版社、安徽少儿出版社都在国外建立了分支机构，中少总社也正在布局国外分支机构的建设。

记者：的确，中国成为博洛尼亚童书展主宾国，证明了我国少儿出版的国际影响力和地位都在持续提升。未来如何向世界小读者继续讲好中国故事，更好地进行中国故事的国际表达，您有何经验分享？

李学谦：首先在题材选择方面，要加强现实题材的出版。目前反映当下儿童生活的现实题材的作品还比较少，国外读者不仅想要了解中国悠久的传统文化，而且想知道现在中国孩子的生活是怎样的。

其次在品种方面，需要出版更多介绍重要人物的图书，如伟大的运动员、重要的历史人物等。

这是国外读者了解中国的一个非常重要的窗口。

最后在国际表达方面，需要中外作者加强合作。这种国际合作可以是中国作家创作作品，国外插画家制作插图，也可以是邀请国外作家来中国通过采风、体验生活等方式进行本土化创作，由中国插画家配图。这样的中外合作可以促使我们的图书在表现形式方面更加符合国外读者的阅读欣赏习惯和审美鉴赏要求。

记者：目前中国少儿出版也存在一些问题，如童书品类结构还需进一步调整。您认为中国童书品类结构具体需要从哪些方面进行调整？

李学谦：中国童书品种结构确实存在发展不平衡的问题。根据市场监测，全国少儿图书当中文学类占到了品种总量的 30% 左右。2016 年少儿图书市场的品种超过 25 万种，30% 即大约 7.5 万种左右是儿童文学类的图书。相反，科普知识、主题阅读类的社科图书有突出影响的并不多。由此来看，中国孩子的阅读结构中，营养是不平衡的。

目前我们童书品类中满足娱乐审美、情感需求的幻想类、童话类小说较多，现实题材的作品偏少，整个儿童文学图书品种结构是偏软的、比较“甜蜜”的。图画书也是如此，值得关注的是图画书在早期阅读中越来越受重视，但我国目前原创图画书相对不够丰富，引进版图画书仍是市场主流。

还有一个社会现象也值得童书出版人关注，目前国内语文课程改革、高考改革对全国的基础教育提出了新的要求，即要求全面提高学生的阅读能力。其实对阅读能力要求提高的背后是互联网时代、大数据时代，知识生产、传播、接受的方式发生的深刻变化，新的时代要求学生具备快速提取和处理信息的能力，所以对阅读能力的要求就越来越高。目前学校关于分级阅读的图书并不多，这是我国图书结构方面的另一大问题。

记者：经过多年发展，中国少儿出版业已经具备一定规模。您认为中国少儿出版未来是会延续西方的模式发展，还是会开辟另外一种路径？中国少儿出版未来的发展会如何？

李学谦：我认为，中国少儿出版在未来十年乃至更长时间有很大发展空间和利好因素。当下，中国特色社会主义进入新时代，我国社会主要矛盾已经转化为人民日益增长的美好生活需要和不平衡不充分的发展之间的矛盾，这将建设公共文化服务放到了重要位置。而少年儿童是公共文化服务建设中需要保障的重点群体，因而少儿阅读必将实现长足发展。近年来，《中华人民共和国公共图书馆法》《中华人民共和国公共文化服务保障法》等相关法律法规已经正式实施，《全民阅读促进条例》也将很快通过立法审核，这些法律及条例的确立对少儿阅读文化产业都有一定的保障。

总之，中国少儿出版市场的发展空间、市场规模是很大的。中国少儿出版必定会在整个世界的少儿出版当中扮演越来越重要的角色，有可能成为拉动世界少儿出版发展的一支非常重要的力量，甚至是最重要的力量。

另外，我认为中国少儿出版不可能简单复制任何一个国家的模式。在经过一段时间的高速增长之后，未来中国少儿出版会向高质量发展转变。部分出版单位可能将会进一步重组，部分图书出版社也有可能退出少儿出版领域，最终少儿出版的市场集中度会进一步提高，成为一个有国际影响力的上升的市场。

值得强调的是，未来少儿出版与教育的融合程度可能会更高，与学校教学相配套的图书会成为一个非常重要的门类。今后，中国童书出版不仅出版满足大众市场的图书，也会出版满足校园市场的图书。这样的趋势下，可能带来的结果就是少儿出版将从过去笼统地被归类为大众出版，重新被划为教育出版的专业门类。

（原文载于《国际出版周报》，作者：张桢，2018 年 3 月 19 日）

李学谦：心怀文化理想，理性面对市场

2011年秋天，一批知名书店的倒闭，使得“实体书店何去何从”成为公共热议之题。网店冲击，电子书劲袭，实体书店处于飘摇凄凉之境，爱书之人多有伤逝无奈，甚至担心书店就此阑珊远行。坐落于北京建国门外中央商务区、总面积近5000平方米的青少年主题书店——“青少年阅读体验大世界”，却在这样的时节开张经营，以昂扬姿态勇走荆棘路，仿如一个书业童话。中国少年儿童新闻出版总社社长李学谦，是这个书业童话的主要缔造者之一。

李学谦于2006年任中少总社社长，不久后即开始书店的构拟。中少总社为中央级出版社，长期以来看重社会效益甚于经济效益，其后果就是阻碍了书籍在市场上的良性流通，十多年前的书仍积压在库。李学谦希望借着出版转型之风，让中少总社成为活跃的市场主体，自行削去事业单位的笨拙之气。定位为“新型阅读推广基地与教育培训咨询中心”的青少年阅读体验大世界，是他梦想与现实相结合的所在。

此中有四年磨一剑的耐心与坚毅，更有谋篇布局的镇定与理性。书店一面世，即自成格局，别有气度，除规模之大令人感叹外，它鲜明地标榜自己所出售的“不仅是书，更是阅读体验服务”，为实体书店前景增添希望的亮色。

我的精神底色很复杂

李学谦生于1958年，自谓典型的“50后”，在“文革”的动乱中度过自己的少年时代，从小耳濡目染的是一种宏大的英雄主义教育，走过精神贫瘠的时代，也艰辛地穿过由时代所带来的心智的茫然。1978 年他进入大学，正是西方文化思潮涌入中国的时候，尚未理解中国，即身处西方文化的热潮中，纵有学习的激情，却找不到与现实经验的对接处，待自我逐渐成熟，便返身中国文化。

一个人的阅读史，即是一个人的精神成长史，从杨家将、封神榜等地摊连环画，到三国演义、红楼梦等古典文学，旋即步入马克思主义哲学等红色经典，再流连于萨特、弗洛伊德，后折返中国传统文化作品，李学谦说自己的精神底色很复杂，有他个人无法改变的芜杂与错置。而触动他至深的，仍是年轻时所读到的马克思的话："我的皮不够厚，不能用我的背，对着世界的苦难。"

因自我精神蓬勃成长之时所汲取的养分无可选择地就是这些，故而，英雄主义深深切入了自己的生命。一种强烈的社会责任感与道义感，无论自身处于何种境遇，始终镌刻在心。时代对个人的成长有所剥夺，也有所馈赠，而李学谦那一代人的幸与不幸，皆在此。

没那么偏激，也没那么执着

在走上中少总社社长的岗位之前，李学谦曾任团中央宣传部部长、中国青年报社社长，从公务员到纸媒，又从纸媒到书业，如人饮水，冷暖自知。

他说："很多人很多人，总喜欢把自己所从事的行业，作为一种手段，喜欢标榜自己所作所为的现实意义。我不赞成这样，关于社会文化理想，我没有那么偏激，也没有那么执着。我只想脚踏实地去做事。"

作为一位入行并不久的出版人，李学谦把自己当学徒，时时学习。他关注着国内外出版业的动态，早就发现书店的倒闭并非中国所特有之现象，其他国家也是如此。当时构拟筹备"青少年阅读体验大世界"，书店可以倒闭，何以安身立命，获得自身的发展以及价值，就是他思考的重要主题之一。

在他眼里，"大世界"并不如旁观者所见，有着童话般的魅影。"大世界"由中少总社投资，经营场所也是自己的地盘，所占有的资源优势是很多实体书店所没有的。但"大世界"亦非占尽天时地利故风景独好，它和全球书店一起遭受着书业冲击，逆书店溃败之势前行，其力量与信心来自它的自我升级与经营理念，即以卖阅读服务替代卖书；同时从其顾客群出发，制定多元而有吸引力的服务产品。此中正有实体书店可借鉴之处。

对话

阅读是全民享有的福利

我从事的行业海阔天空

新京报：从纸媒转而进入出版业，做少儿出版这一块，你有没有觉得拘束，不过瘾？

李学谦：没有，少儿出版其实天地很大，并没有限制我。与我以前的工作相比，少儿出版产业化程度很高，市场的成长性比较好，可以放手按照市场规律去做事情。而且与国际比较，会发现中国少儿出版业的发展空间非常大，大有可为。

我国有 3.67 亿儿童，比美国的总人口还多，但美国的儿童读物销售额远高于中国。在发达国家，少儿出版占市场份额的 20%，而中国只有 12%。所以对我而言，少儿出版充满挑战，大有作为。

与此同时，中国儿童图书出版市场在这几年发展得非常快，家庭收入提高，家长受教育程度高了，对儿童的阅读就会很重视。比如，绘本刚出现在中国图书市场的时候，很多人觉得不可接受，没多少字，页数那么少，卖那么贵。但这几年，绘本就卖得很好，并逐渐形成热潮，因为人们越来越重视孩子的早期阅读了。过去，儿童早期阅读的起始年龄是四岁，就是第一次接触图书。现在是两岁。这一切都让我觉得自己所从事的行业海阔天空。

新京报：中国的儿童图书出版市场的成长，是否构成了“青少年阅读体验大世界”这一大规模青少年主题书店的良性背景？

李学谦：可以这样认为。但其实，现在人们的整体阅读需求在提高，不光是儿童读物，成人读物也是如此，所以这并不能算是“大世界”的优势，而是整个书业所共享的。我们的书店走的是专业化的路线，有明确的读者群和消费主体。

新京报：现在中国少儿出版的主要弱势是什么？

李学谦：产业化程度太差，仍然处在世界出版产业链的低端。举例而言，2011年《丁丁历险记》在中国图书市场的销售业绩非常好，但这是一本书一本书卖出来的。版权东家的收益其实比我们大多了，他们在卖品牌和知识产权，我们是把法文翻译成中文，把中文稿子变成书，然后卖书收钱，做得很辛苦。

所以，产业升级是少儿出版所面临的任务，也是这整个中国出版业所面临的任务。就我个人而言，在中少总社社长的位置上，我要做的就是升级，努力打造自己的文化品牌。

书店是出版业销售终端。从这个角度而言，“青少年阅读体验大世界”又有它的一个优势，那就是，它是我们整个文化产业链的一部分，在它诞生之前，我们就一直在打造少儿出版的完整产业链。

文化理想不能代替市场逻辑

新京报：很多实体书店，仅仅作为一个销售终端而存在，没有抵御市场浪潮的能力，也扛不住技术革命的冲击，这是否正是书店溃败的主要原因？

李学谦：书店如果仍然把自己当作图书的销售终端，倒闭就是大势所趋，是必然的。人们的图书购买习惯在发生变化，阅读习惯也在发生变化，而电子商务平台的价格优势又那么吸引人，实体书店若纯粹卖书，必死无疑。

新京报：你是怎么思索实体书店存在的可能性的？

李学谦：不能把自己当作纯粹卖书的地方。但作为市场的一部分，书店自身是必须用商业逻辑去看待问题，以求变革发展的。我看到有人在呼唤给予书店以政策性保护，比如减租减税，但其实，解决了政策问题，书店还是会倒。国外有些国家在政策上做得很好，对书店的保护力度不可谓不大，但是很多书店还是倒闭了。从一定程度上说，这不是政策问题，而是应该转换商业模式。

新京报：商业模式的转变，在“大世界”具体是怎样体现的？

李学谦：现在给出版、纸质书以及书店算命的人很多，我不会算命。我的想法其实很简单，首先，阅读是教育的基础，应该把阅读当作全民享有的福利来推动，这是出版业的文化使命，让大家读到更多更好的书。其次，无论出版社也好，书店也好，都是市场主体，就必须以市场逻辑来对待自身的发展。

具体到书店而言，一定要考虑自己的升级换代，去考虑怎样给读者更多的增值服务，让他们觉得物有所值。我们这个“大世界”，就是让人有更多的收获。图书不是单一的产品，而是以图书为基础的阅读服务产品，比如我们会推出阅读能力测试这样的服务产品，然后让阅读助理对孩子进行阅读指导，然后还有阅读效果的评估。我们有儿童音乐剧表演、演讲、写作，传媒工作坊让孩子写自己的东西，然后加以出版。

当文化理想遭遇市场冲击，悲剧总是难免的。理想很美，不过现实也并不残酷，其实需要你去平衡，让理想的回归理想，让市场的回归市场。怀有文化情怀的时候，你必须清晰地认识到，一面对市场的时候，就必须用商业逻辑去思考，不然空中楼阁梦幻一场，最后空悲切。文化理想不能代替市场逻辑，市场不会因文化理想的覆灭而怜悯。而且，出版业本身是实践性很强的行业，必须让自己在市场有安身立命之处，否则再美的理想，也是苍白的。

（原文载于《新京报》，作者：朱桂英，2012 年 1 月 4 日）

代后记：长长短短十二年

我2006年7月到中少总社当社长，2018年4月卸任，将近十二年。十二年的时间，说长也长，说短也短。

说长，是因为十二年在一个人的职业生涯中，是一段不短的时光了。1982年大学毕业后，我先后在劳动人事部编制局、团中央机关、中国青年报社、中国青少年研究中心等单位任职，中少总社社长是我最后一个也是干的时间最长的一个岗位，占去我大学毕业后工龄的三分之一。

说长，还因为在这十二年中，我最终完成了由机关干部向出版人的转变。回想起来，大学毕业后三十六年的职业生涯中，我完成了两次转变。第一次是由学生到机关干部的转变。我还清楚地记得第一次拨打工作电话时自己词不达意、语无伦次的样子，但大学毕业后的第十四个年头，我成了团中央宣传部部长。第二次是由机关干部向传媒出版人的转变。从1999年初调任《中国青年报》总编辑时起，我就清楚地意识到传媒人将是我职业生涯下半场的归宿，而这次转变的最终实现，是在中少总社完成的。为此，我深深感谢给予我到中少总社工作机会的团中央领导，深深感谢我在中少总社任职期间团中央和各主管部门领导给予的信任和支持，深深感谢那些十二年来与我相携相伴、执着前行的中少总社的同事们。我还要感谢这个时代，没有出版体制改革的全面推进和深化发展，我和中少总社的这十二年，将会是另一番模样。是什么模样我不知道，但肯定不会比现在的模样好。

说长，还因为中少总社这十二年来，在改革发展的道路上确实留下了一串深深长长的脚印。我们结束了与民营书商合作出版教辅图书、报刊发行由民营书商总代理的历史，不再架着双拐走路，出版发行能力有了质的飞跃；我们整合出版资源，以刊带书，书刊互动，原创出版能力持续增强；我们牢牢抓住中央出版单位转企改制的历史性机遇，不失时机地推进劳动、人事、工资制度改革，转变了企业内部运营机制；我们按照内容和品牌价值最大化的逻辑，发展数字出版和阅读服务，开始了由产品供应商向阅读服务供应商的转变；我们主动发挥少儿出版在出版走出去中的排头兵作用，开始了由单一经营国内市场向统筹经营国际、国内两个市场的转变。这一切归结起来，可以用"真做出版，真办企业"八个字来概括。

这十二年的时间又真的很短。这是因为，中国少儿出版要走的路还很长，中少总社要走的路还很长。不久前有媒体采访我，问我怎样才算是少儿出版强国。我几乎不假思索地回答：少儿出版强国至少要有几个在国际上叫得响的世界级少儿出版强社吧，就像体育强国至少要有一批世界冠军一样。

说来说去，企业才是国际市场的主体，没有在国际市场上有话语权和影响力的少儿出版企业，少儿出版强国只能说说而已。因此，使中少总社成为这样的世界级少儿出版强社，一直是我的梦想。毋庸讳言，实现这样一个目标，中少总社要走的路显然还很长很长。

本书收录的是我在中少总社任职期间的部分讲话、演讲和文章，既是中少总社这十二年发展历程的某种记录，也体现了我对做优做强少儿出版和少儿出版企业的一些思考，长长短短的十二年，大概都在里边了。

感谢中少总社办公室的马卫东、于长坤、吴睢三任主任，由于他们的认真负责，我的许多即席讲话才得以保存下来。感谢中少总社办公室的郑晨，她收集齐了这十二年我所有的文章、演讲、讲话和专访。

感谢接力出版社的白冰、黄集伟和廖思拍，对于我这个第一次出书的作者来说，有他们作为编辑，真是莫大的荣幸。